感触笔杆子

董进智◎著

图书在版编目（CIP）数据

感触笔杆子／董进智著. —成都：四川人民出版社，
2023.6
ISBN 978－7－220－13233－9

Ⅰ. ①感… Ⅱ. ①董… Ⅲ. ①公文－写作 Ⅳ.
①H152.3

中国国家版本馆 CIP 数据核字（2023）第 071879 号

GANCHU BIGANZI

感触笔杆子

董进智　著

责任编辑	蒋东雪　秦蜀鄂
版式设计	戴雨虹
封面设计	四川胜翔
责任印制	周　奇

出版发行	四川人民出版社（成都市三色路 238 号）
网　　址	http://www.scpph.com
E-mail	scrmcbs@sina.com
新浪微博	@四川人民出版社
微信公众号	四川人民出版社
发行部业务电话	（028）86361653　86361656
防盗版举报电话	（028）86361653
排版印刷	四川胜翔数码印务设计有限公司
成品尺寸	170mm×240mm
印　　张	20.75
字　　数	325 千
版　　次	2023 年 5 月第 1 版
印　　次	2023 年 5 月第 1 次印刷
书　　号	ISBN 978－7－220－13233－9
定　　价	68.00 元

目　录

日　记

发　言

短　文

课　件

前言：一个文字工作者的自白①

　　《感触"笔杆子"——公文写作功夫在哪、意义何在》就要编好了，有点让人欣慰。这不是一般意义的文集，而是一个"笔杆子"的自白，是用我的心血写出来的。

　　22 年前，中央办公厅《秘书工作》杂志 1999 年第 9 期发表我在雅安地区党委系统文秘培训班上的讲课要点《从事文字工作的几点体会》，将题目改为《感触"笔杆子"》。拿到杂志的那一刻，我意识到自己成了一个"笔杆子"。

　　其实，之前同事、朋友、熟人已经把我看作"笔杆子"了，只是我自己不愿意承认。之所以不承认，绝不是我不愿意做"笔杆子"。从个人内心来讲，主要是因为，自己虽然从中学到大学作文成绩还不错，但语文基础知识却不是一般的差，从来划不清句子成分，半天说不出几个成语、典故来，遇到文言文就很伤脑筋，三五百字的材料也免不了写一两个错别字，一不小心又会犯下低级错误，简直不是一块做"笔杆子"的料。自己的这些弱点，我从来没有否认过。问题是，这样的条件还能不能在党政机关做一个合格的"笔杆子"？我现在的回答是：能。

　　回过头去看，自 1986 年 5 月从原中南财经大学调到原雅安地委政研室，我就开始了一个机关"笔杆子"的职业生涯，直到 2012 年 2 月从原四川省委农工委的综合处轮岗到新农村建设指导协调处。事实上，到了新的业务处，我又和处里同事一起，把新农村建设方面的各类文稿全都包揽了下来，并且我自己还打了主力。直到今天，就要办理退休手续了，还习惯性地写写画画。今年一开年，我又完成了《乡村振兴探索创新典型案例·明月村》的撰写，还在《乡村

① 本文曾以《一个机关文字工作者的自白——〈感触"笔杆子"〉前言》为题，于 2022 年 3 月 2 日发表在"四川村社"，四川省社科院《当代史料》2022 年第 2 期刊发，题目改为《一个机关"笔杆子"的自白》。如果您有耐心浏览本书，您便会发现，这个前言实际上是全部书稿的导言，用一个机关工作人员近 40 年职业生涯的人生经历、文字碎片和切身体会，回答了机关文字工作做什么、怎么做、功夫在哪以及有何意义的问题。

振兴》杂志 2022 年第 2 期发表了《记住乡愁与乡村振兴》、在《农村工作通讯》2022 年第 3 期发表了《高质量推进乡村振兴的路径——以四川省映秀镇、战旗村、三河村为例》，四川省委农办《三农要情》2022 年第 4 期也全文印发了我的调研报告《乡村振兴几个问题的观察与思考》。我想，这样的习惯很可能会延续十年八年。如果要我现在就停下笔来，我一定会感到缺了点什么，或许动笔同看书一样，已经成为日常生活的组成部分。总体来看，我的文字工作还是过得去的，得到了各方面的认可。记得我调省直机关的时候，报到不到半个小时，就被叫去参与一个关于现代农业的专题报告的撰写。可能是要考验我的缘故，一坐下来就让我独立完成比较难的一个部分。幸运的是，集体修改的时候，我写的部分差不多每次都得到肯定和表扬。因为顺利过关，后来的几次修改都没要求我参加。从那时起，我就在四川省新农村建设规划、省委一号文件、省委重大课题研究、省委农村工作会议讲话等许多重要文稿的起草中担当了重要角色，还两次参与四川省党代会报告的起草。所以，我经常在座谈会、培训班等场合现身说法，告诉那些来自机关的、基层的年轻朋友："笔杆子"没有什么了不起的，人人都可以做"笔杆子"，前提是干一行爱一行。

1996 年的第一本综合笔记。我的工作笔记主要有三类。一是会议笔记，很大一部分记在专用大记录本上，记完一本归档一本。二是调研笔记，又分专题调研的、蹲点调研的和一般调研的三种。三是综合笔记，主要是一般性的调研、会议、活动等方面的记录。

与作家、理论工作者不同，机关里的"笔杆子"天生就是为他人作嫁衣裳的。草拟的各种文件，单位发了，撰写的领导讲话稿，别人念了，没人知道、也不能让人知道是谁写的，执笔人只能默默无闻地甘做幕后英雄。只要不转行、不转岗，每天，常常包括双休日、节假日，"笔杆子"都会整整天天地待在办公室里，趴在办公桌上，要么一笔一划地写，要么在键盘上不停地敲打。白天干不完的，晚上接着干，加班加点是家常便饭，通宵达旦自然是免不了的事。有一年我就在办公室熬了30来个通宵，其中一次是连熬了48个小时，而且熬了通宵之后还没有休息的时间。就这样，写了一辈子稿子，看着一个个意见、一份份报告、一篇篇讲话稿从自己手里交出去，往往除了普通公文的拟稿笺上会留下拟稿人"某某某"外，很少能见到自己的名字。1991年到2013年，是我精力最旺盛、文字工作量最大的20多年，我撰写、修改、编辑过大量的内部信息、督查通报、工作方案、调研报告、发展规划、实施方案、指导意见、领导讲话、理论文章等等。目前常用的十五种法定公文，除了"命令（令）"以外，其余的我都起草或参与起草过。一年的文字工作量，少说也有四五十万字。写得最多的，要算讲话稿和专题报告了。26年前的一个冬天，我正在雅安地委党校学习。有一天下午要我回去修改即将召开的地委经济工作会议讲话稿，是某委一把手写的。我把省委经济工作会议的文件看完之后，思考一阵便从头开始，推倒重来。因为第三天就要开会，所以夜以继日、日以继夜，到第二天下午，交了一个全新的稿子。中间还有一个插曲。那是我第一次在会议室开着空调写，半夜上卫生间顺手把隐藏在天花板的几个电风扇全打开了，得了个重感冒。恰恰是那20多年，我个人在省级以上刊物发表的署名文章，平均每年还不到一篇。

为别人作嫁衣，不等于不要自己的独立思考、独到见解。在笔耕近40年的人生历程中，我注意到省市党政机关的"笔杆子"有着不同的类型。比如，有的人一辈子习惯于剪刀加糨糊，常常把别人的观点和材料拿过来，编过来又编过去，成为一种机械性的文字组合工具，鲜有自己独立的见解，当然也不是没有半点思考，组合过程本身也是一个思考过程，只是这样的思考难以形成自己独立的、有价值的观点；有的人则着眼于研究问题，只要时间允许，一接手任务就会下功夫去做一次专题调研，或深入基层了解具体情况，或找相关人员座谈讨论,往往还会去翻一翻经典文献、专业书籍、相关报刊,然后抓紧时间把问题搞清楚并提炼出自己对问题的看法,再把研究成果转化成相关文稿,或意见、或报告、或讲话稿。严格说来,前者只是机关里面初级的文字者,难以独当一面;后者才是名副其实的机关"笔杆子",才能成为一个单位的得力干将或顶梁柱。我们经常听说很多单位缺"笔杆子",缺的不是剪刀加糨糊的文字工作者,缺的正是能写出有观点、能管用的好文章的这一类"笔杆子"。因为机关里面写的主要是公文,而公文是用来解决实际问题、推动具体工作的,其起草过程往往是研究工作的过程。只有站在一定的高度,弄清楚问题的症结及来龙去脉,提出有针对性、可操作性的对策措施,才有它的价值。几年前,我曾经亲眼看到四川省人力资源和社会保障厅出台的一份关于支持脱贫攻坚的文件,好像只有七八条,大约800字,写得实实在在、明明白白。我一看见就兴奋起来,马上发到微信朋友圈,并且专门写了一段评论。后来,听说那份文件得到了省委主要领导的表扬。相反,那些"看上去很有水平、看上去很扎实、看上去很美"的文字,不管出自谁的手,也不管怎样精雕细琢,都会变成一堆堆废纸,被扔进垃圾桶里去。

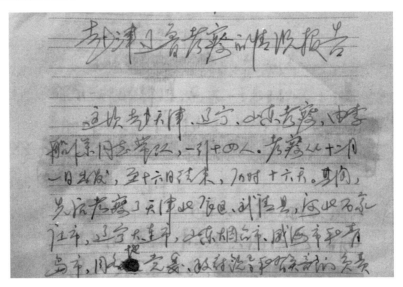

作者作为雅安地区赴津辽鲁考察团成员之一,代考察团撰写的考察报告的手稿,写于1998年12月23日。报告在地委工作会上交流,其中第四部分"反思和建议"的主要内容写进了"1999年雅安地委工作要点","要点"也是由我个人独立起草初稿。

不谦虚地说,我基本上属于后者。我写的稿子,特别是讲话稿、工作报告、指导意见之类的综合文稿,绝大多数都能顺利得到通过,而且还获得过不少肯定和好评。这正是建立在调查研究和多年积累之上的,虽谈不上什么完美,却观点鲜明、内容实在,还多少有点儿新意。熟悉我工作的朋友可能知道,我在接到重要文稿起草任务时,一般不会马上提笔,而是先做三件事,一是静下心来想一想该写些什么,二是迅速查阅相关资料,三是下功夫开展专题调研。通常在调研结束的时候,稿子就有眉目了,有时调研一结束初稿就可以抛出去了。比如,1995 年的某一天,原雅安地委分管农业的副书记把我叫去他的办公室,告诉我什么时候准备开一个开发农业工作会,要我准备一下。我回办公室想了想,再把多年积累的卡片、剪报翻一遍。第二天就带上几本书,一个人赶班车到基层去调研。一个多月后便把一个讲话稿送到领导手里,领导看过之后对我说,内容很好,语言也符合他的风格。又比如,2004 年,我负责起草雅安市委、市政府《关于走新型工业化道路振兴雅安工业的意见》,一个多月时间跑了几个区县、若干家企业,开了好几次座谈会,中途还专程到成都西南书城买了《中国工业发展报告》等一批专业书籍。经过充分研究,我写成 3500 字的征求意见稿,市委主要领导批示:"整体结构好,政策实,文字简洁。"后来我发现,凡是通过调查研究,把问题搞实、把方向搞明、把规律搞懂、把底线搞清、把对策搞准,写的时候又有正确而鲜明的观点、典型而生动的事例、简洁而明快的文字,并且还适应领导的个人风格,这样的文稿,十有八九都会讨人喜欢。我调省直部门工作不久,执笔起草的四川省委、省政府《关于统筹城乡发展的意见》,也是按照我一贯的方法完成的,送审稿也只有 4300 字左右,还得到了省委主要领导的肯定性批示。

我在撰写各类文稿的几十年里,养成了一些与众不同的个人写作习惯。我所熟悉的机关做文字工作的同行,接到拟稿任务后,一般会先拟一个写作提纲送领导审定,或等领导组织相关人员讨论一个详细提纲,再张三李四分工撰写,或由王五先拉一个通稿出来。我呢?我单打独斗的时候比较多,2011 年12 月四川省第十次党代会报告起草组下达给原四川省委农工委的重点课题"四川农业农村经济发展研究",也是我一个人从头写到尾的。而且,多数稿子的撰写,我都不拟提纲,往往经过调研、思考,主题、方向一明确就下手。开头可能一连撕掉好几张稿笺纸,但写着写着就明朗起来了,一气呵成。我从中领悟到三个关键词:一个是思维,另一个是积累,再一个是语感。只要你打开思维空间,善于思考问题,能够找到独特的视角,并且形成分析问题的套路,那么,随便什么题目到你手上,你都能迅速作出反应。如果你平时又注重积累,思考过很多问题,搜集了各类素材,形成了一些个人观点,你就能顺着你的分析思路,确定一个基本框架,甚至拿出通稿来。积累的功夫,在于读书、观察、调查研究,特别是后者。当然,只是解决了思维和积累问题还不够,要交出一篇像样的稿子,还需要有你自己较强的语感。不排除语感有天生的潜质,良好的语言环境也是其形成的有利条件,但是要养成较强的语感,必须用心朗诵或默诵足够的古今中外的经典名篇。久而久之,感觉就出来了。有了自己强烈的语感,你思考的东西就会跟着你的感觉,变成文字,连成句子,组成段落,形成完整的篇章。然后,再从头到尾默默地往下念,感觉不对的地方就停下来改一改,直到念起来顺畅。很多人喜欢抠文字,我就习惯于找感觉。我承认,我也读过一些语法、修辞、写作之类的书,不过下笔以后还是靠思维、积累和语感,这是我撰写文稿的"三件法宝"。

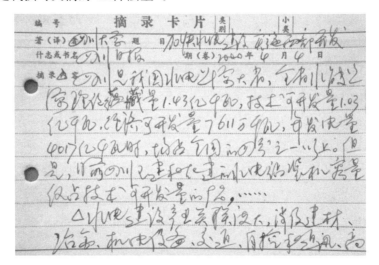

2000年的一张资料卡。做文字工作特别是起草综合文稿离不开资料积累,我以前的积累主要靠剪报、记卡片、写读书笔记等,有的记观点、有的录数据、有的写心得,内容涉及很多方面。

对机关里面的文字工作,局外人往往带着不同的眼光来看。曾经有朋友对我说,"你们那些稿子是咋写出来的? 换成我,打死我也写不出来"。也有人说,"你们写的那些官样文章,抄来抄去的,全是套话,谁写不来"。其实,这些都是误会。实事求是地讲,机关文字工作有它鲜明的特点。20 多年前,我曾把地方党委办公室文字工作的特点概括为"高、广、杂、快、严"五个字。高:站得高,就是要"关起门来当领导",站在领导的角度来思考;广:涉及广,经济、政治、文化、社会、生态文明等都要涉及;杂:写得杂,决定、请示、报告、通知、通报、报告等都要会;快:节奏快,有时候半天就要一个报告,前一个稿子还来不及交下一个又来了;严:要求严,数据要可靠,表述要准确,不能出现原则问题。所以,既要有一定的理论功底,又要懂得路线方针政策;既要吃透上情、熟悉下情,又要了解外情;既要领会领导意图,又要把握领导风格。功夫不到家,谁也写不好。以理论功夫为例,虽然做不到专家那样深,但必须比普通专家广,应该是个杂家、通才。2007 年初,我作为主要执笔人,承担省委重大课题"统筹城乡发展 建设社会主义新农村"的研究任务。我们迅速翻阅大量专业文献,研究撰写成 3900 字的专题报告,被选为"精品报告",在省委扩大会上作大会交流。再看领会领导意图,这是公文写作的基本功,不少写得很有水平的稿子过不了关,问题往往出在这里。难就难在,领导意图很多时候一开始并不明朗,有时还会急转弯。十七八年前,有一天领导交任务的时候,特别提醒一句:能不能写在 20 页以内。我用 B5 纸写了不满 17 页,没过关。后来,我组织人马扩展到大 16 开 40 页,OK! 真的,公文要写好也不容易。但是,只要下够了功夫,就没有写不出来的。30 多年里我出手的重要文稿,完全返工的,不超过5 个。

我的文字工作能够得到认可,除了工作中的各种努力以外,我想,还与我个人的兴趣与爱好有关。我这人不好动,却好奇,学生时代开始养成读书、思考的习惯,直到如今。小时候家里没啥书,学校里也少得可怜,去书店买又没钱,一见书就想翻一翻。上了大学,便被哲学、社会学、心理学、未来学等深深地吸引着,休谟的怀疑论、弗洛伊德的精神分析、麦斯多的增长的极限、托佛勒的第三次浪潮、费孝通的社会调查、朱光潜的美学思想……都让我着迷。参加工作后，读书兴趣不减，年阅读量一般在千万字上下。与学生时代不同，后来读书通常与工作需要结合起来，注重专题学习，比如写党建稿子就读党建方面的，国外有关政党研究的经典论著也翻过好几本。让人费解的是，我从不读小说，《红楼梦》等四大古典名著至今没读过；也不喜欢文言文，《论语》《老子》等传统经典，翻过多少次，至今没通读完一本；还有，好读书却不求甚解，成为"印象派"。好在，我喜欢读书，更喜欢思考。无论走路、坐车，还是吃饭、睡觉，都会发呆，偶尔还有走火入魔的感觉。年轻时经常凌晨两三点钟大脑还比较兴奋，现在也会因为某个新点子而激动到深夜。我思考问题，习惯于把读到的东西串起来，不只是把不同的知识串起来，还把理论同生活串起来。一串起来，知识就活了，慢慢地变成了自己的东西。只可惜，30岁以前爱思不爱写，偶尔记在笔记本、稿笺纸、小卡片、废纸屑上的想法，也基本散失了。课堂上与同学、老师争得面红耳赤的关于计划、现代化、集约经营等问题，如果当时能把自己的观点写成论文，应该是有价值的。30岁之后伏案工作任务重了，放飞的时间也少了，但思考的东西大多写进了讲话、意见等各类文稿中。这应该是我写的稿子能够讨人喜欢的又一个重要原因吧？这些，在我个人的文字中也多少有一些记载。

许多"笔杆子"写着写着就把自己的棱角"写"掉了，我则一直保持着自己独立、直爽的个性。我一进机关，老同志就言传身教，教导我没事也要规规矩矩待在办公室，说话要注意分寸，不能我行我素。这是经验之谈、肺腑之言。的确，很多锋芒毕露的年轻人，只要进到机关，要不了三五年，身上的棱角就被磨得差不多了，而磨不掉的人呢，要么离开机关，要么成为合不了群的另类。可我老是改不了，说实话，也没有想过改不改的问题。比如，口无遮拦，在领导面前也直来直去，不拐弯抹角，有时一句话就把人得罪了。又比如，不喜欢往领导办公室钻，更不主动跑领导家里。记得2000年国庆那天早晨，地委分管办公室的副书记要我把党代会报告初稿送去他家，我作为办公室老资历的副主任居然找不到地方，而他家就住机关后面的小院里。像我这样的个性，能做一辈子"笔杆子"不易,反过来不做"笔杆子"同样不易。照理说,我撰写的一些文稿,都是可以给我带来机会的,我可以因此走到新的岗位。我也尝试过变换岗位。记得1996年我就想过到县上去做实际工作,后来也提出过几次,而且并没有要求过提拔或重用,只是想换一个环境,换一种岗位。可得到的回答是:谁来接替? 也有人想让我离开,得到的回答虽然说法不同,但意思是相同的:有没有人能够替代? 所以,大约从1997年开始,我下决心搞"脱手"工程,组织开展"读书、调研、谈修养"活动,通过学习、实践来培养文秘人员,主要是提高他们的写作能力,让他们早点独当一面。只是没有想到,"笔杆子"成长起来了,有人又说,某人只能写写材料,而且只能写调研报告。这样,我在机关文字工作的岗位上,包括地委办公室副主任、市委副秘书长、市委政研室主任、综合处处长,一干就是30多年。几十年的笔耕,究竟写了多少稿子,我自己也难以搞清楚了。

2018年1月25日,在石棉县美罗镇原保卫村调研乡村振兴。机关文字工作离不开调查研究。我的调研主要是专题调研和蹲点调研。

　　当然，一辈子在一个地方、一个岗位做"笔杆子"的人应该没有吧，即使有也是非常罕见的。现实生活中，"笔杆子"的命运，在某种意义上同其他岗位一样，有着多种机会、多种选择。而且，近水楼台先得月，有的人干不了几年就得到了提拔重用，有的甚至一篇稿子就改变了命运，飞黄腾达。看一看每次干部任命名单后面的个人简历，你会发现不少是"笔杆子"出身，或有过"笔杆子"的经历。难怪，我曾经在不同场合，亲耳听到不止一个领导说，能够在机关里面把文章写好的人，还有什么工作干不好？我非常认同这个观点。2012年2月，原四川省委农工委内部大转岗，我从专门负责文稿起草的综合处轮到刚成立的新农村建设指导协调处，很快就打开了工作局面。当年我总结的"微田园"就在全省、全国推广，到2018年3月，还成为中央组织部、中央农村工作领导小组办公室、国家行政学院举办的省部级干部乡村振兴专题研讨班的教学案例。据我了解，那个班的教学案例，总共只有3个。紧接着，我提出并推动的幸福美丽新村建设，以"业兴、家富、人和、村美"为基本理念，在西部地区独树一帜，在全国也很有代表性，中农办至少5次印发我们的做法和经验，《人民日报》也在头版做过几次专题报道。不过，具体到某一个"笔杆子"，其命运如何，既要看他自己的本事，更要看他碰到什么样的运气。所谓运气，有大运，也有小运。在我看来，整个社会风清气正是大运，单位主要领导公道正派是小运。当然，小运有时也能助你成大器。我年富力强的时候，赶上过大运，也撞到过小运，在机关工作几十年也算平平稳稳。一个地地道道的农民的儿子，没有任何背景，从大山沟里走出来，又从不鞍前马后、吹吹拍拍、拉拉扯扯，能够走到今天这个地步，该知足了。我常说，自己对得起组织，对得起单位，也对得起良心。

　　机关"笔杆子"的命运再苦、再不确定，也有一点是肯定的：只要你真正投入进去，你就能获得乐趣，就能实现人生价值，甚至能把你的想法变成现实。用世俗的眼光看，在机关做文字工作是没钱可图的，不仅如此，买书要掏你自己的腰包，加班加点要占用你拿黄金也换不走的东西。但是，看着自己的想法变成文字，再变成现实，看着别人撒下大把大把的钞票来圆你的梦想，换成你，能不是一种诱惑？1999年8月26日，我在原雅安地区党委系统文秘培训班上就说过："文字工作苦，乐亦无穷。""每当你完成一篇文稿的时候，每当你提出一套方案的时候,每当你提交一份苦心经营的调查报告的时候……自然就有一种自我实现的感觉,就能从中体会到人生的价值。"而且,"当你豁然开朗的时候,当你圆满交卷的时候,当领导拍拍你的肩膀的时候……长长地出一口气,活动活动筋骨,你可以想象其中的滋味。"20 年后,2020 年 3 月 11 日在四川省地方电力局谈公文写作时,我还说,"没想过当'笔杆子',却干了几十年'笔杆子'的事,但不后悔做'笔杆子'","如果有下辈子的话,说不定还将是个'笔杆子'"。之所以不后悔做"笔杆子",主要是因为不少建议直接转化为党委、政府的决策,在实践中发挥了作用,并且看着它们变成现实。比如 2000 年我提出的"生态化""建设美丽新雅安"等写进了雅安市第一次党代会报告,在雅安市的经济社会发展中留下了烙印。又比如,我从 2013 年起,先后提出的幸福美丽新村建设系列建议,得到省委、省政府的采纳,而且搞得有声有色,曾经形成了新农村建设"东部看浙江,西部看四川"的格局,我也因此为全国各地前来四川考察学习的团队做过数十次情况介绍。这是连做学问的人也会羡慕的。我有很多朋友、熟人在高校、科研单位工作,他们都希望自己的成果能够转化成决策咨询报告,得到各级党委、政府的采纳。

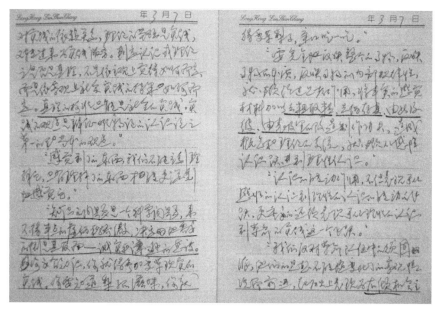

2000 年 3 月 7 日读毛泽东《实践论》的笔记。

　　只是机关"笔杆子"一般少有自己名下的文章,我也是这样。署我自己名字的文章,除了每年个人的工作总结、述职报告,90％以上是我离开文字工作岗位以后,在指导协调新农村建设和研究乡村振兴战略的时候写的。其中,发表在报纸杂志上的,多数还是副产物。一部分是在工作会、学习会、研讨会上的即兴发言。通常是发言的时候引起一些反响或关注,会后我趁热把它变成文字,再找机会发给相关的报纸或杂志。比如,2009年3月16日,我在原四川省委农办专题学习会上的即兴发言,有同事一听就说有新意,会后我便写成短文《漫话"作风养成"》。两年后翻出来看,觉得不发出去有点可惜,于是压缩到一千余字发给《四川日报》评论部,2011年10月12日便发表在理论创新版,被人民网、中国网、光明网、紫光阁等50多家网站转载,还在人民网党建频道的排行榜上冲到了第一位。又比如,2011年7月22日,我在四川省社科院和四川大学举办的农业现代化与粮食安全理论研讨会上的即兴发言,会后刚整理出来就发到中央农办,7月26日就被印送高层参阅,得到中央领导和中农办主任批示。另一部分是课堂讲稿或PPT中某个观点的转化。比如,我在讲新农村建设、乡村振兴的时候,多次讲到规划中的长官意志、技术"专政"、资本诱惑、农民眼光等问题,引起学员共鸣。后来我写成短文《编制乡村振兴规划应注意四种倾向》,发表在《农民日报》2019年2月16日第3版。这篇文章还被中央政研室《简报》全文采用,得到中央政治局一位常委的批示。再有,最近几年的一些稿子,则是在微信朋友圈发的评论。写到这里,我想起了一件遗憾的事。2019年9月初,我由非洲猪瘟问题入手,在朋友圈发了一篇评论《"生猪保卫战"不能就猪言猪》,主要引出对粮食安全问题的反思。发给报社,因非洲猪瘟话题在当时比较敏感而被删除。

　　因为属于自己名下的文字不多,所以倍加珍惜,有空的时候就一篇一篇地收集起来。只是因为工作调动,也因为电脑操作不当的缘故,过去的部分文稿怎么也查找不出来。已经汇集起来的文字,简单筛选之后,大体可以分为六种情况:一是"感悟",在干部培训、选调生培训等一些场合,从不同角度谈文字工作的切身体会,20多年前讲的内容,近两年还有人在网上转发,说明还有些价

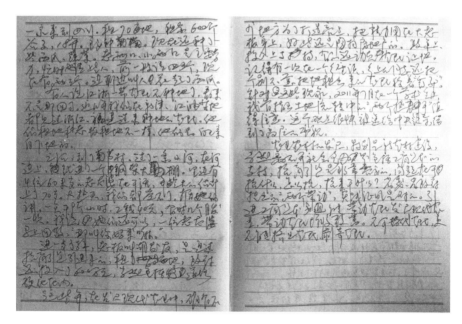

2013 年 7 月 17 日在隆昌县（现隆昌市）解放村和菊芦村的调研日记。

值。二是"经历"，多属个人的年度工作小结，也没有收齐，不过从中足以看出一个文字工作者所做的和能做的工作，其中 2012 年是一个节点，之前主要是写，之后主要是说。三是"日记"，全是 2013 年 7 月—2014 年 10 月期间三次蹲点调研时记的，有时一个晚上就手写了三四千字，一共写了七八万字，我曾把它们汇成一本小册子，叫《走在乡间小路上——驻乡进村入户调研日记选》，这是我近几年思考问题的主要源泉。四是"发言"，有的是临时被逼出来的，通常借题发挥、小题大作，多来源于平时的思考和积累，体现了我"不求尽善尽美，但求点滴新意"的主张。五是"短文"，包括一些随笔、调研报告、微信评论，力求比专家快、比官员深，其作用未必亚于那些关起门来炮制的长篇大论。六是"课件"，主要源于各类培训班和一些学习班、研讨会、报告会的 PPT，相当一部分专题在当时是比较新的，我尽量旁征博引、自圆其说，仔细一看里面确实有不少思想火花，有的观点也转化成了短文。这些文稿，虽然只是我文字工作的很小一部分，但是也足以道出一个在机关耕耘 30 多年的"笔杆子"的酸甜苦辣。

当然，如果仅仅是反映我个人的酸甜苦辣，我就不会劳神费力把它们汇集起来了。从师友的反馈来看,这些长长短短的文字,对刚进机关的年轻人有启发,机关业务骨干也可以借鉴,毕竟"写"是机关工作的一项看家本领。不仅如此,做学问的朋友也说,他们还可以拿去参考参考。我想也是。

2022 年 2 月 28 日写成

2022 年 9 月 13 日补充

感　悟

核心提示

●一进机关,你就会同文件、简报、讲话稿打交道,公文写作将与你一生的事业和人生息息相关,一篇稿子可能就会改变你的前途和命运。

●每当你完成一篇文稿的时候,每当你提出一套方案的时候,每当你提交一份苦心经营的调查报告的时候,你,这时的你,自然就有一种自我实现的感觉,就能从中体会到人生的价值。

●公文既要像文学作品那样求美、像学术论文那样求真,更要突出自己的个性,求善、致用。公文,天生就是解决实际问题、推动具体工作的;公文起草,功夫在调查研究。

●给选调生的五条建议:将公文写作同你的事业和人生连接起来;把功夫下在调查研究、解决实际问题上;养成读书、观察、思考和动笔的好习惯;不光追求写作结果,也要体验过程之美;谋事在人,成事在天,用平常心看得失。

●一些同志的文稿,孤立地看写得很好、很精彩,甚至很有学术水准,就是过不了领导那一关,为什么? 不会怪怪领导,会怪怪自己,只怪自己没有超出秘书的水平,只怪自己就事论事,只怪自己一副学究味。怎么办? 办法只有一个,就是转换角色,站在领导的角度来分析问题、研究问题、处理问题。

●技是必要的,艺更胜一筹,但思想才是王道。古今中外的经典名篇,无不因思想而不朽。思想像火,你今天把它吹熄了,它明天又会燃烧起来。

●机关文字工作,伏案时间长、用脑强度高、生活没规律,日久天长,很容易引起体内循环不畅、内分泌失调、心脏压力过大、精神过度紧张等毛病。劳累过度的时候,脑袋瓜也是不好使的。一旦身体垮了,一切都完了。

●文章能否改变命运、怎样改变命运,不只看你怎样忘命地写和写得怎样,还要看运气,更要看风气。

感触"笔杆子"①

做过办公室文字工作的同志都有道不尽的酸甜苦辣。我进地委办一晃8年多,加上过去在政研室的5年,近14年,一直"吃墨水",也有一些感受。

文字工作苦,乐亦无穷

有人说,办公室工作苦,办公室文字工作更苦。的确,每当我们这些从事办公室文字工作的同志凑在一起的时候,都免不了叫一声苦。

文字工作之苦,圈内人个个感受很深。一旦你进入这个圈子,你就会逐渐觉得"三多三少":加班加点多,熬夜守夜多,失眠头痛多;家务事情少,抛头露面少,欢歌笑语少。

圈外人也耳闻目睹。当你走进办公室,看到脸色苍白的,不用问,是要"笔杆子"的;看到两眼无神的,也不用问,是要"笔杆子"的;看到通宵达旦埋头苦干的,更不用问,是要"笔杆子"的。

之所以这样苦,是由办公室文字工作的特点决定的。其特点可以概括为"高""广""杂""快""严"五个字。

"高":站得高。毕竟我们是为领导服务的,因此,不管搞什么材料,都得站在领导的角度来思考。这正是常说的"关起门来当领导"。

"广":涉及广。政治、经济、文化,工、农、兵、学、商,天文、地理,等等,你都没法回避,要你写你就得写,不懂,你就得抓紧学。

---

① 本文是1999年8月26日在雅安地区党委系统文秘培训班上的讲课要点,原题为《从事文字工作的几点体会》。发表《秘书工作》1999年第11期,题目改为《感触"笔杆子"》。

从那以后,我多次应邀在培训班、培训会上作专题讲课,偶尔被安排在相关工作会上交流,有时候谈业务工作也涉及到文稿起草,比如《关键是"五个搞准"》。我谈公文写作很少谈写作技巧,技巧问题我一直不太在意;我所谈的,主要涉及理念、思维、文风等问题,我感觉这些比技巧更重要,正如有的学者所说"写作即思考",本书的每一篇稿子都能证明这一点。

"杂":写得杂。决定、决议、请示、报告、通知、通报、讲话稿、调查报告、理论文章,各种文体你都可能遇到,说不准,你一天就会搞好几种。

"快":节奏快。每次给你的时间不多,说办就办,说要就要,简直由不得你。为了赶时间,累了,还得熬下去;病了,也得使劲挺住。

"严":要求严。所涉及的数据、实事要真实可靠,表述要准确,原则问题、政策问题不能有误,一般差错也要减少到最低限度。

苦,免不了;乐,亦在其中。人活着总得有点理想,有点抱负,有点追求。如果我们把为领导当参谋助手作为一种事业,那么,每当你完成一篇文稿的时候,每当你提出一套方案的时候,每当你提交一份苦心经营的调查报告的时候,你,这时的你,自然就有一种自我实现的感觉,就能从中体会到人生的价值。西方人也承认,这是人的高级需要。

再说,即使你把文字工作看成一桩苦差事,也能由苦而乐。不管你水平多高,有些文稿还是伤脑筋的,总会有一种负荷感。你可能坐着想、站着想、躺着也想,吃不下饭,做不成事,也睡不着觉。当你豁然开朗的时候,当你圆满交卷的时候,当领导拍拍你的肩膀的时候,瞬间如释重负,长长地出一口气,活动活动筋骨,你可以想象其中的滋味。

功夫在文字之外,作文需先做人

一提到文字工作,往往就让人想到"主""谓""宾"、"赋""比""兴"、"起""承""转""合"。这是最起码的,谁不懂点 ABC。但是,满足于一大堆语法修辞和写作知识,即使满脑子写作方法、写作艺术,开口闭口"之""乎""者""也",也不过是能搞点文字游戏。

这使我想起古人在论诗时的一句话:"功夫在诗外。"我看搞材料、写文章也是这样。也许正是这个缘故,许多文章写得好的并不是专学语言文学或秘书学的。所以,我奉劝有志于深造的同志,不一定去拿那个秘书文凭。

据我的观察和体会,要想把"笔杆子"耍转,就得在"乐业、读书、观察、思考"上下功夫,不断提高综合素质。

乐业,就是干一行爱一行,爱岗敬业。办公室文字工作,又苦又累又清贫,从事这项工作通常只能默默无闻地在幕后当无名英雄。干好了,不要指望表扬你,更不要奢望出什么名;干砸了,脱不了手。所以,要有较强的事业心、责任感、服务意识和奉献精神;要淡泊名利,以此为乐,以此为荣,并学会从每一件小事中去体会人生的价值。

读书,就是不仅要干一行爱一行,还要专一行。要一专多能,成为多面手、通才、杂家,各方面的知识都需要学。市场经济的建立,知识经济的来临,对学习的要求更加迫切。在"学习革命"的浪潮中,再忙也要多读些书。"读书破万卷,下笔如有神。"

观察,就是要有好奇心,要敏锐,要注意把握事物的发展变化,及时捕捉各方面的信息,积累素材。国事家事天下事,处处留心皆学问。要养成每天读报纸、看电视的习惯,通过各种大众传媒观察了解国际国内形势。要多走出办公室到社会实践和社会生活中去,观察每天发生在周围的变化。在观察中,对新情况、新问题、新经验要敏感。有了活生生的事实,你写的材料就实了、活了。

思考,贵在"勤""善""深"。就是要勤于思考,善于思考,深入思考,满脑子问题。子曰:"学而不思则罔"。要对看到的、听到的、读到的东西反复进行加工,"去粗取精,去伪存真,由此及彼,由表及里"。要注意把握事物的本质特征和变化规律,形成自己的认识。要经常思考一些带全局性、战略性和超前性的问题,不断修炼自己的思想。没有一点真知灼见,顶多做个"八级裁缝"。

没有调查,没有发言权

"没有调查,没有发言权。"这是毛泽东同志 1930 在《反对本本主义》一文中提出的。他说:"你对于某个问题没有调查,就停止你对于某个问题的发言权。"六七十年过去了,这话仍然耐人寻味。为什么靠笔杆子谋生的常常苦于无话可说,只好安慰自己"天下文章一大抄"? 没有调查研究嘛。

调查研究对我们搞文字工作的人来讲,好处很多。可以了解情况,可以分析问题,可以研究对策,可以认识事物,可以体验生活,可以形成一些看法。有了这些,提起笔来就得心应手了。而且,一次调查搞好了,可以长时间受益。所以,建议搞文字工作的同志,每月作一次调查研究。

调查研究少,往往不是因为不懂得调查研究的重要性,问题在于没有把握住办公室同志调查研究的特点和要求。动不动就想去搞一个大题目,摆它一大堆问题,提出八九条对策,一鸣惊人,行吗?

但是,我们有我们的优势。领导关心什么,你比别人清楚,有时领导还亲自给你出题目。上面有什么精神,外边有些什么情况,基层有什么动向,你可以比别人知道得早。需要部门协助,需要基层配合,你也比别人方便。这就是说,在调查研究上,我们可以有所为,也应该有所为。

搞调查研究要贴近领导。领导关心什么,你就调查什么;领导考虑什么问题,你就分析什么问题。1993年5月初,当时资金紧张,我们及时跑了4个县(市)和市级有关部门,写了一份有问题、有分析、有建议的调查报告。领导看了很重视,不仅作了批示,还在有关会议上专门讲这个报告。

要多搞一些短平快调研。别看不起小题目,一个小小的专题调研搞好了,说不定会引出一个重大决策。记得有一年,达川市委办就农副产品收购中打"白条"的现象进行调查,并很快以信息形式上报中办,反映一些地方"白条子"满天飞。据说,中央很重视,马上研究,马上决策。

要重视解剖麻雀。"麻雀虽小,肝胆俱全。"解剖麻雀就是要抓住典型,深入进行周密细致的调查研究,找出普遍性的问题,研究规律性的东西,得出有价值的结论,指导面上的工作。调查的对象可以是一个村、一家企业、一所学校,也可以是一户农户。当然,要选择有代表性的点,以点剖面。

要打有准备之仗。着手调查之前,要选好题,拟好调查提纲,选择好调查的方式方法。要作好政策上、知识上的准备。政策性强的问题,要把有关政策的精神实质和原则界限吃准吃透;专业性强的问题,要预先熟悉必要的相关知识,懂点行。盲目下去跑一趟,可能连一个问题都提不上。

不求尽善尽美,但求点滴新意

我刚到地委政研室的时候,经常听主任讲,政研室七八个人,一年能有三四条建议被地委采纳就不错了。当时我不太理解,总觉得每年仅主任一人就要写不少地委文件、领导讲话、调查报告,随便一个文稿也不止三四条。后来我才明白,他讲的是要有点新意的。

写文章、整材料大概也是如此,真正好的文章是那些有点新意、让人耳目一新的。许多文章虽然想说的都说了,结构也严谨,文句也优美,就是读不下去,看的人越来越少,为什么? 恐怕还得怪它"老一套"。所以,著名教育家谢觉哉在谈文章"三怕"时,首先就说怕不新鲜,老生常谈惹人嫌。

要想文章有点新意,首先,要克服求全责备,凡事要求尽善尽美的心理障碍。本来,追求完美是人的天性,把完美作为一种理想境界无可非议。但是,理想的境界只能一步一步接近,在具体工作中,通常一次能有所突破就了不起了。写材料也是这样,贵在有点新意。

其次,要熟悉别人说了些什么,写了些什么。"知己知彼,百战不殆。"要写某一个问题,就要看看别人写过没有,怎么写的,写了什么,哪些还没提到。这里说的"别人"不可能包括所有的人,主要是就你能接触的范围而言的。要熟悉别人的观点,平时就要注意学习积累,写材料的时候还要抓紧翻阅一些有关材料。见多才能识广,识广才能推陈出新。

再次,在写作过程中要突出重点,力求有破有立,哪怕点点滴滴。我们所谓新意,不是说你一定要搞一套全新的体系,提出全新的观点。我们是搞公文的,公文俗称"官样文章",大多有比较固定的格式和相对规范的要求,有时只要换一个角度、换一种说法、生动一点,就能给人以新的信息,这也叫新意。当然,能提出新观点,自然更好。

第四,要虚心听取别人的意见,集思广益。自古文人多相轻。舞文弄墨的人喜欢关起门来欣赏自己的作品,偶尔心血来潮,请人看看,无非想讨几句恭维。这有害无益。要知道你的得意之作,你的高见,未必像你想象的那样;而别人一两句逆耳之言,可能让你茅塞顿开,你可能由此受到启发。所以,在构思过程中,在定稿前,最好听听同行的意见。

最后,要提倡写得短些、短些、再短些,实些、实些、再实些。"王大娘的裹脚布,又臭又长",人们都厌恶又长又空又乏味的文章。没有内容,没有新意,只好搭花架子。反过来,即使有新意,如果长了、空了,有花架子之嫌,你的新观点也容易被淹没掉。长而空不好,短而空同样不好。稿子越短,越不该有废话,越应当实一点、新一点、精一点。

事业与人生的阶梯^①

李玲老师告诉我,你们都已经顺利考上了各省的选调生,即将走进各级党政机关。可喜可贺!

一进机关,你就会同文件、简报、讲话稿打交道,公文写作将与你一生的事业和人生息息相关,一篇稿子可能就会改变你的前途和命运。

这里谈的是党政机关公文。按照《党政机关公文处理工作条例》,它是党政机关实施领导、履行职能、处理公务的具有特定效力和规范体式的文书,是传达贯彻党和国家的方针政策,公布法规和规章,指导、布置和商洽工作,请示和答复问题,报告、通报和交流情况等的重要工具。

请大家注意两个关键词:特定效力,重要工具。从一定意义上讲,党政机关工作正是起草文件和落实文件。因此,年轻人进机关需要过好"文字关"。当然,对四川大学的高材生来说不在话下,但是也有一个适应过程。

如何快速适应机关公文写作? 我在省市党政机关工作了36年,前26年主要从事文字工作,后10年也经常同文字打交道。借此机会谈四点感悟。

一、从两把刀说起

提起文字工作,都说是件苦差事。

的确如此。但是,仅仅这样说,最多只说对了一半,还有更重要的一半:它能成就我们的事业,实现我们的价值。国外有报告称:"读写能力"已经成为雇主最为看重的素质型技能之一,正在深刻影响着人们的职场发展。这里,我想从两把刀说起。

---

① 本文是2022年6月16日为四川大学2022届选调生讲公文写作的授课要点,原题为《感触"笔杆子"——机关文字工作的一些体会》,2022年6月21日发表在中国青年网。

（一）学财经有两把刀

我 1980 年考入四川财经学院。记得一位教授说过,学财经要有两把刀,一把是数学,一把是外语。他强调,有了这两把刀,才能把财经科学学好。当时我没在意,后来正是这两把刀不快,我不得不放弃了学术追求,成为终生的遗憾。

（二）机关也有两把刀

20 世纪 80 年代中期,原雅安地委广泛招引大学生。我是雅安人,1986 年被动员回去,我选择了地委政研室。从那时起,在党政机关一干就是 30 多年。回头看,机关工作也有两把刀,这就是说和写,而且首先是写,基础也是写,写是机关工作的一门看家本领。

（三）公文写作与人生

和平年代,人们往往把"笔杆子"同"枪杆子"并列。的确,在机关,写的功夫往往决定一个人的人生价值和前途命运。运气好的话,一篇文章打响了,就能够飞黄腾达。杜润生在 20 世纪 80 年代负责起草了连续五个中央"一号文件",成为"农村改革之父",还活了 102 岁。

（四）人人都能成为"笔杆子"

经常有人说,"写作确实重要,可我不是那块料"。当然,要成为文章大家不是一件容易的事,可能还有一些先天的因素;但是,只要干一行爱一行、用心钻研、刻苦操练,就能把公文写好。我高考语文才 43 分,也把这活干下来了,还被称着"笔杆子"。我还见过不少"枪杆子"变"笔杆子"的。

二、把握写作特点

机关文字工作为什么苦? 这是由其写作特点决定的。

20 年前我在雅安市委办分管文秘工作的时候,曾经把党委办公室文字工作的特点概括为"高、广、杂、快、严"五个字。2006 年调到四川省委农办以后,发现这五个字特点在机关带有共性。

（一）高:站得高

公文具有特定效力,事关实施领导、履行职能、处理公务。起草过程中,你的职位再低,也必须跳出自我,站在一个地方或一个部门的大局的高度来分析和处理问题。如果起草领导讲话稿,还要揣摩领导意图,把握领导风格,这正是业内常说的"关起门来当领导"。

(二)广:涉及广

涉及最广的,要算党委办公室,因为"党政军民学,东西南北中,党是领导一切的"。所以,政治、经济、文化、社会、生态文明、党的建设,甚至天文、地理,你都没法回避,要你写你就得写,不懂,你就得抓紧学。我每年读各种书籍的阅读量,都上了八位数。

(三)杂:写得杂

《党政机关公文处理工作条例》确定的公文种类就有 15 种:决议、决定、命令、公报、公告、通告、意见、通知、通报、报告、请示、批复、议案、函、纪要。同时,还有接二连三的讲话稿、信息简报等等。每一种你都会遇到,说不准,你一天就可能写好几种。

(四)快:节奏快

除了重要文稿如党代会报告的起草有相对充足的时间以外,日常文稿像会议纪要、紧急信息之类,往往要得很急,下午下班接到任务,当天晚上必须交卷也是家常便饭。即使单个文稿有足够的时间,但是,因为同时布置的任务较多,你也不得不抓紧,累了也要挺住。

(五)严:要求严

公文具有鲜明的政治性、法定的权威性、严格的规范性,因此对起草工作的要求非常严格。数据、实事要真实可靠,文字表述要准确,原则问题、政策问题不能有半点差错。所以,从起草到印制有一个严格的流程。重要文件起草还要反复征求意见,层层审议通过。

三、重在调查研究

有一种说法,说机关文字工作,不就是写作文吗?

这是一种误解,甚至是一种偏见。公文既要像文学作品那样求美、像学术论文那样求真,更要突出自己的个性,求善、致用。公文,天生就是解决实际问题、推动具体工作的;公文起草,功夫在调查研究。

(一)调查研究是基本功

"没有调查,没有发言权。"每当接到重要文稿起草任务时,我通常先做三件事,一是静下心来想一想写些什么,二是迅速查阅相关资料,三是下功夫开展专题调研。其中,最重要的是调查研究,往往调查研究结束的时候,文稿就完成了六七成。而且,经过调研,提起笔来才有底气。

(二)带着问题去调研

做调查研究,可以在调研过程中发现问题,也可以带着问题去找答案。作为公文起草基础工作的调查研究,必须根据写作任务,提出所要解决的主要问题,拟出调研提纲,再去一个问题一个问题地了解、分析、解决。盲目下去跑一趟,往往无功而返。

(三)摘下你的有色眼镜

现实生活中,有的人下基层调研,习惯于带着观点、带着结论去找佐证。这样的调研,披着科学的外衣,有时比坐在办公室里拍脑袋还有害。必须放下架子,深入基层,虚心了解情况,随时准备自我否定。观点和结论,一定要建立在调查研究的基础上。

(四)要重视解剖麻雀

麻雀虽小,肝胆俱全。在信息爆炸的今天,解剖麻雀仍然是调查研究的有效方法。2013年和2014年,我先后三次住进村民家里,做了150多天的蹲点调研,写了七八万字的调研日记。后来我的很多认识都来源于那三次蹲点调研,不少决策建议得到四川省委采纳,有的还引起中央领导重视。

(五)尽量做到五个搞准

在调研过程中,我的体会是,一定要尽可能吃透上情、下情和外情,真正做到五个搞准:把问题搞准,把方向搞准,把规律搞准,把底线搞准,把对策搞准。只要切实搞准了这五个问题,心中就有了数,写起来便顺理成章。通常,调研还没有结束,稿子就有了眉目。

四、积累写作经验

也有人说,公文写作有套路,读两本讲写作的书就行了。

读点写作之类的书当然是有用的,但是,满脑子写作知识并不能保证你拿出高水平的文稿。公文写作既是一门学问,也是一种艺术,需要边写边悟。我也有过一些感悟。前不久,我又想到了思维、积累、语感三个关键词,并称之为"三件法宝"。

(一)训练思维

写稿子本质上是一种思维活动,怎么思考是关键。我的一点体会是,打开地理空间、历史空间、视野空间、数字空间、思维空间这"五维空间",至关重要。只要你思维开阔,善于分析问题,能够找到独特的视角,并且形成自己分析问题的框架,那么,随便什么题目到你手里,你都能迅速作出反应。

(二)注重积累

如果你平时思考过很多问题,搜集了各类素材,形成了一些你自己的观点,就能顺着分析思路,确定一个基本框架,甚至很快拿出通稿来。积累的功夫,在于读书、观察、思考。以前积累靠卡片、剪报、笔记和背功,现在有电脑和手机,方便多了。我现在就经常把想到的东西记到手机里。

(三)强化语感

解决了思维和积累问题还不够,要交出一篇像样的稿子,还需要有你自己较强的语感。语感不排除先天的条件,但更需要通过用心朗诵或默诵足够的经典名篇来养成。我年轻时读得多的是《毛泽东选集》。有了好的语感,你思考的东西就会跟着你的感觉,变成文字,连成句子,组成段落,形成完整的文章。

除以上"三件法宝"外,还要勤于动手,讲究文风。

写作是手脑并用,既要想明白,又要写清楚。由思想到文字,都有一个动手转化过程。通常说的眼高手低,正是这个转化出了问题:不知从何下手。没别的办法,只有老老实实敲键盘,多写、多练。熟能生巧,久而久之,就能写出一篇篇好稿子来,成为名副其实的"笔杆子"。

文风不是小事。文风问题,主要是"长空假",其表现五花八门。我曾分析过"三个看上去":看上去很有水平,主要是显理论;看上去很扎实,主要是赛篇幅;看上去很美,主要是比文采。针对"长空假",应当提倡正确而鲜明的观点、典型而生动的事例、简洁而明快的文字,回到"短实新"。

以上,我想说明,公文写作,是一项看家本领,是年轻人事业和人生的阶梯,人人都有作为,功夫到家就能圆你的梦想。

最后,给各位提五条建议:

1. 将公文写作同你的事业和人生连接起来;

2. 把功夫下在调查研究、解决实际问题上;

3. 养成读书、观察、思考和动笔的好习惯;

4. 不光追求写作结果,也要体验过程之美;

5. 谋事在人,成事在天,用平常心看待得失。

"恰同学少年,风华正茂。"同学们,祝你们在即将扬帆的事业中登上成长的阶梯,年年有进步、岁岁放异彩!

信息工作的关键在哪里^①

去年以来，我们把信息工作放在跨越式发展的背景下研究，使整个工作有了一些新的起色，我们也从中找到了新的感觉。我们的主要体会，浓缩起来是三句话：一句是，领导重视是搞好信息工作的关键；另一句是，创新机制是搞好信息工作的动力；再一句是，提高信息质量是信息工作的生命。

在领导重视方面：党委信息工作的服务对象主要是各级领导，我们深深感到，领导怎样关心、怎样重视、怎样支持，至关重要。这两年我们的信息工作能够有一些变化，关键在领导。

这体现在，从市委领导到各区县委领导都高度重视信息工作，主要领导亲自过问、亲自关心。前任市委书记到雅安一个月后就专门听取市委办信息等政务服务工作汇报，并对信息工作提出明确要求。他在雅安工作两年，多次对信息工作作出批示，并亲自修改重要信息稿件20多篇。现任市委书记一到雅安就要求市委办紧紧围绕省第八次党代会精神的贯彻落实组织好重要信息的报送。

也体现在，从市委办到各区县委办坚持把信息工作作为政务服务的龙头，从机构设置、人员配备、办公条件等各个方面创造条件。多年来，我们的信息都是同综合调研合在一个科的，一度只有两三名工作人员。去年初，我们下决心把这两项工作分设，给信息科定了4个编制。今年上半年，我们又调整力量，优先配齐了信息科人员。4名同志都在35岁以下，有学农的，有学生物技术的，有学工业经济的，也有学中文的，结构比较合理。

还体现在，市区县许多部门越来越认识到信息工作的重要性，开始认真研

① 本文是2002年10月16日在四川省党委秘书长办公厅(室)主任座谈会上的发言，原题为《加强领导 创新机制 切实发挥信息工作的参谋助手作用》。

究和开展信息工作。去年以来已有 10 多个部门请我们信息科的同志去座谈交流信息工作。市畜牧局、旅游局等单位的负责同志还亲自写信息、报信息。

在创新机制方面：进入新世纪，面对新形势、新任务，我们感到信息工作必须与时俱进，创新观念、创新机制、创新手段。近两年我们重点在机制创新上作了一些努力，初步收到了一些效果。

我们建立了信息工作目标管理责任制。年初将各区县和市级部门上报省、市委办的目标任务进行层层分解，责任到区县、到部门，建立健全了信息目标管理制度。今年我们在制定目标时，特别强调了区县向省委办公厅报送信息的保证目标。对完成任务好的单位和个人，我们在严格考评的基础上给予通报表彰和适当的奖励。

我们建立了信息点子定期分析制。每周一由信息科牵头，组织有关科室的同志，相对集中分析一次面上特别是市本级的信息点子。各区县每月分析一次上报信息点子，经市委办审定后反馈；我们每天跟踪上报信息点子的采编报送情况，每周清点一次上报信息的采用情况，并分析问题、查找差距、研究办法。过去信息工作长期落后的天全、芦山两县，通过分析点子，今年以来上报信息在全市领先。

我们建立了信息工作"一票否决"制。我们规定办公室每个干部至少要上报 1 条信息，班子成员每人必须有 3 条信息被省委办公厅采用，未完成任务的，年终考评时取消评选先进资格。去年信息科以外的同志上报信息被省委办公厅采用 62 条，其中五名班子成员占了一半。

我们建立了信息业务培训制度。一方面请进来调训，去年以来我们已调训区县和市级部门从事信息工作的同志 12 人次。另一方面走出去座谈，近两年我们先后走了 20 多个区县和部门，一起交流体会，一起分析点子。同时，我们提倡每人每月读一本书、搞一次调研、写一篇调查报告，并适时开展交流、谈心活动。通过各种形式的学习培训，队伍素质明显提高。

在提高信息质量方面：工作中，我们越来越发觉，信息的质量好比"1"，信息稿件的数量好比"0"，一旦质量倒了，报送的信息再多也是无用功；越来越发觉，如果说在信息短缺的过去还可以以量保质的话，那么在信息爆炸的今天，就必须以质取胜;越来越发觉,信息工作的质量如何,关键要看能否及时、准确、全面地反映一个地方工作的重点、亮点、热点和难点,使之迅速进入领导决策的视野,成为科学决策的依据。

基于这样的认识,我们围绕落实中央和省委决策,突出反映雅安的亮点工作。这两年,雅安在贯彻落实中央和省委的重大工作部署中,注重结合实际,求实创新,实践探索了一些新的东西。对此,我们及时进行了跟踪反馈,一些作法在更大范围得到了总结推广。去年,全国南方片区退耕还林试点工程经验交流现场会在雅安召开;今年,省第八次党代会把雅安创造的"双向培养"写进了工作报告。

我们紧贴市委工作思路和措施,突出反映雅安的重点工作。撤地设市以来,市委按照省委跨越式发展的要求,在调整完善发展思路的基础上集中抓了生态经济、招商引资、干部作风建设等重点工作。我们紧紧围绕这些工作,从不同侧面、不同角度进行信息反馈,引起了各级各部门的关注,得到了各方面的支持,市委领导比较满意。

我们坚持喜忧兼报,认真抓好热点、难点问题和紧急信息的报送。全市发生的严重灾情、集体上访、特困企业的生产生活困难等情况都及时进行了报送。去年名山县车岭镇五花村山体大滑坡 11 人被埋的灾情发生后,我们及时向上报,使救灾工作得到了省委、省政府的高度重视。

我们综合开发信息资源,全方位拓展信息服务。今年我们在加强上报信息和办好内部信息刊物的同时,组织政务科室的同志综合开发信息资源,延伸信息服务。1—10月,仅信息科和综合室的同志就在《人民日报》《经济日报》《四川日报》发表稿件18篇,在《雅安日报》发表言论和新闻稿件近50篇。

虽然我们在创新工作机制、提高信息质量等方面作了一些努力,但与兄弟市州相比还有很大差距。我们一定认真学习你们的先进经验,努力把我市信息工作提升到一个新的水平。

从执政高度看综合文稿起草工作①

　　提高文稿质量,不仅需要理论的学习、政策的把握,还需要实践的摸索、经验的积累。会上我们印发了成都市委办的经验《强化综合文稿工作,提高决策服务水平》,肯定对大家有启发。

　　1999年8月,我在文秘培训班上也谈过从事办公室文字工作的四点体会,即"文字工作苦,乐亦无穷","功夫在文字之外,作文需先做人","没有调查,没有发言权","不求尽善尽美,但求点滴新意"。后来以《感触"笔杆子"》为题发表在中办《秘书工作》1999年第11期,有兴趣的同志不妨看看。

　　这里我想换个角度,谈四点体会。

　　一、从执政能力建设的高度看待综合文稿工作,增强职业责任感和荣誉感。这样说似乎有点玄,其实道理很简单,只要我们重温党的十六大关于执政能力建设的论述就一清二楚了。我们应当记得,十六大根据党的历史方位的重大变化,把执政能力建设提到了十分重要的位置,写进了政治报告,写进了党的章程。江泽民同志在报告中要求各级党委和领导干部必须不断提高科学判断形势的能力、驾驭市场经济的能力、应对复杂局面的能力、依法执政的能力和总揽全局的能力。这五大能力就是执政能力的具体化,地方党委要肩负起实践"三个代表"的历史使命,就必须具备这五大执政能力。

　　具体到市县委,我们怎样去观察、评判它的五大执政能力呢? 一个简单的办法就是看市县委的各种工作报告、指导性文件和主要领导同志在各种场合的讲话。最近市委组织力量检查区县和市级部门贯彻落实市委一届六次全会精神情况时,就是查阅常委会记录和领导讲话。的确,一个地方党委的工作报

---

① 本文是2003年4月2日在雅安市政务服务培训班上的讲课要点《提高文稿质量　优化政务服务》。当时主要针对的是综合文稿特别是领导讲话稿的撰写。

告如果还不能体现"三个代表"重要思想,不能体现时代性、规律性、创造性,还是过去那一套,那就很难想象它具备执政的能力和水平。

市县委办公室是市县委的参谋助手,起草工作报告、领导讲话等综合文稿是其政务服务的主要工作。可见,我们的文稿水平的高低,关系重大。一些同志把综合文稿与实际工作割裂开来,把文稿质量看得无关紧要,那是不对的、有害的。我们一定要从提高党的执政能力和领导水平的高度来对待我们的文稿起草工作,一定要从提高党的执政能力和领导水平的高度来掂量我们肩上的分量,多一点责任感,多一份责任心。

二、打开思维空间和网络空间,进入新视野新天地,树立新思想新理念。现在我们的文稿水平不能适应形势发展的需要,不能达到工作的要求,不能让领导满意,一个重要原因正是我们的思维没有活跃起来,眼界没有打开,写出来的东西或陈旧、或空洞,没有水准。因此,我们急需打开两个空间,就是思维空间和网络空间,并使其良性互动。

打开思维空间,当前最重要的是大胆解放思想,自觉地把思想认识从那些不合时宜的观念、做法和体制中解放出来,从对马克思主义错误的和教条式的理解中解放出来,从主观主义和形而上学的桎梏中解放出来,做到与时俱进。这是因为我们正处在改革开放的新时代,传统体制下形成的"左"的东西和几千年封建社会积淀下来的旧的东西根深蒂固,并不断以"新"的面目出现,给我们戴上了许多无形的枷锁,使我们不时发出落后的声音,一不小心就把我们起草的文稿变成旧思想、旧观念的传声筒。设市后我曾见到过某单位报给市委的一份材料,据说出自一位老"笔杆子"之手,通篇使用了不少"文革"时的语言,领导看了马上要那个单位深刻检讨。看来,只有打开思维空间,树立起新思想新理念,与时俱进,我们的文稿质量才能从根本上得到提高。

打开网络空间,就是要实行网络化办公,充分借助各种信息网络了解加速全球化、信息化、多样化的世界,在宽阔的视野中定位,在瞬息万变的世界中去把握规律和机遇。已经跨入21世纪了,还有相当一部分从事综合文稿的同志比如我,不会熟练操作电脑,甚至打不开常用的一些信息网络,对外界的变化知之甚少,变相把自己锁定在几公里的地理半径内。没有多种新观念的冲击,没有远近多方面信息的刺激,自然写不出新的、好的东西。而那些发达地区的同行之所以思想前沿、观念领先、文稿水平高,正在于他们进入了一个新的无限的空间。

三、换位思考,站在领导角度来分析问题、研究问题、处理问题。我们从事的综合文稿工作,不管是起草意见、决定,还是撰写报告、讲话,都是服务性的,都是在为领导服务,必须"关起门来当领导"。一些同志的文稿,孤立地看写得很好、很精彩,甚至很有学术水准,就是过不了领导那一关。为什么?不会怪怪领导,会怪怪自己,只怪自己没有超出秘书的水平,只怪自己就事论事,只怪自己一副学究味。怎么办?办法只有一个,就是转换角色,站在领导的角度来分析问题、研究问题、处理问题。

所谓领导的角度,我体会,就是要有高度,要有深度,要有力度,还要有点激情。"高度"就是要有全局观念,要有世界眼光和战略思维,要善于从政治上观察和处理问题。"深度"就是要善于运用马列主义、毛泽东思想、邓小平理论和"三个代表"重要思想,借助相关科学知识和现代分析手段,进行全面系统的分析研究,把重点、难点问题讲深讲透,让人一看就懂,一听就明。"力度"就是要准确把握党的路线方针政策,及时了解外界的发展变化,透彻研究本地的实际情况,拿出强有力的措施和办法,以指导工作。"激情"就是要对党对人民有深厚的感情,忠实代表人民的利益,处处为民谋利。

我想,大家都读过市委主要领导在市委一届六次全会上的讲话。全文讲了六个部分,其中第二部分的标题是"深入学习贯彻党的十六大精神,抓住灵魂和精髓,大胆解放思想,树立创新和竞争意识,形成昂扬向上、奋发有为的精神状态和工作局面,在全市营造追赶型、跨越式发展的人文环境";第三部分的标题是"站在时空高度科学分析雅安,发挥比较优势和后发优势,坚定不移地推进跨越式发展,坚持和完善生态经济发展的思路,全面建设高水平小康雅安";第四部分的标题是"紧抓第一要务,突出重点,强力推进,认真做好2003年的经济工作,为全面建设高水平小康雅安开好局,起好步"。看看这些标题,就该对什么是领导的角度有所领悟。当然,能否悟到,一靠自觉,二靠勤奋,三靠悟性。

四、以创建学习型组织为载体,建设一支高素质的文秘人员队伍。综合文稿起草是一项理论性、政策性、实践性都很强,写作要求较高的创造性劳动,这就对从事这一工作的同志提出了更高的要求。提高文稿质量关键正是在于不断优化文秘队伍结构,提高文秘人员的综合素质,建设一支高素质的文字工作队伍。

从目前的情况看,一方面,新技术革命和经济全球化、信息化加速发展,由此引发了"学习的革命",一个人人学习、事事学习、时时学习、终生学习的学习型社会正在向我们走来,我们的工作和生活越来越与学习相融;另一方面,正如市委主要领导在一届六次全会上指出的,我们的干部(当然包括办公室的同志)又面临着"经验恐慌""知识恐慌""本领恐慌""学习恐慌",因此,加强学习,创建学习型组织,提高文秘人员的综合素质非常必要,非常紧迫。

加强文秘人员学习的内容和方式、方法很多,打造学习型组织也有多种多样的探索。为有效地组织学习,1997年以来我们在市委办文秘人员中断断续续开展了读书、调研、谈修养三项活动。读书活动是倡导每人每月读一本书,写一篇读书笔记,适时开展读书交流;调研活动是倡导每人每月搞一次调查研究,整理一份调查材料,半年写一篇调查报告,一年推出一篇像样的文章;谈修养活动是采取灵活多样的形式,从自己经历的一两件事主要是做得不好的事谈起,谈如何做一个合格的文秘人员。去年,仅综合室和信息科的几个同志就在省级以上报刊发表稿件20多篇,在《雅安日报》发表评论员文章30多篇,有的年轻同志很快成了能够独立承担大型综合文稿的业务骨干。最近市委办已经作安排,在全办公室干部职工中开展读书和谈修养活动,各单位可以借鉴。

还应引起注意的是文秘人员的人生修养和职业道德问题。爱岗敬业,淡泊名利,乐于奉献,甘当无名英雄,既是办公室工作的好传统,又是对文秘人员的起码要求,做不到这一点,本事再大也不合格。

打开五维空间,来一次思维革命[①]

最近,随市委中心学习组赴广安市、巴中市和南充市考察学习,感触颇多,并由此再次引发了对如何重新认识雅安的深思。作为一个土生土长的雅安人,我想,我们应该打开五维空间,来一次思维革命,彻底改变我们的思维状态和思维方式,提升我们的思维层次和思维水平,让我们的思想活跃起来,让我们的创造性展现出来,让我们的奋斗活力迸发出来。

回想起来,这个想法有点"蓄谋"已久。记得1986年从中南财经大学调回雅安后,我就开始思考"如何从政策中获得自由"。我总觉得政策不是僵死的,执行政策完全可以从必然王国走向自由王国。不出所料,一把"政策"这个神圣的东西和"自由"那个可怕的家伙联系起来,好心的同志就提醒我,要同中央保持一致。后来我又先后写了一些相关的文字,如《怎么办? ——宝兴县酒厂掀起的风波》(1987)、《浅谈如何正确对待和处理农民负担问题》(1990)等等,都涉及思维方式转变问题。未必巧合的是,都引起了争议。

近两年,在转变思维方式上,我思考较多的是如何打开"两个空间",即大脑的思维空间和电脑的网络空间。在我看来,对长期封闭保守的雅安人来讲,"空间"太重要了,它决定着我们的思维,决定着我们的出路。所以我调回雅安后提出的第一条建议,就是在政研室的墙上挂两张地图,一张中国地图,一张世界地图,意在一只眼睛看自己,一只眼睛盯外面。之后,在《梦圆了,路还长》(1998)中,我写道"路难,锁定了雅安人的空间,束缚了雅安人的想象,堵住了雅安人的财源";在《"西部大开发,雅安大发展"断想》(2000)中,我呼吁"跳出雅安看雅安","放眼未来谋发展"。这些,都基于一种"空间"意识和"空间"

① 本文是2003年8月26日撰写的观后感《打开五维空间 来一次思维革命——由赴广安、巴中、南充考察触发的联想》,四川省委办公厅《四川通讯》2003年第9期发表,压缩后在《雅安日报》以特约评论员名义发表。

思维。

这次在考察广安、巴中、南充的途中，我感到"两个空间"还不够，我们应当打开五维空间——地理空间、历史空间、视觉（野）空间、数字（网络）空间和思维空间。

打开地理空间。我们雅安有很多优势，最让我们自豪的是，我们幅员广阔、资源富集、物产丰富，天上飞的、地上跑的、土里埋的，似乎应有尽有，无所不能。但是，当别人需要我们大批量的产品的时候，我们着急了：哪样能上规模、上档次？问题在哪里？我认为一个重要的方面在于我们没有地理概念，没有把我们雅安放到一个全省、全国乃至世界的版图上来分析、思考、定位。结果，找不到特点，抓不住重点，不能做大做强，优势变成了劣势。打开地理空间，就是要有世界眼光，经常盯着地图"发呆"，跳出雅安看雅安。当前特别需要从全球化和区域化的角度来分析思考，主动融入大区经济、融入主流经济。市委提出要主动融入成都经济圈，我认为这是非常正确的选择。

打开历史空间。很多同志也在经常做纵向的对比分析，比如，今年同去年比，"九五"与"八五"比，改革开放后与改革开放前比，有时还到史书中去找注脚。这似乎就是历史感，实则很多时候成为个别史料，甚至轶闻趣事的俘虏。打开历史空间，就是要从这种找注脚式的狭隘的实用主义中跳出来，去触摸历史，同重大历史事件、重要历史人物对话，从历史长河中去把握趋势，把握规律，把握关节，把握要害，由此找到有价值的东西，得到有益的启迪；从历史发展的大进程中把握现在，准确定位，由此分析未来走向，制定发展方略。有了这样的历史空间，我们就能站在时间的高度，从过去与未来对接的坐标点上来把握我们正在做的事，随时保持理性的头脑：既不因一点小小的作为就居功自傲，不思进取，也不因一时挫折而意志消沉，退缩不前。

打开视觉空间。"读万卷书，行万里路。"后半句说的正是视觉空间或视野空间问题。有的同志读书破万卷，从马列主义到"三个代表"重要思想，讲起来头头是道；上知天文，下懂地理，数理化皆优，可一遇具体问题就打不转，老是抱残守缺。原因何在？少见多怪！所以，才有"乡下的狗咬车，城里的狗咬牛"的现象。百闻不如一见。打开视觉空间，就是要身临其境，走到大千世界中去目睹、感受、触发，对着自己的脑袋猛击一拳。美国著名管理学家科特在他新出版的《变革之心》中，把变革的路径分为两条，一条是"分析——思考——变革"，另一条是"目睹——感受——变革"，他认为后一条更有力、更有效。这是有道理的，我们赴广安、巴中、南充考察学习就证实了这一点。很多东西一触即发，几天的"目击"可能胜过数月的闭门苦读冥思。

打开数字空间。人类已经步入全球化、信息化的新时代。与传统社会相比，地球缩小了，变成了"地球村"，"村子"里面的一举一动，都无人不知，无人不晓。这一切，"数字"功不可没。打开数字空间，就是要借助信息网络观察世界、了解世界、认识世界、掌握世界，站在巨人的肩膀上，充分运用人类文明的最新成果和源源不断的信息资源来确定我们做什么、怎么做、做到什么程度、做出什么效果。当然，在数字空间中翱翔，一定要注意甄别，善于甄别，迅速有效甄别；否则，在这个信息爆炸的时代，有时候占有大量"信息"比没有信息更可怕。现在我们这些欠发达地区与发达地区的数字鸿沟还在拉大，这是必须引起高度重视的。要实现跨越式发展，这条沟是非越过不可的。

打开思维空间。人的大脑不是一张白纸，随着年龄的增长，随着知识和经验的积累，头脑中储存的东西越来越多，并逐步形成一些认识（思维）框架和思维定势。本来这些认识框架和思维定式是我们认识事物和解决问题最方便、最经济的工具，但如果过分"放纵"它们，它们又会反过来成为我们接受新事物、新思想、新观念的枷锁。在大变革时期，在由计划经济走向市场经济、由封闭经济走向开放经济的过程中，情况尤其如此。打开思维空间，就是要不断打破陈旧认识框架和落后思维定式的束缚，大量吸收新思想、新理念，让新旧观念撞击，让大脑重新"洗牌"，让新思想、新理念冲破牢笼。新思想、新理念一旦冲破牢笼，就会产生巨大的裂变，还会不断碰出新的火花。"发展才是硬道理""三个有利于""三个代表""跨越式发展"……谁能计算出这些新思想、新理念的威力。

地理空间、历史空间、视觉空间、数字空间和思维空间，这共存相融互动的五维空间，应当是我们在全球化、信息化时代科学分析思考一个地区、一个单位的基本维度。打开五维空间，从不同视角分析思考雅安，对雅安的市情会有一个新的认识，对雅安的发展会有一个新的判断，对雅安的未来会有一个新的预期。

注重思维方式的转变①

　　我长期在市委办公室、市委政研室从事政务服务,作为一名文字工作者,我一直把起草高质量稿作为目标,不懈地为之努力。去年上半年负责起草新型工业化的文件,按我的知识和经验,要把这个文件写好,比较困难的。但是,任务已经到手。经过一个多月的调查研究,最终形成了市委市政府《关于走新型工业化道路振兴雅安工业的意见》提出了雅安工业发展的指导思想、奋斗目标和保障措施,共5个部分20条,不足3800字。市委主要领导在征求意见稿上批示:"整体结构好,政策实,文字简洁。"《意见》下发后,得到了各方面的好评。

　　从中,我深感要把文稿写好,思考问题的方式很重要。《意见》的起草,在很大程度上得力于思维方式的转变。

　　转变思维方式要有宽广眼界,要有世界眼光和战略思维。前年我曾提出打开五维空间的设想,就是要打开地理空间,"跳出雅安看雅安",把一个地方放到全省、全国乃至世界的版图上来分析、思考和定位。打开历史空间,从历史长河中去把握趋势,把握规律,把握关节,把握要害,由此找到有价值的东西,得到有益的启迪;从历史发展的大进程中准确定位,由此分析未来走向,制定方略。打开视觉空间,身临其境,走到大千世界中去目睹、感觉和触发。打开数字空间,借助信息网络观察世界、了解世界、掌握世界,充分运用人类文明的最新成果和源源不断的信息资源来确定我们做什么、怎么做、做到什么程度、做出什么效果。打开思维空间,大量吸收新思想、新理念,让新旧观念撞击,让大脑重新"洗牌",让新思想、新理念冲破牢笼。《意见》起草一开始,我们就试着这样去分析思考。我们从网上搜集了成百上千件相关资料,深入到3

---

① 本文是 2005 年 3 月 2 日撰写的先进性教育学习心得,原标题为《干好手中工作——从一个文件的起草看保持党员先进性》。

个县调研,召开了七八次座谈会,听取了上百人的意见和建议,还随市委中心组到泸州、资阳等市实地考察。结果,我们的思维迅速活跃起来了,看到了许多新的东西。正是那些新的东西使《意见》有了亮点。

转变思维方式要有创新精神。我是20世纪80年代中期由政策研究起步开始政务服务工作的。针对当时在政策研究和执行中存在的"上有政策,下有对策"和"当传声筒,当收发室"两种倾向,我曾提出"要从政策中获得自由"。后来我从"对待政策应有的态度"、"吃透'三情',把握态、势、时"、"抓住关键,大胆起用开拓型人才"和"尊重实践,尊重群众的首创精神"四个方面进行简要论述,但遭到了一些非议,甚至被批评为没有同党中央保持一致。幸好1997年底发表后被《新华文摘》摘登。在《意见》起草中,我们就注意把上情、下情和外情结合起来,全面把握工业发展的状态、状况、趋势、走势、时机、时宜,从中找到了活动的空间和自由度,找准了中央和省上的方针政策同雅安实际的结合点和着力点,体现了一定的创造性。比如,为了吃透上情和外情,我们专门上省委政研室请具体起草省委关于走新型工业化文件的同志指点,认真讨教,对中央和省委的有关精神有了更多更准的把握,对江苏、广东等省的思路和办法有了新的了解,这也是《意见》起草中的创造性之源。

转变思维方式求真务实。文稿起草中求真务实的要求,同其他工作有所不同。1999年,我在一个文秘培训班上总结从事文字工作十四年的体会时,曾粗略归纳了四点,其中一点就是"不求尽善尽美,但求点滴新意"。我谈到,真正好的文章,是那些有点新意、让人耳目一新的。我理解,在公文起草中,所谓新意,不是说一定要搞一套全新的体系,提出全新的观点,有时只要换一个角度、换一种说法、生动一点,就能给人以新的信息,这也叫新意。我认为要写出新意,"首先要克服求全责备,凡事要求尽善尽美的心理障碍","其次要熟悉别人说了些什么,写了些什么","再次,写作过程中要突出重点,力求有破有立,哪怕点点滴滴","第四,要虚心听取别人的意见,集思广益","最后,要提倡写得短些、短些、再短些,实些、实些、再实些"。我现在也是这样看的,我们在起草《意见》的时候也是这样做的:对雅安没有针对性的、没有雅安自己的具体内容的,再好我们也尽量不写上去;能够删去的字、词、句,即使删起来很费劲,也绝不让它存在。正因为这样,我们只写了20条,3700余字就打住了。

科学决策民主决策的产物①

年初,有幸参加了省第九次党代会报告的起草工作。起草工作从搭班子到将报告提交大会,经历了调查研究、文稿起草和征求意见三个阶段,历时近5个月,八易其稿,力求集中各级党组织和社会各方面的智慧及意见,反映人民群众的意志和愿望,体现科学决策、民主决策的要求;力求在研究实际中不断深化省情认识,在发扬民主中充分体现民意,在解放思想中不断增进共识。可以说,报告的形成过程就是科学决策、民主决策的过程。

至少有三件事足以说明问题:

一件是省委重大课题调研。去年底,省委从科学发展观、和谐社会、改革开放等10个方面,组织了改革开放的重要成果与历史经验、统筹城乡经济发展等29个带全局性、战略性、根本性的重大课题,集中时间、集中力量开展调查研究。而且,引入竞争机制,同一个课题由多家单位分别研究,也有不少单位同时承担若干课题。承担课题任务的省级部门和单位共54个,每个单位都由一把手负责,组织精兵强将,组建一流的课题组,全力以赴开展调研。为拿出高水平、高质量的调研报告,不少单位都组织力量到发达省市考察,有的还上京征求国家相关部门的意见。力求准确认识省情,找准问题,提出具有前瞻性、针对性和可行性的对策措施。

经过两个多月的调研,共形成了85篇研究报告。省委主要领导,先后用几天时间听取了85个课题组的成果汇报,共同探讨了报告中涉及的重大问题。在此基础上,省委专题召开了常委扩大会,重点听取精心筛选的12个课

---

① 本文是2007年7月11日在南充市向市县级领导干部宣讲省委第九次党代会精神的宣讲稿《统筹城乡发展　加快富民强省》的第一部分的点一点。当时我是作为党代会报告起草人参与宣讲的。

题报告。普遍反映,这次调研规模之大,涉及的重大问题之广,集中的研究人员之多,报告的质量和水平之高,都是少有的。通过调研,确实扩大了认识问题的新视野,探讨了解决问题的新途径,拓展了推进工作的新思路,为报告的起草奠定了坚实的基础。

另一件是赴五省区学习考察。3月下旬,省委省政府主要领导分别率四川省党政代表团,赴内蒙古、浙江、江苏、山东、河南五省区学习考察。省委主要领导讲:"这次学习考察收获大、震撼大、触动大。最大的收获是开阔了眼界,学到了新鲜经验;最大的震撼是看到了差距,受到了强烈冲击;最大的触动是深感责任重、压力大,增强了危机感、紧迫感,进一步坚定了加快四川跨越发展的决心和信心。"

在考察团带回的信息中,我们看到了许多惊人的事例:山东销售收入过百亿的企业 34 户,超 500 亿的 4 户,成为"全国第一工业大省"。内蒙工业增速连续 4 年保持全国第一,GDP 6 年超越了 7 个省(市)。浙江总资产上亿的民营企业 1500 多户,全国民营企业 500 强浙江占五分之二以上。河南提出变"天下粮仓"为"天下厨房",实现了由传统农业大省向新兴工业大省的历史性跨越。浙江昆山是一个仅 60 万人的县级市,去年进出口总额达到 428 亿美元,占全国的 2%,是我省的 4 倍。内蒙古鄂尔多斯财政收入前年超呼和浩特,去年超包头,后年可达两市之和,刮起了一股"鄂尔多斯风暴"。内蒙古蒙牛集团建立起联结亿万消费者、千万投资者、百万农牧民、几十万劳动大军的庞大产业链,被誉为"最大的造饭碗企业"。

对比起来,我省刚刚进入工业化中期,而五省区有的已进入工业化中期加速阶段,有的进入了工业化后期。拿我省的 GDP 与江苏、山东、河南相比,差距已由 2000 年的 4572 亿、4532 亿、1127 亿,扩大到去年的 12910 亿、13209亿、3826 亿,扩大了 1.8 倍、1.9 倍、2.4 倍。

跳出四川看四川,站在全国看四川,考察团认为,省委确立的"坚持科学发展、构建和谐四川"的全省工作主题是完全正确的;推进"四个跨越",全面落实"奔富裕、求发展、促和谐、树新风"四项任务,是关系四川发展全局和根本的战略之举、务实之策。这些,在报告中都得到了充分体现。

　　再一件是广泛征求意见。4月中下旬,省委分别采取书面和座谈等形式,广泛征求各方面的意见。其间,省委主要领导亲自主持召开了省级老同志、专家学者、骨干企业负责人和各民主党派工商联及党外人士4次座谈会,听取意见和建议。经起草组归纳整理,共梳理出修改意见349条。综合各方面意见,对报告作了178处修改。这说明,报告形成的过程就是集中智慧、集思广益的过程。

　　另外,在起草过程中,我感受到了四种氛围:一是学习的氛围。起草组成立后第一件事就是学习,学习中央和省委的文件,学习相关理论,学习各省市的先进理念,而且这种学习贯穿了起草的全过程。二是民主的氛围。特别是集中修改的时候,每个同志都畅所欲言,敢于发表不同意见,一致的马上采纳,一时扯不清的先搁置起来,没有人因发表不同意见受到指责,没有人因抢着发表意见遭到非议。三是创新的氛围。每个部分、每个专题、每条内容,都鼓励大家提新点子,尽可能说新话,思想火花的碰撞是经常的事。四是战斗的氛围。起草组没有节假日、没有八小时内外之分,集中修改的时候每天都是十多小时,一连就是十天半月,好几次集体通宵达旦。这也从一个侧面反映出报告的科学性和民主性。

把握信息工作特点①

信息是机关的一项重要工作,其质量和效果如何,要看能否及时、准确、全面地反映一个地方工作的特点、亮点、热点和难点,使之迅速进入决策的视野。因此,要在"高、实、快、新、精、密"六个字上下功夫。

1.**高:站在决策高度。**信息是决策的依据,必须站在全局的、宏观的高度来看问题,并且要善于把握其趋势性、倾向性、苗头性的东西,善于抓住特点和亮点,善于以小见大。

2.**实:确保真实可靠。**真实是信息的生命,没有真实性就没有信息。我们过手的信息,一定要客观实际,准确无误,不能失真。编报时,既不能猜测加估计,也不能报喜不报忧。

3.**快:抢抓第一时间。**时效性是信息的一个基本要求,再好、再重要的信息,都是过期作废。所谓"期",有时候甚至就在分秒间。所以,对紧急信息的上报,是有严格的时限的。

4.**新:注重标新立异。**文贵创新,就是标新立异。信息更是这样。从一定意义上讲,无新不成信息。关键是点子要新,让人眼睛发亮。当然,有时候角度一变,点子就新起来了。

5.**精:讲究言简意赅。**编信息不是写论文、做调研报告,必须有啥说啥,是啥写啥,干净利索。一条一般不宜超过 500 字,一句话能说清楚的,最好不用两句,切不可长篇大论。

6.**密:严防失密泄密。**这里所讲的信息,指内部信息,不少是涉密的,有的紧急信息还属绝密。凡是涉密信息,都必须按照保密要求,严格管理。问题不出则罢,一出就不得了。

---

① 本文是 2010 年 9 月 16 日在四川移动工会干部培训班上的讲课要点《关于公文写作和信息编写》的第二部分第二点。要点第一部分是"公文写作问题",第二部分是"信息编写问题"。

治治"长空假"的文风①

我想从文风角度,谈"四风"问题。

我参加工作近30年,从高校教研室到地委政研室、地委办公室,再到省委农工委综合处、新农村处,主要与文字打交道。在文风问题上,既是受害者,又是助推者。

对文风问题的检讨,不是现在才开始的。延安整风,重要内容之一,正是整顿文风。几十年来,经常讲、反复讲,毛病屡治不愈,且借助网络愈演愈烈。

文风问题历来有诸多表现,当前突出的是"长、空、假"。联系实际,我认为有"三个看上去"值得反思:看上去很有水平,看上去很扎实,看上去很美。

看上去很有水平,主要是显理论。一度理论成风,大有没有理论不成文的架势。大笔一提,从马克思到凯恩斯,从孔夫子到邓小平,从"老三论"到"新三论",懂的不懂的,统统给我搬来,把人整晕。似乎理论越多、越深奥、懂的人越少,才越有水平。十多年前,领导要在讲话中引用邓小平的某句"原话",我翻遍《邓小平文选》三卷,查阅相关文献,花了两三天,也没找到。

看上去很扎实,主要是赛篇幅。可写可不写的,写,起劲地写;一句就能写清楚的,写它几句甚至几十句,而且把短句拉成长句;一两个例子就足以说明问题的,罗列一长串,摆出一大堆。收集到的材料、数据都垒上,不厌其烦,下笔就是几十页。有一次,我写某项工作的半年小结,写了不满6页,挨了批评,说我写得太简单了、份量不够。后来垒了很多材料,写到了近20页。

看上去很美,主要是比文采。把功夫用在语法修辞上,过分讲究工整对仗

---

① 本文是2013年7月13日在四川省委农工委群众路线实践教育活动学习交流会上的发言,原标题为《从文风看"四风"》。"四风"指的是形式主义、官僚主义、享乐主义和奢靡之风。2013年7月18日发表在《四川日报》第6版,题目改为《治治"长空假"的文风》。此处还原了发言时的3个例子。

排比,热衷于成语俗语典故,常常翻箱倒柜引用古诗词,甚至为一两个同义词搜肠刮肚,一心一意搭花架子。语不惊人誓不休,文不成典不作罢,似乎篇篇材料都要写成经典美文。据说某市党代会报告起草,要求多一点文采,起草人员就从《诗经》里面抄了一些诗句。征求意见的时候,遭到了老同志的批评。

看上去很有水平、看上去很扎实、看上去很美,这"三个看上去"实际上是"四风"的反映。它们同形式主义、官僚主义的联系,一目了然,用不着阐释;与享乐主义、奢靡之风的关联,似乎有些牵强,其实不然。

有的人一上讲台,不管下面坐什么人、感受如何,总是口若悬河,滔滔不绝,一吐为快,简直有一种瘾,实际上是享乐主义在作怪。半个小时就可以讲清楚的,也要洋洋万言,翻来覆去,"苦口婆心",拖上两三个小时,实在是在消费别人最珍贵的东西——时间;有时,还是成百上千人在那里被消磨,难道不是一种极大的奢侈?

克服不良文风并不难,关键是要随时随地心里装着老百姓。做"三农"工作的人都知道,老百姓是最务实的。凡事站在老百姓的角度多想一想,就能走出"长、空、假",回到"短、实、新",做到求真务实。

"解剖麻雀"是基本功[①]

"解剖麻雀"就是抓住典型,深入进行周密细致的调查研究,摸清情况,总结经验,分析问题,提出对策,并且由个别上升到一般,以指导面上的工作。它是调查研究的基本功。

但是,前些年不少人看不起"解剖麻雀",认为那是农耕时代没有办法的办法,太"老土",不摩登,跟不上形势,早该淘汰了。在一些同志眼里,似乎时代不同了,小车一坐,一天跑上若干个点,再看若干张光盘、展板,要几封电子邮件,弄它一揽子数据、一大堆材料,随而便之。更何况,输入几个关键词,鼠标轻轻一点,应有尽有,无非是改改名称、换换数据、调调日期罢了。于是,走马观花、跑马看花,甚至坐飞机赏花,与时俱进,花样不断翻新。

结果呢? 结果是"信息爆炸",心中无数,以至于常常望着"大数据"发憷。所以,一些同志在堆积如山的材料面前,在海量的数据面前,反而把情况弄不明白,反而找不出事物的内在联系,反而道不出问题的"一二三",反而得不出有价值的结论,反而拿不出有效的办法;只好空话套话大话、"放之四海而皆准"的话,甚至假话瞎话胡话,连篇累牍,有害无益。为什么出现这样的情况呢? 问题的问题,在于没有深入的体察,没有深层的思考,更没有深厚的感情,找不到感觉,抓不住缰。

事实上,用现代的眼光看,调查研究仍然离不开"解剖麻雀"。一则因为"麻雀虽小,肝胆俱全"。我们从事农村工作的同志,真正搞清楚一个村的情况,说到其他村,大体也能八九不离十了。二则因为"解剖麻雀"可以积累经

---

① 本文写于 2014 年 5 月 18 日,是 1997 年 10 月 3 日写的《谈谈调查研究的几个问题》的第四个问题的改写稿,原文全文发表在四川省委办公厅《四川通讯》2003 年第 9 期。这部分改写稿发表在《四川党的建设·农村版》2014 年第 6 期。

验,为复杂系统的调查研究奠定基础。费孝通先生一生的成就,可能都与他出国留学前的江村调研有着非常密切的关系,可以说没有江村调研就没有社会学大师费孝通。而且,通过同群众的深入交往,还能增强群众感情,做到时时装着群众,处处为群众着想。看来,调查研究还得从"解剖麻雀"入手。

"解剖麻雀"的形式很多。去年,省委农工委在群众路线实践教育活动中建立的驻乡进村入户蹲点调研制度,轮流派三分之一的干部到农村蹲点3个月,与农民群众朝夕相处,用心体察民情,正是新形势下"解剖麻雀"的好形式、好办法。下去的同志,从领导到科员,都广交了朋友,掌握了实情,研究了问题,受到了教育,增长了才干,历练了人生,受益匪浅。只要我们这样坚持下去,一次解剖一只"麻雀",即使只弄清一个情况,思考一个问题,提出一条建议,也是可喜的收获。久而久之,我们就不至于心中无数、想当然了。

"解剖麻雀"也是很有讲究的。从我最近到芦山县龙门乡青龙场村蹲点3个月的体会看,最重要的是,放下架子,带着感情,以诚相待,以心交心,认真倾听群众呼声,真正关心群众疾苦;只有这样,才能找到共同语言,把情况弄清楚,得到有价值的东西。而且,要想解剖出点名堂来,还得戒浮躁,有定力,老老实实在一个点上蹲下去,刨根究底,反复比较,真正摸实情、理关系,抓本质、看趋势,找规律、想办法,不达目的决不罢休。

切记,在"信息爆炸"的大数据时代,缺少小样本研究的功夫,眼花缭乱,是找不到感觉的。

蹲点调研的意义①

我的一点体会是:驻乡进村入户蹲点调研是我们的绿色加油站。

去年 12 月 11 日,我参加第二批蹲点调研,到芦山县龙门乡青龙场村,蹲了 3 个月。青龙场是"4·20"芦山地震的震中,也是重建工作最难的地方。踏进青龙场,便围绕灾后重建,走村串户。

一开始,就把青龙场的村民当亲人来对待,把青龙场的村庄当"麻雀"来解剖。包括星期天在内,每天都行走在乡间小路上。好几次,晚上十一二点还在交谈。一兴奋起来就打不住,深夜两三点还在写写画画。

当然,对这样的蹲点调研,大家都有一个理解的过程。芦山是我的家乡,刚到的时候,老同学、老朋友们多少有些疑惑。有的问,这把年龄了,图个啥?有的说,信息化了,还用得着吗?是的,五十有二,该知天命了。是的,鼠标一点,"应有尽有"。但是,当我把蹲点日记《走在乡间小路上》发给他们时,他们说:好,非常有意义。

蹲点调研对我们的意义,回忆起在青龙场的日日夜夜,我想,在于它通过在场体验,通过设身处地,通过朝夕相处,能够增进我们必需的农民感情,能够让我们更加全面地掌握农村情况,能够深化我们对农村发展规律的认识,必将全面提升我们农村工作的境界。

说到农民感情,平时都挂在嘴上,可一遇到具体对象,往往会出现一个又一个的例外。比如,你怎么对待那些上访人员?通常,我们把他们打入"另类",看他们不顺眼。青龙场白伙组的老上访人员白大哥,我一进驻龙门,就经

---

① 本文为 2014 年 6 月 25 日在四川省委农工委驻乡进村入户蹲点调研交流会上的发言,原标题为《我们的绿色加油站——我看驻乡进村入户蹲点调研的意义》,省群众路线实践教育活动办公室《简报》印发。

常听到他的故事。第一次"遭遇"的时候,的确有点烦。但是,当 3 月 12 日上午登门拜访他时,我们相互感动,真诚交心,称兄道弟,成了朋友。这段时间,我们经常通话,我还两次回访了他。我答应的事,一件一件地办。他也向乡上写了保证,保证把上访精力用到灾后重建上。他承诺的,他确实在努力,尽管因为这样那样的原因,偶尔还有点情况。正因为这样,我心里总牵挂着他。有了这样的情分,才会饱含深情、满怀激情,一心一意为着农民群众;才会欣赏我们所做的每一件有益的事,从中体验快乐。这是力量的源泉。

谈到农村情况,通常我们看到的更多的是新成绩,我们做得更多的是推广新经验。这,一点不错。问题在于小情况、微反应。如果不是这次到青龙场走来走去,怎么也不会想到,集中安置点建设中,老百姓反对统规统建和统规联建。本来,统规统建、统规联建是"5·12"汶川地震灾后重建的一条重要经验,效果非常好,这几年都在总结推广,我到青龙场也在极力宣传。可村民们就是不接受,白伙组的一次联建户户主会,就因为大家反对联建,不欢而散。青龙场的村民,大多主张统规自建。他们说,一来自己动手,可以少花钱;二来可以考虑自己的经济条件,先建一层安居。这同我们平时走马观花想象的大不一样。但是,看不到这样的具体情况,就不能准确了解农村,甚至会被一些表象蒙蔽住,作出错误甚至危险的判断。这样的教训,我们不是没有吃过。

提到客观规律,读书的时候,教科书里写了,课堂上讲了,工作中也经常受到教育。但是,要真正弄懂它、把握它,还得深入到实践当中去观察、体悟。最近学习习总书记重要论述,就遇到这样的情况。总书记在中央农村工作会上讲到的村庄演进规律,一时让我发懵。后来,反复联想蹲点的所见所闻,再现一幕幕活生生的场景,才打开思维,想出了五条,还与同行作了交流。这五条是互动律、融合律、和谐律、差异律、传承律,分别从村庄与城镇之间、村庄与产业之间、村庄与自然之间、村庄与村庄之间以及村庄与历史文化之间去揭示村庄演进的本质联系。琢磨来琢磨去,还有点味道。"4·20"芦山地震灾后安置点建设出现的乱象,正是违背这些规律造成的。把握了一条条客观规律,才能自觉运用规律性的东西来研判形势、剖析问题、提出对策和建议。

至于提升农村工作境界,不用说,是以上三个方面交汇起来,顺理成章的事情。还是拿我自己来说吧。通过 3 个月蹲点调研，看问题的角度和深度，都多多少少发生了一些变化，蹲点调研日记就是见证。一蹲下去，就每天坚持走访、观察、思考、写日记。3 个月下来，一笔一划、潦潦草草，居然写了近四万字。看起来杂七杂八，实际上每天都有一个相对集中的主题，涉及受灾情况、农房选址、征地补偿、产业发展等等。总体上看，一篇比一篇丰富，一篇比一篇深入。发现的问题，一个个引起了重视；思考的东西，陆续转化到了工作当中。这段时间，我一有空就去翻翻日记，一遇到问题就到日记中找找答案。每翻阅一次，都有一些收获，都能得到一些启示。由此，我在想，一旦蹲点调研制度化、常态化，一定会带来农村工作境界、质量和水平的大提升。

还有，只要老老实实沉下去，真正同老乡们朝夕相处，双腿就能替代车轮，蹲点调研就是低碳调研、绿色调研。

这里，建议我们一起来总结驻乡进村入户蹲点调研，使之推广开来，坚持下去。

关键是"五个搞准"[①]

　　谋事要实是要从实际出发谋划事业和工作,使点子、政策、方案符合实际情况、符合客观规律、符合科学精神。农工委肩负"三农"工作的指导、协调、督促等重要职能,是"三农"工作的谋事部门,谋事要实对我们具有特殊重要性。

　　今年5月底召开的全省幸福美丽新村建设推进工作会议,集中部署扶贫解困行动、产业提升、旧村改造、环境整治和文化传承行动"五大行动"。这是我们谋事成果的转化。

　　"五大行动"是我们运用驻乡进村入户蹲点调研的成果,于2014年8月初提出来的。一提出就得到省委的重视。当年12月初,省委办公厅、省政府办公厅正式出台了我们编制的《四川省幸福美丽新村建设行动方案(2014－2020年)》,我们从中可以悟出谋事的道道来,关键是"五个搞准":

　　把问题搞准。就是要强化问题意识,实行问题导向,全面、系统、客观地分析问题。问题弄清楚了,事情往往就成功了一半。这些年,我省新农村建设确实取得了重大成就。走进农村,你会看到特色产业形成规模、农民收入五年翻番、公共服务进村入户、村容村貌焕然一新、农村社会和谐稳定。同时,也面临新的问题和挑战,各方面包括媒体也有反映。为把问题搞清楚,我们珍惜驻乡进村入户蹲点调研的机会,真正沉下去,倾听农民群众的心声。从深入一线的所见所闻中,我们梳理出"五个化"来:二元化,同在一个村,有的像欧洲,有的像非洲;去农化,有的搞得城不像城、村不像村;边缘化,有的地方政府大包大揽,工商资本强势进入,农民成了旁观者;空心化,不少村子"老人多、娃儿多、

[①] 本文系2015年6月4日在四川省委农工委干部读书班讨论时的即兴发言,原题为《怎样做到谋事要实? ——从幸福美丽新村建设"五大行动"的提出谈起》,曾发表在原"四川三农"等网站。

空房多、狗多、草多";荒漠化,传统文化断裂,现代文明之风又没有吹进去。这些,像专家们说的"乡村病",与"物的"城镇化相关联,正是我们必须面对并致力解决的。

把方向搞准。最重要的是,全面深入学习领会中央关于新农村建设的新要求;不然,失之毫厘,差之千里。党的十八大以来,中央对新农村建设提出了一系列新的要求。比如,小康不小康,关键看老乡。全面建成小康社会,重点在农村,难点在贫困地区。中国要强,农业必须强;中国要美,农村必须美;中国要富,农民必须富。要注意保留村庄原始风貌,慎砍树、不填湖、少拆房,尽可能在原有村庄形态上改善居民生活条件。要注意生态环境保护,注意乡土味道,体现农村特点,保留乡村风貌,不能照搬照抄城镇建设那一套,搞得城市不像城市、农村不像农村。农村总不能成为荒芜的农村、留守的农村、记忆中的故园。当前,一个很重要的任务是因地制宜搞好农村人居环境综合整治。这些重要指示,站在全局的高度,对一系列重大问题和带普遍性、倾向性的问题作出了科学判断,提出了明确要求,为新农村建设指明了方向。

把规律搞准。随着经济社会发展,一些村落会集聚更多人口,一些自然村落会逐步消亡,这符合村庄演进规律。把握客观规律、遵循客观规律,幸福美丽新村建设才能由必然王国走向自由王国。村庄演进有哪些规律? 我们上网搜索,没有找到现成的答案,只有回到实践中去。我们总结我省新农村建设的经验,剖析发达国家农村建设的轨迹,概括了六条"规律":一是互动律,主要指村庄与城镇互动;二是融合律,主要指村庄与产业融合;三是和谐律,主要指村庄与自然和谐;四是差异律,主要指村庄与村庄差异化;五是传承律,主要指历史文化传承;六是自治律,主要指村庄与政府的关系。以互动律为例,我们认为,它要求城乡之间的人口、资源和生产生活要素双向自由流动。在这种流动过程中,村庄普遍经历着衰落与复兴的历史性变迁。一般而言,城镇化50%是个衰落与复兴的重要节点,越过这个节点,村庄会陆续开始复兴。这些,我们不能不遵循。

把底线搞准。幸福美丽新村建设,事关农民群众根本利益,必须要有底线思维,坚守法律和政策的底线。比如,在科学规划上,不能克隆城市,赶农民进小区上高楼。在村落建设改造上，不能剥夺农民的知情权、参与权、决策权和监督权。在产业培育上，不能改变农地用途，不能捣毁基本农田。在利益协调上，不能侵害农民群众的土地承包权、宅基地使用权、集体收益分配权等合法权益。在一些热点问题上，我们还做了深入的思考。比如土地流转，我们观察到了"两个热衷于"现象，看到"越来越多的城市工商资本盯住农村，热衷于长期大规模租赁经营农民的承包地，发展设施农业，开发农业的多种功能；与此相应，一些基层的同志急于发展现代农业，热衷于用农村的土地去招商引资，通过工商资本来促进农业的规模经营，建设专业化、标准化、集约化的农业生产基地"。我们对这个现象的研究，得到了高层的重视。我们的基本主张，同现在中央的要求基本一致。

把对策搞准。 基于以上分析，我们才提出"五大行动"的构想。我省还有500多万贫困人口，幸福美丽新村建设不能落下他们。扶贫解困行动就是要以"四大片区"为主战场，攻坚破难。农村产业基地建设已有一定基础，问题在于效益不高。产业提升行动就是要调整产业结构，创新农业经营体系，发展适度规模经营，推动传统农业向现代农业跨越。新村建设不能脱离历史形成的格局，改造提升旧村落应当是成败之举。旧村改造行动是以行政村为单位，加快改造旧村落。"垃圾围村"在一些地方是农民群众急迫解决的突出问题。环境整治行动由治理脏乱差入手，加快改善农村人居环境，建设农村生态文明，提高农村居民生活质量。一些地方不能将物的新农村转变为人的新农村，问题在于文化缺失。文化传承行动就是要把耕读文明的元素、符号和故事，融入幸福美丽新村建设各个环节、各个方面。普遍认为，"五大行动"完全符合中央要求，符合发展规律，符合四川农村的实际。

"五个搞准"是紧密关联的。把问题搞准是谋事之基，把方向搞准是谋事之要，把规律搞准是谋事之道，把底线搞准是谋事之需，把对策搞准是谋事之的。无论我们接受什么任务，只要做到"五个搞准"，就能够谋在关键处，划到点子上，找到有效的对策和办法。

思想深度决定写作高度①

　　省直机关工作,说穿了是两个字,一个是说,一个是写。在一定意义上,写是说的基础,是我们的看家本领。

　　写,这里指公文写作,说起来人人都会,问题是如何提高水平。首先要把握公文特点。可拿它同文学作品、学术论文做对比。无疑,三者都是人的智力成果,都是为社会生活服务的,都离不开真善美;但是,如果说小说重在求美、论文重在求真的话,那么,公文则重在致用。可以说,公文天生就是解决现实问题、推动实际工作的,具有法定性、权威性、政策性、严肃性和规范性,这是它万变不离其宗的秉性。

　　因此,公文起草必须符合国家法律法规和党的路线方针政策,完整准确体现发文机关意图,并同现行有关公文相衔接;一切从实际出发,分析问题实事求是,所提政策措施和办法切实可行;内容简洁,主题突出,观点鲜明,结构严谨,表述准确,文字精练;等等。这些要求看起来简单,要做到却不易。为什么不易? 多年来,我深感公文起草是科学,又是艺术。

　　作为一门科学,公文写作在我国兴起于 20 世纪 80 年代,已形成一套知识体系,包括文种、格式、语法、修辞等,涉及秘书学、写作学、档案学等相关学科。科学源于实践。公文写作由来已久,一部《古文观止》,公文约占 15%。今天党政机关常用公文有 15 种,包括意见、通知、报告、请示等等。国外的公文也多种多样。专用公文有公约、条约、声明等 10 来种,通用公文包括法案、决定、国情咨文等,超过 20 种。公文写作学正是对写作实践的总结。

　　作为一种艺术,需要在写作中摸索、感悟。起草公文,熟悉写作知识、掌握写作规律、懂得处理规范,是必须的;但是,满足于一大堆知识、规范,远远不够,功夫往往在文字之外,只有在研究工作的基础上动起笔来,才能把握其中

---

① 　本文是 2020 年 3 月 11 日在四川省地方电力局谈公文写作的要点,原题为《再谈从事机关文字工作的一些体会》。

的奥妙。可以说,提高公文写作水平,最重要的是研究工作、研究问题;把问题搞清楚了,多写、多悟、多琢磨,微妙之处见功夫,这正是公文写作的艺术。

艺术,说起来有点玄,其实不然。近几年因为研究乡村艺术化问题,我花了很多精力钻研艺术。从绘画、诗歌、音乐里面,我们可以发现,任何一项工作,只要我们带着情感,用心去做,尽可能把我们的创造性发挥出来,把它做到极致,似乎由必然王国走向了自由王国,这个时候,我们就可以达到一种艺术境界。如果这样的理解成立的话,那么公文写作是能够进入艺术的境界的。

艺术之上呢,是不是还有一种"道"?当然,要在把握其科学的基础上进入艺术的境界是艰辛的,至"道"就更难了。我在机关做文字工作已有 33 个年头了,有过不少困惑,也有一些心得。这里围绕两个字来谈一谈:一个是缘,就是我与文字工作的缘分;一个是悟,悟公文写作之"艺"、之"道"。

首先谈一谈我与机关文字工作的缘分

与机关文字工作打了几十年的交道,不能不说是一种缘分。我的经历可以概括为四句话:没想过当"笔杆子",却干了几十年"笔杆子"的事,但不后悔做"笔杆子",或许做"笔杆子"是我的"B 计划"。

(一)没想过当"笔杆子"

习惯上把整天坐在机关办公室里写稿子的人叫着"笔杆子",以为他们都是学写作专业的。这样看,我与这个行当没有半毛钱的关系:两次高考语文不及格,最高 47 分;古文和语法,我现在也没有搞明白,一直是糊的;一心只想做点学问,曾经天天琢磨人学问题,读过哲学、心理学、社会学、美学。毕业分配到高校任教,泡了近两年图书馆,经常是早上一开门就进去,晚上关灯的时候才离开。但后来当了"笔杆子",而且一干就是几十年。难怪经常有朋友问我,是怎么混进来的。

(二)干了几十年"笔杆子"的事

我是 1984 年参加工作的。如果要用三个字来概括我所做的工作的话,就是"笔杆子"。看看我的简历,就一目了然了:1986 年调雅安地委政研室,收数据,搞调研;1991 年调雅安地委办公室,编信息,写讲话,办公文;2001 年兼政研室主任,负责领导讲话和重要文稿起草;2006 年调省委农工委,综合处、新农村处都要"笔杆子";现在,依然离不开抄抄写写,一年也发表了 10 多篇文章。还有两年就要退休了,看来这一辈子没有机会做别的事了。如果有下辈子的话,说不定还将是个"笔杆子"。

（三）不后悔做"笔杆子"

后悔过吗？当然,但后来还有点引以为傲:不少建议直接转化为党委政府的决策,比如 2000 年提出的生态化写进了雅安市第一次党代会报告,2013 年起提出的幸福美丽新村建设系列建议得到省委采纳。署名文稿多次获省部级以上领导批示,其中中央领导、农业部长、省委书记批示 8 条以上。形成了一些调研成果,近 10 年在《人民日报》《农村工作通迅》等省级以上报刊发表文章 80 多篇。从事了不少教学活动,讲过新农村建设、乡村振兴等 20 来个专题。还成功策划组织过一些重大活动。

（四）或许做"笔杆子"是"B 计划"

英国策展人威尔·贡培兹研究历史上伟大的艺术家时发现,"他们的成功常常是由 B 计划实现的","他们原本想做的事情在实践过程中变成了另外一件全然不同的事情",莎士比亚原本是个演员,达芬奇最初是武器设计师。的确,鲁迅也该去做大夫。文学家、艺术家如此,普通行当好像也是这样。进机关之前我也没有想过做"笔杆子",甚至有点讨厌"笔杆子"。我熟悉的"笔杆子"中,很少有学中文或文秘的,有的还是"枪杆子"出生。看来,哪个行当都可以要"笔杆子"。

看似无缘却有缘。我只想说明:没有天生的"笔杆子",也没有天生的非"笔杆子";"笔杆子"也不是哪个专业培养出来的,学任何一个专业都可以成为"笔杆子";进了机关的门,只要你愿意,全身心投入,就能把文字工作做好;而且,做好文字工作,照样能干成事,实现人生的价值;有一天你不再做"笔杆子"了,"笔杆子"的经历将是你事业和人生的一笔宝贵财富。

进一步,可否这样说:能够看出"笔杆子"的意义并且从日常笔耕中体验快乐的人,是真正幸福的? 我的回答:是,肯定,毋庸置疑。

其次谈一谈文字工作当中的一些体会

我写公文,大体走了三部曲:先是踏着格子走,再是盯着范文走,后来则跟着感觉走。一路走来,我经常反思,力求从每一个文稿的起草中悟出点道道来。有时候,一篇稿子完成后要琢磨好几天。

也作过一些交流。有些是在会议或培训班上讲,更多的是在非正式场合交流,有时还是与朋友、同事、同行摆谈。印象比较深的也有好几次。比如:

2010年9月,我应邀为四川移动工会讲"公文写作和信息收集、撰写的要求与技巧"。在公文写作部分,我认为要写好公文,离不开对公文写作规律和公文处理规范的系统掌握,更需要在写作实践中探索和积累。现在看,公文写作是技术,是艺术,还有一种"道",是"技""艺""道"的融合。

这里,简要谈以下八点心得。

(一)前提是干一行要爱一行

七十二行,行行出状元。这里有个前提,是人们常说的干一行爱一行钻一行,就是"敬业"。有了爱,有了敬,就会动情、用心、使劲,就会随时随地去琢磨。20年前,我谈文字工作,特别强调的一条,是"功夫在文字之外,作文需先做人",就讲了八个字:乐业、读书、观察、思考。首先是"乐业",就是干一行爱一行,爱岗敬业。那时我说:办公室文字工作,又苦又累又清贫,从事这项工作通常只能默默无闻地在幕后当无名英雄。干好了,不要指望表扬你,更不要奢望出什么名;干砸了,脱不了手。所以,要有事业心、责任感、服务意识和奉献精神,并从每一件小事中去体会人生的价值。

干了几十年,我经常走路、吃饭、睡觉都在琢磨文稿。越来越感到,在文字工作中是能找到快乐的,做好文字工作是能够实现人生价值的,文字工作值得我们干一辈子。

经历一:文字工作与高峰体验

2015年1月21日,我在2014年度个人总结中写道:我向来干一行爱一行,干任何工作都用心、认真、使劲,一心为着把事情办好。每当做好一件,都会去欣赏,还会与同事、朋友、家人分享。

工作几十年,我在反思的时候发现,不管做什么事,总是凭着一颗童心、一点稚气、一股傻劲去冲;完成之后,又回头来总结、欣赏。在农工委,我曾三次到村上蹲点调研,记了七八万字的日记,还汇编成一个小册子《走在乡间小路上》。这些年,我要不要又把它点出来看看。文字背后活生生的场景、字里行间饱含的深情厚谊、偶尔一两句有点哲理的思考,有时让我进入心理学家说的"心流"状态,甚至达到"高峰体验"。

近两年,我在反复思考这样一个问题:乡村艺术化。为此,翻阅了上百本艺术类书籍,对艺术有了点感悟。联系实际,我曾想,倾注了我们心血和情感的文稿,为什么不能看着一件件艺术作品呢?

（二）思想深度决定写作高度

现在会议、文件、讲话太多、太滥，人们形象地称之为"文山会海"；但是在那"文山"上，能让人看得下去的东西不多。原因之一，在于没有思想，没有见解。这与工作态度、思维方式、学习积累有关，也是互联网惹的祸。信息爆炸，思想贫乏。翻了几十页，似曾相识，没有一句能抓住你。解决问题的办法，在于读书、观察、思考。写文章的人要多读多看多想，要满脑子问题，要"鬼点子多"。我的体会是，要打开地理、历史、视觉、数字和思维"五维空间"，放宽视野，激活思维，让新点子迸发。思维打开了，积累多了，有了分析问题的套路，有了对问题的看法。你想得有多深，你才能站在多高来写作。

人们常谈到王道。什么是王道？我曾翻过一些写作"秘笈"，的确开卷有益，问题是靠"秘笈"写不出好东西来。后来我感到，技是必要的，艺更胜一筹，但思想才是王道。古今中外的经典名篇，无不因思想而不朽。思想像火，你今天把它吹熄了，它明天又会燃烧起来。

经历二：把生态化写工作进报告

2000年，我承担雅安撤地设市第一次党代会报告的起草。写指导思想和奋斗目标的时候，我在工业化、城市化、信息化之后，写了"生态化"，而且还提出建设"美丽新雅安"。

对生态化，我曾经用三句话来解释，就是：再造秀美山川，把生态建设融入经济发展中，塑造生态文明。现在看，当时的思考是有前瞻性的，至今依然没有过时。党的十八大以后，我对生态文明又有自己新的理解，发表了一篇评论《由生态文明想到的》。

为什么提出生态化呢？我大学期间学的一门课《生态学基础知识》引起了我的兴趣。从那时起，读过《寂静的春天》《增长的极限》《只有一个地球》等生态学名著，并联系环境问题、生态危机做过不少思考。中央提出西部大开发时，我认为雅安应当"念山水经""实施科技、市场、资源、生态四位一体"战略。

（三）关键在于领会领导意图

起草公文通常是"关起门来当领导"，不管搞什么材料都得站在领导的角度来思考。所谓领导的角度，是要有高度、深度、力度，还要有点激情。这需要去揣摩。原国务院研究室主任魏礼群曾经告诫道，接到一篇文稿起草任务后，首先应考虑为什么要起草这个文稿，务必正确领会领导同志的意图和要求。明确目的、意图，才能确定好主题、主线。选择好主题、主线，才好深入构思，收集材料。他说通常有两种情况：一种是，领导有明确的要求，必须认真照办。另一种是，领导没有作出明确指示，需要用心体会。这是经验之谈。

邓小平的《解放思想 实事求是 团结一致向前看》，写作班子拿出来的稿子被否了，后来是邓小平亲自拟的提纲。最后的讲话，正是按照这个提纲写成的。所以要善于揣摩领导意图，给领导想到一起。把握不好领导意图是写不好文稿的。

经历三：三步推进四个跨越的提出

2006 年初，我调省委农办。第一项重要工作，是具体编制全省新农村建设规划纲要。

研究中，我提出分头五年、到 2000 年、到 2050 年三步实现新农村建设目标，同时提出推动传统农业向现代农业、农业大省向农业强省、传统农村向现代农村、传统农民向新型农民跨越。讨论的时候，曾经有过不同的看法。但是，通过反复解释，比如三步中第一步与十一五相衔接、第二步与全面小康相衔接、第三步与现代化相衔接，这些建议在省委常委会上都顺利通过。

只是在正式发文前，省委主要领导提出四川经济社会发展的"四个跨越"，怕引起误会，经研究，最后只用了第一个跨越。今天，看到农业大省向农业强省跨越成为四川经济社会发展的一项重要使命，再回过去看，不能把感到遗憾。

（四）没有调查就没有发言权

毛泽东说："没有调查，没有发言权。"起草公文也是这样。调查研究可以了解情况、分析问题、研究对策，可以认识事物、体验生活、形成看法。只要时间允许，每承担一个文稿最好都去做一些调查研究，一次调研可以多次受益。调查研究要贴近领导，领导关心什么，你就调查什么。要多搞一些短平快调研，一个小调研说不定会引出一个重大决策。要重视解剖麻雀，"麻雀虽小，肝胆俱全。"要打有准备之仗，专业性强的问题还要预先熟悉，懂点行。

近几年我写的各类文稿，都得益于过去的调查研究，特别是蹲点调研。从 2013 年 7 月到 2014 年 9 月，我三次到村上蹲点调研，前后蹲近 180 天。白天走访，风雨无阻；晚上写日记，有时写到深夜一两点。蹲点日记一共写了六七万字，里面有情况、有问题、有思考，我现在也经常翻出来看。调研所获是我一辈子的精神财富。

经历四：旧村改造行动的提出

2013 年底到 2014 年初,我在"4·20"芦山地震灾区调研中提出"把传统村落(后改为"旧村")改造作为幸福美丽新村建设的成败之举",之后又进一步提出包括旧村改造在内的幸福美丽新村建设"五大行动"。

四川新农村建设,在总结成都市统筹城乡的"三集中"和"5·12"汶川地震灾后新村建设等经验时,普遍兴起了大拆大建的新村建设热潮。我在调研中听到了一些不同声音,于是开展专题分析,并于 2014 年 8 月初深入三台县永新镇永征村进行为期 50 天的蹲点调研。通过调研,发现了农村大拆大建的"四宗罪":大破坏,清一色,不持续,绊脚石。正是在此基础上形成了新的认识,提出了新的建议。

当然,也曾经遭到不同层次、不同方式的反对,最后还是因为符合中央精神和四川实际而深入人心。

(五)深入浅出才是最高境界

1998 年,国务院研究室原主任王梦奎在为一个博士短文库写的序言中,总结他多年读书和写作的体验,提出"文章四境界说"。他认为文章有四种境界:深入浅出,深入深出,浅入浅出,浅入深出。他说深入浅出是最高境界,也最难。没有对所论事物的深入认识做不到"深入",没有深厚的文字功底不可能"浅出"。他反对浅入深出,卖弄博学,故作高深,用人人都难懂的语言讲述人人都知道的意思。他说那是"文章大忌"。我也指出过,"看上去很有水平,主要是显理论。"实际上自己并不懂那些理论,只是装装门面。王梦奎的观点值得回味。毛泽东是文章大家,认真读过《毛泽东选集》的同志,想必都会赞同王梦奎的看法。

我进机关写的第一个调研报告,总想来点深奥的理论,把问题分析得复杂点。结果不满意,受到挖苦,自己也被一棒打来闷起。

经历五："业兴、家富、人和、村美"是怎样考虑的

2013 年,我提出建设幸福美丽新村的建议,并且相应地提出"业兴、家富、人和、村美"的四大理念,很快得到省委采纳,并迅速在基层引起了积极的反响。

四大理念的提出,是基于对中央关于新农村建设的新要求的领会、对浙江省美丽乡村建设经验的借鉴、对四川新农村建设实践的总结和对社会各界关于幸福问题的讨论的关注,同时考虑要叫得响、记得住、实得现。实践证明,

"业兴、家富、人和、村美"虽然通俗易懂好记,但其中包含了深刻的道理,反映了对城市化水平越过 50％之后乡村发展规律和趋势的认识,符合党中央的精神,得到了习总书记的肯定。

相反,记得某市曾经提出一个"11421"发展战略性思路,本来内容很不错,可是,就因为不好记,有人把它摆成了一桌麻将:一张桌子,一副麻将,四个人,和牌二十,一百封顶。这是值得吸取的。

(六)文风问题绝不可以小视

文风不是小事,直接关系到文稿的质量和效果。当年延安整风的一个重要内容,就是整顿文风。毛泽东早就强调,文章要准确、鲜明、生动。2010 年初,习近平在中央党校集中讲了改进文风问题。他指出当前文风上存在的问题仍然很突出,主要表现为"长、空、假"。针对这些问题,他提倡"短、实、新"。

我们这些做官样文章的人,经常也有感而发。我曾多次讲过三句话,就是提倡正确而鲜明的观点,典型而生动的事例,简洁而明快的文字。的确,观点只正确,通常是废话,只有表达得鲜明才能抓住人;说理需要典型事例,而典型只有写得形象生动才能打动人,通情才能达理。文字呢?有个形象的比喻,叫"懒婆娘的裹脚布,又臭又长",反过来就是要短小精悍、言简意赅。也可以概括为六句话十二个字:准确,鲜明,生动;简洁,明快,干净。

经历六:编制乡村振兴要注意的四种倾向

2019 年初,我分析从新农村建设到乡村振兴中的规划问题,写成两千字的短文《编制乡村振兴规划值得注意的四种倾向》,农民日报发表了,中央政研室还编了一期《简报》送中央领导参阅。

这篇短文指出了长官意志、技术专政、资本诱惑、农民眼光四个问题,用若干典型案作了分析,并三言两语提出了相应的对策建议。文字也比较生动、简洁、流畅。比如,在写技术专政时写道:"笔者曾实地注意到这类规划的两种情形:其一,水土不服。主攻城市规划的把城市小区规划模板搬到乡村来,长期在平原地区做规划的跑到山区去做项目,规划出来'四不像'。其二,消化不良。那些知名规划咨询机构、相关方面的知名专家承接了大批的规划项目,实际编制则由挂靠单位或实习生操刀,规划文本大多中看不中用。"

记住,如果连你自己都读不下去,就别指望别人再往下看了。

(七)文章是精雕细琢改成的

鲁迅先生说过,"好文章不是写出来的,而是改出来的。"他主张"写完后至少看两遍,竭力将可有可无的字、句、段删去,毫不可惜。"魏礼群强调,初稿写好后,要翻来覆去地推敲、修改。重要文稿都是反复修改出来的,几次、十几次甚至几十次地修改。当然,改文稿是一件难事,也是精雕细琢的过程。魏礼群指出,要通篇把握,追求完美;反复琢磨,敢于取舍;认真核校,一丝不苟。

不过,对追求完美,我有点不同看法,就是前面提到的:不求尽善尽美,但求点滴新意。以前,我经常讲这样一句话:一件事情当它完美无缺的时候,通常已经没有意义了。固然,把完美作为一种理想境界无可非议;但是,理想的境界只能一步一步接近,十全十美是不现实的。尽管如此,我写的每一个稿子,都要改几次甚至几十次,有时过几年还翻出来改一改。

(八)"笔杆子"不只是能写文章

公文起草实质上是研究工作。上级作出部署、指示、要求,下级就要研究如何贯彻落实;本地区、本单位遇到了什么问题,也需要研究如何来解决。一般说来,一篇公文在起草的过程中,要分析形势,找出问题;要提出思路,明确目标;要确定重点任务,拿出具体的措施和办法。当然,文件发出的时候,不一定都能在白纸黑字上看到这些内容,但是研究过程必须下功夫解决好这些问题。显然,不具备一定的综合素质,缺乏分析问题、解决问题的能力,靠剪刀加糨糊,是把意见、决定、讲话稿写不好的。

不难看出,能做好"笔杆子",写好公文,就能把其他工作干好。现实生活中,"笔杆子"出生的人,从政、经商、做学问,成功的不少。有的还是一篇文章改变命运:因为写了一好篇文章而被发现,逐步走上重要工作岗位,甚至成为风云人物。

还有一点看似与文稿写作关系不大,实际上十分重要,重要到你感觉不到它的重要性,这就是健康。只有到了不健康的时候,才晓得健康的重要;一旦健康出了问题,事情已经晚了。身体健康重要,心理健康同样重要。机关文字工作,伏案时间长、用脑强度高、生活没规律,日久天长,很容易引起体内循环不畅、内分泌失调、心脏压力过大、精神过度紧张等毛病,既伤身子,又伤脑子。劳累过度的时候,脑袋瓜也是不好使的。一旦身体垮了,一切都完了。

记得有一年,我差不多都是晚上 12 点左右回家,全年通宵写材料接近 30 次,有一次连续 48 小时没合过眼。结果呢? 心率过缓,低到 35 次/分,经常出现早搏,有时一天超过四五次。想起来确实有点后怕,容易猝死。至于三高和颈肩腰劳损,那就别提了。

心理上,现代人似乎越来越脆弱,我内心的冲突别人难以想象。我的调节办法主要是读书,思考,创作与欣赏,包括欣赏自己的劳动。这些,正是我个人的"心灵鸡汤"。

这是我 2019 年 1 月 27 日写的一首小诗《谁不怀念八十年代》:

谁不怀念八十年代

好多朋友转《怀念八十年代》,
我也点开过多次,
只是到了现在,
还没有逐字逐句把它念完。

和一路走过来的同伴一样,
每次看到这个标题,
我都会慢慢地停下脚步,
陷入久久的沉思。

把青春洒在那年代的人,
仅仅"80 年代"这几个简单的符号,
就能勾起激动人心的回忆,
一幕幕,历历在目。

人们怀念 80 年代,
根本不需要什么理由:
动人的理由是廉价的谎言,
哪一条不是给自己找的借口?

在同台共舞的几代人眼里,
20 世纪 80 年代,
那是一个激情燃烧的岁月,
那是一个追逐梦想的年代!

在那个年代，

有谁没有一颗童心？

有谁没有一脸稚气？

有谁没有一股傻劲？

顶着一个聪明的脑袋，

就能够成为艺术家科学家，

长着一双勤劳的巧手，

就可以发家致富开公司揽工程。

只要您敢想，

只要您敢闯，

就没有过不去的河，

就没有到达不了的彼岸。

当然喽，哪条河没有暗礁？

当然喽，哪条路没有弯道？

但是，跌倒了一百次，

就有一百零一个爬起来的机会。

激情燃烧的岁月，

追逐梦想的年代，

跌倒了能爬起来的机会，

换成您，能不怀念？

　　总而言之，千万注意身心健康。当然，这方面个体差异很大，重要的是找到适合自己的方式，持之以恒。

　　以上，只是一个文秘老兵摸爬滚打30多年的体会。事实上文无定法，关键在于干一行爱一行，扎实调查研究，把问题弄清楚，用心去写，多写、多悟，由技而艺，由艺而道。

凭的是一颗童心一点稚气一股傻劲①

从 2018 年年初至今,我主要做了两件事:一件是,应邀为省内外各种干部培训班讲乡村振兴相关专题。仅去年一年,估计就不下 130 场,大约四五百个学时吧,为之准备的时间就不用说了。另一件,就是思考乡村艺术化了,而且有点走火入魔似的。除了讲乡村振兴,其余的时间,包括节假日在内,差不多都泡在这个问题这里面了。连续两个春节,回老家祭了祖、看望了父母之后,便急急忙忙赶回家来读书、思考。

但是,这个问题对我到底有多难,起先我确实没想过,只是凭着一颗童心、一点稚气、一股傻劲去冲。

最头疼的,莫过于搞清"艺术是怎么回事"了。尽管 20 世纪 80 年代初赶上了美学热,读了点朱光潜、宗白华、李泽厚、王朝闻的书,受了点美学启蒙,但是,对其中十分重要的艺术问题却一窍不通。初翻《罗丹艺术论》《艺术的故事》《艺术:让人成为人》《美的历程》之类艺术 ABC,似乎有了点底、可以玩玩艺术了。可是,一进入艺术这个迷幻世界,特别是看了"主义爆炸"炸出的"小便池""破轮子""无声音乐"等千姿百态、千奇百怪、鱼目混珠的现代艺术之后,立刻就崩了。再紧急求救于艺术理论,上网、进书店、跑图书馆,废寝忘食、夜以继日,翻阅了康德、尼采、丹托等名家的若干经典之作,还是晕。不得已,又返回现实生活去观察、体验,去寻找自然之美、生活之美、心灵之美。

当我把从书本上读到的、生活中体验到的,同小时候差不多二十年的乡村生活、2006 年以来十多年的"三农"工作特别是近六七年的幸福美丽新村建设实践一接上头,便敲开了一个小小的脑洞。跳出传统工业化、城市化的思维,

---

① 本文是《艺术化,乡村的未来》(四川大学出版社 2020 年 5 月出版)的"后记",写成于 2019 年 10 月 8 日。

用生态文明、文化多样性和审美判断、艺术鉴赏的眼光再去看乡村,果然看到了一片新的天地,看到了充满希望的田野,看到了沉甸甸的农耕文化,曾经破败的村落也有了一点儿"意味"。走进汉源花海果乡,漫山遍野的桃、李、苹果、车厘子以及相伴的瓜、菜,形成一个赛一个的"田园景观系统",景观随区域、季节而变幻,如诗如画。跨入蒲江明月国际陶艺村,明月窑、明月食堂、远远的阳光房,一个个鲜活的文创激活了当地沉睡的历史文化资源,让曾经的贫困村"燃烧"起来,成为"网红村"。来到郫都区战旗乡村十八坊,蜀绣、郫县豆瓣、唐昌布鞋,让人看到"小手艺,大作为"。置身都江堰七里诗乡,薅秧节、丰收节、田园诗歌节、林盘音乐会,把游客和当地村民一齐带向诗和远方。这样的村落,从成都郊区到民族地区,正在涌现,各美其美。

感觉归感觉,问题归问题。事实上,一个个问题接踵而至。比如:城市化进程中乡村的路在何方?艺术与乡村振兴有何相干?乡村艺术化可能吗?艺术家下乡把艺术植入乡村等不等于乡村艺术化?村子里家家户户墙上画满画就艺术化了吗?乡下人懂不懂艺术?画还能当饭吃?贫困村谈什么艺术?怎么把艺术理论同美丽乡村建设实践结合起来?这些问题,接二连三从四面八方向我砸来,只好硬着头皮,一点点琢磨。

一天一天的苦思冥想,开始来了一些朴素的想法:乡村在城市化中有一个衰落到复兴的过程,要不了三五年城里人拥有乡村生活将成为一种时尚,相当一部分城里人退休以后会有15到20年的时间可能选择以不同方式到乡村养老,新时代人们对美好生活的向往越来越需要艺术,乡村艺术化是乡村振兴的新课题、农业农村现代化的新趋势,乡村之美美在山水美在田园美在淳朴,乡村不仅能养生养眼而且还能养心,建设美丽乡村需要插上艺术的翅膀,艺术化是乡村的未来,乡村艺术化必须彰显乡村价值,当心以艺术化名义把乡村变成城市的垃圾场,村民们充分参与才能实现乡村艺术化,田园综合体是乡村艺术化的有效载体,人们将在那里诗意地栖居……一旦迷进去了,原本枯燥的问题也变得趣味无穷。

因为长期的文字工作都在幕后疲于应付,所以当从被动中解放出来之后,一兴奋起来,就有一种压抑不住的交流冲动。有一点小小的心得,便急着把它写出来、讲出去。掐指一算,在《农民日报》《中国文化报》《北京农村经济》等报刊上、《天府智库》《三农要情》等简报里、《四川农业农村发展报告(2019)》《中国乡村振兴发展指数蓝皮书(2018)》等著作中,发表了《为乡村插上艺术的翅膀》等 20 来篇文稿,在中国艺术乡村建设论坛、北京农学会"2019 乡村振兴的中国方案研讨会"等场合交流了 20 多次《艺术化,乡村的未来》等专题,《打造四川特色鲜明的现代版"富春山居图"——推进乡村艺术化发展研究》被评为 2019 年度四川省干部培训"好课程"。

为了继续进行研究,我把已经形成的文字,一点一点搜罗起来,筛选、梳理、组合,还理出了点眉目来:从专题报告、政策背景、实践基础,到思考之源、若干断想,里面应该有着内在的逻辑;没有乡村振兴这个大战略的实施、没有多年幸福美丽新村建设的实践探索、少了那些起早贪黑顶风冒雨的走村串户,就不会有我对乡村艺术化的思考,而对乡村艺术化的思考又让那些实践探索有了新的意义。这个本子,正是这样组合出来的。它未必能够招来人们的目光;可对我来说,每个字、每个标点,都洒满了我的心血和汗水。

闭目一想,乡村艺术化的确是个新课题。我也知道,自己在这个问题上还没有入门。之所以匆匆忙忙把这些砖头瓦块扔出来,仅仅是为了抛砖引玉,愿更多的专家学者、艺术家、"三农"工作者一起到这块处女地上来耕耘。我相信,只要埋下一粒种子,就能看着她一天天生根、发芽、开花、结果。

回归生活，感悟生活①

2020 年 5 月，我在四川大学出版社出版了《艺术化，乡村的未来》。正如其后记所说，一字一句实际上都是我们夫妇二人共同的心血。这本书也一样，从春耕、夏耘到秋收、冬藏，没有哪一步不是我们共同用汗水浇灌的。

早在 2012 年上半年，我们就从新农村的"微田园"和乡村美食开始关注乡村艺术化问题。到 2018 年 2 月，正式着手系统思考，紧接着抛出我们的主张，第一篇文章就发表于当年 3 月。《艺术化，乡村的未来》一书，就是对 2020 年 5 月之前我们的相关思考的小结。那本书虽然只是一只小丑鸭，但是也得到了越来越多关注和认同。学者的意见主要是：拙作对乡村艺术化研究在国内是首创，有创意，在一定意义上填补了乡村建设理论的空白，能够用于指导实践。从事实际工作的朋友则说，内容接地气，观点新颖，有同感，解开了实践中遇到的一些疑惑，对他们的工作很有帮助。

我们十分感谢来自各方面的鼓励，但我们知道自己究竟有几斤几两。从那时起，我们不得不踏踏实实学习和探索，由我们熟悉的一些具体问题入手进行分析思考。比如，"丁真的世界"、李子柒视频为什么爆棚，乡村里的"网红"都有一些什么样的共同之处，从乡村看艺术会有什么发现，由艺术看乡村又会看到什么景象，政府、艺术家、企业家、市民、村民各自在乡村艺术化里面扮演什么样的角色，传统文化在乡村艺术化中应该怎么表现，乡村艺术化与农业农村现代化有什么关系，今后若干年乡村艺术化会呈现哪些值得关注的趋势，等等。这些问题都打动着我们，吸引着我们。我们把这些问题同我们工作中的感悟和日常生活的体验联系起来，夜以继日，冥思苦想，一点一滴地找答案，甚

---

① 本文是《诗意乡村，新时代的乡村艺术化》(四川大学出版社 2021 年 6 月出版)的后记，写成于 2021 年 6 月 10 日。

至做出了一些大胆的猜想，猜想"乡土中国——摩登中国（现代化强国）——艺术中国（诗意中国）"的历史演变。

边想边动笔，我们在手机里、书本上记下了一些碎片。偶尔把某些碎片串起来，写一点短文，《"微田园"记事——由浙江衢州"一米菜园"想到的》《让农民成为乡村艺术家——写在第三个中国农民丰收节之际》《川西林盘的诗化随想》《"艺术重要，雨水更重要"》《二十四节气是乡村艺术化不竭的主题》等等，就是这样敲出来的。同时，也应邀在相关论坛、座谈会、研讨会、培训班等场合做了一些交流和专题报告。值得一提的是，2020 年 11 月 29 日，应成都纺织高等专科学校国际处负责人张晓骞老师的邀请，在第六届一带一路国际文化艺术周线上论坛讲《探索乡村艺术化发展之路》。我借此机会，对我们关于乡村艺术化的新的思考做了一次疏理，对乡村艺术化的内涵我们也做了新的概括。

说到线上，我们忘不了中国县域文旅大讲堂负责人张雪老师。由于不习惯与镜头打交道，一见到镜头就乱了方寸。是在张雪老师的鼓励和指导下，才于 2020 年 6 月 12 日第一次鼓起勇气走向线上镜头的。考虑到语言习惯问题，她的团队还专门设计了方言版，让我们用四川话讲我们的心得体会。如果没有那次壮胆，第二次线上活动估计是不敢答应的。不仅如此，张雪老师还为本书的出版付出了很多心血。

两次线上之后，我们觉得有必要把新的思考展开，于是便开始写作《乡村艺术化随想》和《乡村艺术化论纲》。《随想》最初叫《乡村艺术化系列谈》，中途曾改为《漫谈》，由 12 篇写到 30 多篇，后来又做了一些调整，减少到 30 篇。还有一些准备写，只是没有想好，不好下笔，以后再找机会。动手写的时候，每一篇都尽可能同日常生活联系起来，讲一点小故事。我们总觉得，日常生活经验不仅是乡村艺术化的活的源泉，也是乡村艺术化的魅力所在。《论纲》先也只有 10 个问题，叫《乡村艺术化十题》，慢慢地写到《十五题》。还想增加专题，考虑到思考不够，就留给今后去吧。又考虑与《漫谈》搭配，才改为现在的题目。没想到这样一改，给我们带来了不小的压力，也让我们有了一点"野心"，逼着我们调整整体结构，重新梳理通篇内容，寻找内在的逻辑，试图理出一点名堂来。

　　而所谓研究,虽然我们一直都在做一些"理论"的尝试,也翻阅了一些古今中外的相关文献,但是,毕竟我们都不是做理论的,我们这些文字主要还是一些来自工作和生活的感悟。比如,在理解艺术的时候,我们就绕开我们没有搞明白的理论问题,直接找来工作中的感受。我在谈公文写作的时候曾经说过:"任何一项工作,只要我们带作情感,用心去做,尽可能把我们的创造性发挥出来,把它做到极致,似乎由必然王国走向了自由王国,这个时候,我们就可以达到一种艺术境界。"这是真情实感。有时我们也自我安慰,觉得亲身的感悟有亲切感,可以引起共鸣,更能给人以启迪。所以,边写就边交流,不只是那些碎片在微信圈发过,一些稿子一写出来就发给朋友,向专家学者请教,部分文稿曾在"金元浦说文""乡村文化人"等公众号发过。同时,我们开始收集新发表的文章和未收入《艺术化,乡村的未来》的旧文。几经组合,便形成《诗意乡村:新时代的乡村艺术化》这部书稿。

　　这部书稿除序言、前言和后记外,由三部分组成。一是论纲,把理论与实践结合起来,从不同角度回答了什么是乡村艺术化、为什么要乡村艺术化、怎样推进乡村艺术化等基本问题。这是我们用力最多也是困惑最多的,试图形成一个初步的分析框架。二是随想,用"网红"、案例和生活故事分析、讲述乡村艺术化的具体问题,展示诗意乡村前景。这一部分想通过点点滴滴的分析,由表及里、由此及彼,既深化对问题的认识,也扩大研究的视野。三是实践,用美丽乡村建设实践来回答乡村艺术化的理论和对策问题。我们的思考源于美丽乡村建设实践,过去的做法或许能够启发未来。第一二部分主要是2020年12月上旬到2021年1月中旬写的,也有过去一些文字的转化。最后一部分是已经发表的和未发表过的部分文稿,包括部分专题讲稿。除2020年5月之前的旧文外,其他文字都是《艺术化,乡村的未来》的继续、拓展和深化。尽管我们尽量避免文字上的重复,但有时候为了内容的完整,确实有点难以下手。

　　书中不止一次提到我们对艺术的认识来源于生活。这里的"生活"当然不只是日常生活,但是我们感受最深的还是日常生活。我爱人胡艾萍正是日常生活艺术的实践探索者,对家庭美食、盆景艺术情有独钟。每到周末、节假日,都要动手做一两次美食。每一道菜都自己摸索,不仅注重色香味,还讲究营养搭配和整体造型。为了保证品质,还利用阳台、屋顶种植蔬菜。从菜园到厨房再到餐桌,呈现出一个又一个循环的创造和体验。至于盆景,从兰花、茶花到金桔、长寿果,先后养过上百种,每一种都灌注了心血和汗水,乐此不疲。近年主要养多肉,有过数百个品种,每一种都非常可爱。到了冬天,天气晴朗的时候,一个个争奇斗艳,冰玉等品种更是晶莹圆润,晒爆了朋友圈。在同多肉朝夕相处的过程中,我们深深地感到,把多肉看像人一样有血有肉、有心有灵、有情有义的生命,用心灵去对话,用情感去呵护,多肉也能养育主人,其过程体验妙不可言。这些,既给我们以艺术的体验,又给了我们研究乡村艺术化的信心。

初稿之后,修改便是一个没完没了的过程,节假日也变得充实起来。大年三十从早晨五点半开始,改到下午五点半。大年初一上午休息,下午又开始了,并在微信朋友圈里写下了这样一段话:"习惯了换一种方式过节,野了一上午又在电脑前坐了下来。键盘既熟悉又陌生,连拼音字母都认不完的我,不要说像别人那样一分钟敲两三百字了,有时候为一个字反复输入不同的字母,挑出一个字来也不止两三分钟,而且容易错选左邻右舍,这正是一篇千把字的稿子也会出现好几处别字漏字的原因。好在手机能帮些忙。现在更多的是用指尖在手机屏幕上写,然后发到邮箱,再由邮箱复制到电脑上。在别人看来很繁琐,于我却大大提高了效率。"春节放了七天假,只有两个半天没有摸过键盘。平时的周末就不用说了。就这样,一改就是六稿。如果时间允许,这个过程还将持续下去。尽管如此,每次修改之后,都会发现遗憾,这个"定稿"也不会例外。

有点欣慰的是,通观全书,隐隐约约看到了一个乡村艺术化理论的雏形,在乡村建设理论的空白处涂上了一点颜色。其中还有一些思想火花。比如:"乡村内在之美是质朴的,也是厚重的,在一定意义上甚至是奢侈的。质朴,在于它根植于自然,自然是它的底色,不用涂脂抹粉;厚重,在于它源远流长,有深厚的文化底蕴,中华文明的根就在乡村;奢侈,则是因为我们走得太远,囚进了'水泥森林',难以回归自然、返璞归真……乡村艺术化当然离不开钱,但绝不是钱砸出来的,有的村子恰恰是被钱毁掉的。"当然这些肯定是幼稚的,可能并不成立,说不定哪一天就被一种涂鸦覆盖过去,但是,只要能变成人们批判的靶子,只要能够带来一点点启示,哪怕最终变成一块此路不通的警示牌,我们相信,多多少少也会对社会做出点贡献。这正是我们一辈子人生的追求。几十年一晃就过去了,能够为前行的小路留下一粒微小的铺路石,也算刷了一次存在感吧?

让我们感激不尽的是,每一步都得到了很多关心和支持。这既是我们精神上的支撑,又是我们思考问题的向导,有时三五个字的回复也让我们脑子开窍。这里,我们一并道一声真诚的谢谢,感谢所有关心我们的老师、同事和朋友!

经　历

核心提示

●一年当中，三分之二时间加班，有时连续多日凌晨一、二点钟后回家；全年节假日、星期日、累计只休十来天；在办公室通宵写材料也有六七次，有时连续工作时间长达 40 多个小时……

●一个人的创造性通常是同他的个性连在一起的，一旦他的棱角被磨掉，可能他的创造性也消失了……我非常关注每个同志的细微变化，非常尊重每个同志的个性，支持鼓励大家想新点子，出新主意。

●带着感情去做事，就不会患得患失；一门心思干工作，就不会平平庸庸；把力用在点子上，就不会事倍功半。

●读书已经成为像衣食住行一样的必需，养成了习惯，变成了生活方式。凡在成都的日子，平均每周有半天以上时间在高升桥购书中心……上班时间，见缝插针，一有空就抓本书来看，午休的时候一般也会挤出半个来小时翻翻书。回到家里，再晚也少不了进书房逛一圈，偶尔半夜醒来也悄悄溜到书房待一阵子。

●我向来干一行爱一行，干任何工作都用心、认真、使劲，一心为着把事情办好。每当做好一件事，都会去欣赏，还会与同事、朋友、家人分享。

●幸福美丽新村建设的一系列决策建议得到采纳。2013 年初，提出建设幸福美丽新村的构想；同年 5 月，提出"业兴、家富、人和、村美"的目标定位；年底，提出把传统村落改造作为成败之举；2014 年 8 月，提出实施扶贫解困、产业提升、旧村改造、环境整治和文化传承"五大行动"的战略性思考……

●新农村处自成立以来，处室考核，年年优秀。今年呢？我们还不知道……在我们的心目中，有我们永恒的天平，就是农民群众的满意度……我们要的是：农民给的，大写的，她写在乡亲们的心窝里，挂乡亲们的笑脸上！

●我们的工作也是吵出来的。没有真情不会吵，没有烁见不敢吵，没有担当不愿吵。可贵的是，我们吵出了友谊，吵出了和谐，吵出了沉甸甸的果实。

加班加点是家常便饭^①

我进地委办公室班子的时间只有半年多,协助分管文秘,包括一二三秘科。经过共同努力,整个文秘工作的运行情况是好的。

上报信息取得突破。从 7 月份起,上报信息被省委办公厅和中央办公厅采用条数每月上 30 条,均超过过去单月采用 23 条的最好成绩。全年总得分 1270 分,为省上下达目标的 2.5 倍。在全省的位次,由上半年的第十七位上升到全年的第八位,在全省非中办信息直报点中名列第一,受到省委办公厅表彰。

下发信息数量减少、质量提高。下半年下发信息期数和总篇幅较去年同期减少一半,但文字精练,容量较大,用稿结构优化。增加了计算机网络信息栏目,加重了经济类信息和省外信息的比例,及时反馈了反映改革和发展中的新情况、新问题的"内部情况",有效性增强。

督促检查全省领先。立项督查 8 项,项项落实。催办事项 19 件,已办结18 件,1 件正在办理之中。编发《督查通报》61 期,对地委重大决策和重要工作部署的督查力度加大。上报督查专稿下半年被省委办公厅采用 11 篇,用稿量

---

① 本文是我的第一分述职报告,写于 1997 年 1 月 10 日,删除了一部分文字。
　　我 1984 年 7 月毕业于四川财经学院(现西南财经大学)农业经济系,被分配到湖北财经学院(后改为中南财经大学,现为中南财经政法大学)农业经济系任教。1986 年 6 月调雅安地委(2000 年改为雅安市委)政研室工作。1991 年 6 月被选调到雅安地委办公室。1996 年 4月任地委办公室副主任,2001 年 8 月兼任雅安市委政研室主任,2002 年 5 月任雅安市委副秘书长兼市委政研室主任,直到 2006 年 1 月。其间,主要从事调查研究、文件起草、讲话稿撰写以及信息、督查等工作,协助联系过农村工作。2006 年 2 月调原四川省委农办(2011 年改为四川省委农工委)综合处先后任调研员、处长,2012 年 2 月轮岗到新设立的新农村建设指导协调处,2018 年 4 月退居二线。2018 年 11 月,原四川省委农工委与原四川省农业厅合并为四川省农业农村厅,2022 年 3 月在四川省农业农村厅退休。
　　工作近 40 年,都在同文字打交道,绝大多数时间在做调研、写公文。从来没有系统记录过自己的工作,能记录我文字工作情况的主要是 1996 年后留下来的年度述职报告,偶尔也有关于某件事、某项工作的总结、回顾。从这些有限的记录中,能够看出机关文字工作是做什么、怎么做的,以及功夫下应该在哪里、又有何意义。

全省第一,比上半年上升六位。全年在省上用稿 16 篇,全省第二,得到省委办公厅督查室的充分肯定。

综合调研开辟了新领域。全年处理调研文稿 40 多篇。编发《地办通报》45 期、《工作参考》33 期、《业务通讯》3 期。在地级部门聘请有较强综合分析能力的特约信息调研员 25 名,组织专题讨论 2 次,形成了一批调研专稿,一些意见和建议被地委、行署采纳。组织开展了决策数据信息系统课题研究,同地区统计局联合尝试编印了《雅安地区决策数据信息手册》。

办文办会办事的质量和效率提高。承担了地委大型会议、大型活动的大量文秘工作,特别是主要的文稿起草任务。较好地完成了地委和地委办各类文件的初核和印发任务。提倡研究问题,讲求实效,写短文章,文风明显改进,文稿质量提高。完善了办事议事程序,加强了会议管理,规范了有关制度。

队伍建设进一步加强。补充了文秘人员,新调入的同志勤钻苦练,逐步成为业务骨干。调整了秘书各科的职能职责,调整后科与科之间注意处理分工与协作的关系,整体能增强,工作有新起色。文秘队伍中涌现了一批优秀党员、优秀公务员、先进工作者和业务尖子。

这些成绩的取得,关键在天时、地利、人和。从天时讲,就是领导对文秘工作非常重视。从地利讲,地委办公室是地委的综合办事机构,接触面广,能取各家之长。从人和讲,人人讲作为,个个比奉献。有的长期默默无闻苦干实干,从不计较个人得失。有的经常加班加点,多次通宵达旦写材料。有的疲劳过度住进医院……每个同志身上都有很多闪光点。

在这样的环境中,我也尽到了自己的努力。三分之二时间加班,有时连续多日凌晨一二点钟后回家;全年节假日、星期日,累计只休十来天;在办公室通宵写材料也有六七次,有时连续工作时间长达 40 多个小时;有几次累病了也坚持加班到深夜。

每一项工作都从学习开始①

2003 年，是团结战斗、创新开拓、调整适应、紧张学习的一年。

在团结战斗方面，无论政务服务还是调查研究，都是人员少，任务重，工作就像打仗。我们常年 7 人，其中从事这项工作上两年的只有 3 人。就这几个同志，一年中，仅仅重要会议、重要接待的综合文字服务就完成不下 60 次。为了圆满完成任务，大家经常一起加班，一起熬夜，连我们的王师也曾经同大家一起熬到天亮，都是累病了也挺住。用不着统计，一年下来，人均加班都在 200 次以上。

在创新开拓方面，启动了一些新的工作。比如，率先提出并牵头建立了以"四轮驱动""两极增长"为重点的发展战略实施季度统计制度；率先组织开展了融入成都经济圈讨论，提出建设性意见建议 20 多条；组织了对市情的定量分析，把雅安置于全国、全省、成都经济圈和新设市中，从 GDP、城市化等 20 多个方面进行对比，形成了 9 套市情分析数据，被一届六次全委会采纳；创建了雅安政研网。

在调整适应方面，我们及时调整内部分工，市委办综合室偏重于综合文稿起草；市委政研室综合科侧重于执政能力建设和民营经济发展调研，经济调研科重点组织经营城市调研。集中组织系列调研，"四个尊重"系列之一，即对 20 世纪 90 年代进市级机关的大学生工作情况的调查，被一届六次全委会印作会议材料；"经营城市"系列调研的一些成果，得到市委领导肯定。健全特约政研员队伍，组织多种形式的调研活动，一些建议被市委采纳。

---

① 本文是 2003 年度的述职报告，写于 2004 年 1 月 6 日，从 2001 年 8 月起，我主持雅安市委政研室工作，分管雅安市委办综合室工作。综合室是新设立的，主要承担领导讲话等综合文稿起草任务。

在紧张学习方面,我们一手抓工作,一手抓学习,坚持开展读书活动、调研活动和谈修养活动,着力打造学习型团队。一般情况下,每半个月组织一次学习,每次轮流由一个同志主持,紧扣市委的一项重点工作,集中讨论一个主题。每次学习,每个同志都争相发言,竞相启发。更多的是分散学习,有的同志仅城建方面就读了10多本书,做了10多万字的笔记。回头看,每一项工作都从学习开始,在工作中学习,在学习中提高。

作为这个团队的一员,我实实在在倾注了自己的心血。

一是顾大局,做表率。长期紧紧张张同笔墨打交道,难免有一些活思想。但正如秘书长最近在一个场合说的,任何情况下,不管遇到什么困难,某某在工作上"从不甩牌子"。为把事情做得更好,我经常废寝忘食,有时通宵达旦工作。朋友不理解,家人有抱怨,我从没有怠慢过工作。

二是把趋势,争主动。我们经常分析市委阶段性工作的重点和要求,凡可能开展的工作,我们都及早分工做准备;同时,每一重要工作的文稿服务结束后,都及时总结,从中把握带规律性的东西。像城市建设等方面的文稿,提前好几个月就开始准备。正因为早动手,有的同志完成一个文稿就熟悉了一个方面的工作。

三是靠团队,大协作。对内,支持科室负责人大胆工作。科室负责同志都很敬业、很能干,所有工作都靠他们。你给他们一句话,他们就交给你一份圆满的答卷。对外,全靠相关部门支持配合。节假日经常打扰部门的同志,有时深夜都把人请起来,往往一个电话就让不止一个同志忙好一阵子。

四是重创造,容个性。一个人的创造性通常是同他的个性连在一起的,一旦他的棱角被磨掉,可能他的创造性也消失了。政研和政务服务都是创造性劳动,我非常关注每个同志的细微变化,非常尊重每个同志的个性,支持鼓励大家想新点子,出新主意。有的同志经常读书写作至凌晨,要不了多久就交来有真知灼见的文稿,真让人感动。

靠的是一种团队精神①

2004年,我们团结协作,履职尽责,乐于奉献,圆满完成了各项工作任务。同往年比,主要有四点新的起色:

1.更加重视思想修养,在理论学习上有新的收获。重点学习了十六届三中、四中全会精神和江泽民、胡锦涛同志的重要论述,并把"三个代表"重要思想和科学发展观贯穿到文稿起草、调查研究、上下沟通和对外协调等政务服务中。同时,学习了政治、历史、法律、经济、社会等方面的新知识。仅从网上收集阅读的文献就上千篇,还结合雅安实际初步编辑了一套参阅资料,近80篇。

2.更加注重创新思维,在思维层次上有新的提升。我们每接手一项文稿起草或专题调研任务,都尽可能打开地理、历史、视觉、网络和思维空间,尽可能用新思想、新理念,把问题放到一个较大的时空格局中去分析,尽可能提出有新意的东西,让人耳目一新。比如,在草坝调研中提出的跳出草坝、跳出框框、跳出协会"三个跳出"的分析框架,就对提升整个调研水平起了关键作用。

3.更加注重调查研究,在文稿质量上有新的提高。去年我们承担了大量文稿任务,而每承担一项重要文稿起草任务,我们就开展一次认真的调查研究,一些文稿的水平和质量得到了公认。比如,市委、市政府《关于走新型工业化道路振兴雅安工业的意见》,经过一个多月的调研才成稿,最后以"整体结构好,政策实,文字简洁"受到上下多方面好评,成为雅安的精品文件、示范性文件。

4.更加注重资源整合,在合作打造调研精品上有新的突破。去年我们与有关部门合作,完成了市委领导交办的农村专合组织等专题调研;根据市委工

---

① 本文是2004年度的述职报告,写于2005年1月26日。

作部署,及时组织部分特约政研员开展了基层组织建设等方面的调研。同时,指导区县开展了一批重点调研,争取省委政研室来雅进行了典型调研。在全省政策研究系统年度调研成果评选中,雅安获一等奖 3 项、二等奖 2 项,位居全省前列。

这些,与大家的关心、支持、帮助是分不开的。平时的每一项工作,都靠分管科室同志们的主动性、创造性和无私的奉献,都靠涉及到每一个同志包括外单位同志的热情配合。正是有了这样一种团队精神,正是有了这样一种协作氛围,我们的工作才不断有新起色。

在谋全局出新招上下功夫^①

我从 2008 年 2 月下旬起主持综合处工作。在大家的关心帮助下,踏踏实实工作,逐步进入角色,较好完成了工作任务。

综合文稿起草方面:坚持把综合文稿起草放在全处决策服务工作的重中之重,在谋全局、出新招、献实策上下功夫,把握规律,超前思考,早做准备,按时较高质量完成了重要文稿的起草任务。去年全处撰写各类文稿 300 多篇,平均每个工作日完成 1 篇以上。其中,起草和参与起草省委、省委农村工作领导小组重要文件、省领导重要讲话、农村经济运行分析报告等重要文稿 50 多篇。

专题调查研究方面:紧紧围绕核心目标、重点工作和重要文稿起草需要,在出好主意和转化提升上下功夫,集中开展重大课题调研,及时组织短平快调研。在调研基础上形成的文稿,有 2 篇转化为省委文件、6 篇转化为领导小组文件、13 篇转化省领导讲话,有 20 多篇被中央办公厅、中农办和省委办公厅的重要刊物转发。其中 1 篇以省委名义上报,被中央办公厅《工作交流》单篇

---

① 本文是 2008 年度工作总结,写于 2009 年 1 月 16 日。我于 2006 年初调到原四川省委农办综合处,2008 年上半年主持工作。在综合处主要从事综合文稿起草、领导讲话稿撰写和重大课题调研。比如:

　　2007 年初完成的省委重大课题"统筹城乡发展,建设社会主义新农村",被选在省委扩大会上由单位一把手作大会交流发言。当时为起草四川省委第九次党代会报告,省委组织了 10 个方面共 25 个重大调研课题,并分配到市直各单位,从省委办公厅到省社科院,其中近 10 个课题由省委常委等省领导牵头。有的课题同时由两三家单位 PK,我们是同当时的农业厅 PK。不少单位请高校、科研单位参与研究。我们单位是独立研究,研究报告主要是我撰写。省委共收到研究报告 85 份,省委书记多次主持会议听取了所有研究报告的汇报。在此基础上,选 13 份在省委扩大会上交流发言。之后,我的很多思考都被吸纳进了省市的相关决策。我起草的意见、报告等,多次得到中央领导和省委领导的肯定性批示。

　　2012 年初完成的省第十次党代会起草组安排的重大调研课题"四川农业农村经济发展研究",则是由我一个人独立完成的。那次没有组织汇报和交流,但是我们提出的目标和路径等,在党代会报告的指导思想、奋斗目标和农业发展中得到了采纳。

转发。

"三农"宣传和信息方面:在扩大农办影响、提升农办形象、聚集社会对"三农"工作的关注上下功夫,力争多上稿、上好稿,宣传、信息、内刊都有一些变化。各大主流媒体刊登我办提供的稿件 128 件,其中四川日报 51 件,平均每周 1 件;我们为党政网提供信息 100 多条,被省委办公厅《四川信息专报》《每日要情》采用 20 多条;《农村建设》杂志和《农村工作》也有较大改进。

综合协调和政策督查方面:在提高办事效率、推动工作落实上下功夫,认真、周密、细致、热情服务,承办的各项事务都办理及时。"1 号文件"宣传督查活动、农业发展上台阶重大课题调研、农村经济形势专题调研,全部按时完成任务。同时,及时分解了省委九届六次全会确定的农业发展上台阶目标,督促形成了农口部门 2009 年工作方案,办理领导批示、人大政协提案等 60 多件。

工作中我体会最深的是"三靠":一靠领导关心,二靠各处配合,三靠团队协作。领导手把手地传帮带,各处毫不保留地支持、配合我们的工作,处内同志精诚团结,每一项工作都凝结了大家的心血和汗水。这样的氛围给我力量,催我奋进。

带着感情做事就不会患得患失①

综合处工作主要是为领导服务，要有大的变化不易。去年我们提出文稿质量、专题调研、整体宣传、数据库建设和团队协作"五个上新水平"，我们说到做到。

一、坚持把综合文稿起草作为第一要务，换位思考，超前准备，重要文稿质量有新的提升。组织撰写各类文稿 300 多篇，平均每个工作日 1 篇以上，在文稿岗位上的同志人均 80 多篇。其中，起草省委省政府重要文件、省委农村工作领导小组重要文件、省领导重要讲话、农村经济运行分析和农办综合性报告等大型文稿 50 多篇，平均每周 1 篇，在文稿岗位上的同志人均超过 15 篇。多数文稿初稿的采用率，在 80% 以上。还协调农口部门形成了 2009 年工作方案。

二、加强重点专题的深入调研和深度思考，多出点子，出好点子，"谋"的工作上新的水平。完成了蔬菜产销、"四项补贴"、土地流转和土地整理等重大专题调研。其中，有 3 篇调研报告得到了省领导的肯定性批示，1 篇融入了省领导的年度重要调研成果。在调研基础上形成的重要文稿，有 3 篇直接转化为省委、省政府和农村工作领导小组的重要文件，15 篇转化为省领导重要讲话。同时，有效办理领导批示、人大政协提案和各类来文 58 件。

三、借六十周年庆典东风组织系列活动，精心策划，重拳出击，"三农"工作宣传有新的拓展。组织农口部门高质量编撰了四川农业发展 60 年成就画册，成功举办了辉煌 60 年农村发展成就新闻发布会，较好完成了西部大开发 10 周年四川农村发展成就宣传。中央和省级主流媒体采用我办提供的新闻资料

---

① 本文是 2009 年度述职报告，写于 2010 年 1 月 27 日。

100 多件,不到 3 个工作日就有 1 件。信息被省委办公厅采用 14 条,占全办的41%;《农村建设》消灭了合刊,编发《农村工作》32 期,刊物质量提高。

四、紧紧围绕中心工作建"三农"情况数据库,内外并重,数文结合,决策信息服务有新的突破。围绕农业发展上新台阶目标,把四川"三农"放在全国的大背景中比较,建立了一套纵横交织的指标体系,并主动与省统计局合作,编印了新的《领导干部农村经济工作手册》。加强网络搜索,及时搜集掌握兄弟省区市的"三农"动态和工作举措,提供领导参阅。对各种资料进行系统的分类整理,以文件夹形式编成了电子版的"实用工作手册"。

五、将自身建设融入各项工作推进当中,以人为本,注重沟通,团队建设取得新的成效。坚持晨会制度,每周一早晨 8:50 准时组织全处同志,把"读书、调研、谈修养"活动结合起来,围绕重点工作,通报情况,沟通思想,落实责任。经常组织重要文稿讨论,营造和谐向上氛围,相互切磋,相互启发,增进友谊,共同提高。支持读书学习,提升理论素质,提高业务能力。现在,我们处的景象是:人人独当一面,个个表现出色,事事争创一流。

反思去年的工作,值得总结的是"三真":动真情、用真心、使真劲。我们感到,带着感情去做事,就不会患得患失;一门心思干工作,就不会平平庸庸;把力用在点子上,就不会事倍功半。

每一件事都凝结了自己的心血①

2011 年,我和我们处的全体同志一道,在委领导的关怀和全委同志的支持下,付出了艰辛,收获了惊喜。

——进入最高决策研究视野。撰写的千字文被印送中央领导参阅,得到回良玉副总理的批示,其中提出的问题和建议在中央农村工作会议的报告中得到重视。起草的重要文稿得到省委主要领导的高度认可。获中央和省领导批示 10 多条。

——拿下省级机关最高奖项。三位处龄短的年轻人积极参加机关比赛,并赢得殊荣,其中向森联系四川"三农"的历史和现实撰写的学术论文,观点新颖、论述深刻,荣获省直机关纪念建党 90 周年征文大赛特等奖。

——业内权威内刊上稿最多。完成的调研报告和情况报告,有 7 篇被中农办《农村要情》和《中农阅》刊发,其中 5 篇单篇全文采用,创下最高纪录。据了解,这几年没有一个省区市农办达到这个数。

——工作成果社会关注度高。组织编制的"十二五"农业农村经济发展规划等,均获各方好评。内部刊物反响越来越好。还有 2 篇短文被 40 多个网站转载,1 篇曾在人民网党建新闻排行榜中荣登榜首。

即将过去的一年,我们猜想,我们的一些工作,正在一步一步地进入全国各省区市农委(农办)同行的一流行业。

回顾我们的工作,我们的主要努力体现在四个方面:

一是强化追求卓越的拼搏意识。近几年,我们都把"建一流团队,干一流工作,创一流业绩"作为锲而不舍的追求,反复讲,反复强化,并不断赋予新的

---

① 本文是 2011 年度述职报告,写于 2011 年 12 月 31 日。

内容。今年一开年，我们就提出"思维创新、政策研究、文字表达、工作业绩、团队协作五个创一流，为集体争光，让领导满意"，力争团队的整体素质和工作水平，在农口部门扛旗帜，在农委（办）系统树标杆，在省直机关同类处室中争先进，在西部省区市农委（办）同行中走在前列。我们欣喜地看到，我们的不懈追求正在变成现实。

二是把握工作规律性和特殊性。 把综合文稿起草放在重中之重，超前思考谋划，精心组织撰写，完成重要文稿 60 多篇。把调研作为基本功，出新招献实策，形成调研报告 10 多篇。及时组织农民增收分析例会，分析报告得到领导认可。把四川"三农"放在大背景中比较，建立了一套有用的数据库，并继续与省统计局合编了《领导干部农村经济工作手册》。系统收集整理"三农"资料，编辑成电子版的参阅文库。注重工作统筹，宣传、信息、办刊齐头并进。合理分配时间，做到了忙而不乱。

三是发挥每个同志的主体作用。 把自身建设同业务工作有机结合，以例会和活动为载体，构建和谐向上的学习型团队，让人人当处长，个个打主力，充分发挥每个同志的积极性、主动性和创造性。每周一 8:50 准时召开的例会，都围绕重点任务，通报情况，交心谈心，谋划工作，讨论办法，落实责任。"读书、调研、谈修养"活动进一步制度化，每隔半个月，由处内同志轮流主持一次学习交流，效果出乎意料。现在，综合处的景象是：无论老同志还是年轻人，人人独当一面，事事争创一流。

四是从严要求自己努力做表率。 认真组织全处同志学习中纪委、省纪委工作会议精神，积极参加观看警示教育片、参观保密案例展览等活动，自觉遵守各项规章制度和廉洁自律要求，没有违纪违规行为发生。认真组织参与治理"慵懒散"活动，及时查找问题，认真开展整改，工作作风进一步改进，工作的质量和效率得到提高，被评为全省机关行政效能建设先进。带头刻苦学习，平均每天阅读量在 3 万字左右。带头苦干实干，每一项工作都凝结了自己的心血。

再过一个月，我就当知天命了。一寸光阴一寸金，我一定和全处同志一道，把工作提高到一个新水平。

念好"谋推策和"四字诀^①

2012 年,头两个月在综合处,后十个月在新农村处。一年来,念好"谋推策和"四个字,较好完成了工作任务。

在"谋"字上下功夫,决策服务水平明显提升。准确领会领导意图,完成重要文稿和专题报告 20 多篇,其中 1 篇以省委省政府名义报中央领导并得到中央领导批示,1 篇即将以省委文件下发,3 篇以省委办公厅文件下发,7 篇以农工委、推进办文件印发。精心筹备组织,筹办重要会议和专题会议 5 次,全省产村相融成片推进新农村建设工作会、新村规划建设工作会、渠江流域灾后新村建设工作会,其效果和影响都超过预期。前瞻性研究思考,形成研究报告 4 篇,"四川农业农村经济发展研究"提出的发展路径和翻番目标被写进省第十次党代会报告,新村建设调研报告得到了省委主要领导重要批示,并先后被中农办《农村要情》和省委办公厅《重要情况》转发。

在"推"字上下功夫,专项工作取得重大进展。完成整体性安排,编制工作指南,落实专项补助,新村建设取得新成效,累计建成新村 16974 个,其中新农村综合体 205 个。推广"微田园"等经验,完善绩效考评机制,第一轮省级新农村示范片建设全部合格,其中优秀 25 个,优良 35 个。制定申报方案,阳光规范操作,第二轮"1+3"建设工作顺利启动,确定新农村建设成片推进示范县 60 个。强化主体责任,开展经常性督查,渠江流域灾后新村建设完成阶段性任

---

① 本文是 2012 年度述职报告,写于 2013 年 1 月 13 日。2012 年初,我被轮岗到新设的新农村建设指导协调处,直到 2018 年初。凡是新农村建设方面的文稿,包括指导意见、领导讲话、情况报告,都由我们独立完成,相当一部分文稿还是我一个人从头到尾一笔一笔写成。我提出的幸福美丽新建设的一系列理念、构想、建议,包括"业兴、家富、人和、村美"等等,得到了四川省委、省政府的采纳,四川的幸福美丽新建设得到了高层的认可和社会各界的认同。中央农办至少五次印发四川幸福美丽新建设的做法,《人民日报》也四次在头版作了专题报道。

务，3万多倒房户全部搬进新居，得到中央和省领导肯定。同时，指导精品文化旅游村寨建设，推动廉政文化进农村，参与党代会报告起草、"813"项目和民族地区葡萄产业研究，承担"两化"办相关工作，支持"挂帮包"活动。

在"策"字上下功夫，新村建设宣传硕果累累。落实领导指示，积极为新华社四川分社准备素材，推荐典型，联络协调，组织专题座谈，并提供采访调研的全程服务，圆满完成了领导交办的重大专题宣传任务，《国内动态清样》《瞭望》新闻周刊、新华网推出重要专题报道14篇。与经济日报四川记者站共同策划，组织新村建设专题采访，总结四川新农村建设经验的专题报道《让农民乐享"田园"新生活》于十八大前在国务院机关报《经济日报》头版头条隆重推出。同四川日报经济部共同策划组织，先后推出新村建设、"微田园"建设、渠江流域灾后新村建设等系列专题报道，川报头版刊发25篇，其中头条2篇。

在"和"字上下功夫，形成了团结向上的氛围。按照委领导及机关党委的部署和要求，继承发扬综合处和原综合体制改革处的好传统，建立健全了日常管理、廉洁自律、周一例会等制度，并率先垂范。开展榜样就在身边学习活动和经常性交心谈心，在每个同志身上找闪光点，相互学习，相互激励，团队合作增强。加强政治学习和业务学习，带头多读书、读好书、读管用的书，学以致用，5篇学习心得在《四川日报》《四川党建》《农村工作通讯》发表。注重学习成果交流，为"两化"办、住建厅、人社厅和部分市县的专题培训班作新农村建设、产村相融、新农村综合体、农业现代化等专题报告20多次。

工作中没有也顾不上考虑个人得失，看到滴滴露珠汇成涓涓细流、融入滔滔江河，不亦悦乎？

好想连续睡上三天觉^①

　　2013 年,在领导和大家的关心下,我一步一步从极度的悲伤中走出来,与全处同志一起投入工作,圆满完成了工作任务。

　　一、大力推进示范县建设。代拟的《关于进一步加强产村相融成片推进新农村建设工作的意见》以 2013 年省委 2 号文件印发。筹备召开"1＋3"电视电话会议,总结了第一轮示范片建设工作,启动了第二轮示范县和现代农(林、牧)业重点县建设。加强示范县建设指导督促,完善了考评办法,筹备召开了推进工作现场会议,举办了示范县建设培训班,组织了 21 个市州、省级相关部门和部分县赴浙江考察学习,组织开展了半年督查和年终总结考评工作,指导督促个别区县进行整改。第二轮示范县建设启动实施情况总体良好,60 个示范县投入资金 884 亿元,建成新村聚居点 786 个、新农村综合体 110 个、"1＋6"村级公共服务中心 752 个。

　　二、着力推动新农村建设升级。总结近年来我省新农村建设的实践探索,提出了建设幸福美丽新村的构想。在反复征求市州和部门意见的基础上,代省委办公厅和省政府办公厅草拟了《关于幸福美丽新村建设的意见》,即川委办〔2013〕16 号文件。指导市州和县市区启动了幸福美丽新村建设试点,明年各地将规划和启动建设的幸福美丽新村超过 4000 个。同时,向相关部门、基层单位、高等院校和省外同行作了 10 多次幸福美丽新村建设专题介绍。幸福美丽新村建设作为我省新农村建设的升级版,在省内外引起了积极反响,浙江省分管领导在国务院办公厅简报上批示,要求浙江省委农办学习借鉴我省的做法。

---

① 本文是 2013 年度述职报告,写于 2013 年 12 月 29 日。

三、协调推进新村建设专项工作。开展渠江流域灾后新村建设经常性督查,规划的 855 个新建聚居点基本完成建设任务。协调推进新村建设重点工程,巴山新居、彝家新寨建设取得新进展,藏民新居建设正在抓紧规划启动。推进新村基础设施建设,组织财政、住建等相关部门对 2012 年 14 个市州的 62 个项目实施县进行了考核验收,协调落实了 2013 年的专项资金,对项目实施进展情况开展了经常性的调查督促。协调住建厅村镇处支持黑水县编制新村建设规划。同时,参与了民族地区民生工程的推进、芦山地震灾后农村恢复重建的调研指导、农村廉政文化建设、县域经济发展调研等工作,牵头筹备完成了农博会综合馆的布展和展出活动。

四、认真总结推广新农村建设经验。总结"微田园"建设做法,《"微田园"彰显农村特色》在中农办《农村要情》上刊登,被《人民日报》转载,农业部长肯定"微田园"建设"做法好,路子对,带有方向性"。积极配合中央主流媒体开展专题采访报道,协助《农民日报》、农村工作通讯社开展了"微田园"专题采访,《农民日报》的报道在头版头条配评论员文章发表;协助中央台调研、采访、摄制了两部反映我省新农村建设的专题片,其中一部已先后播了 6 次,另一部将在明年初作为"美丽乡村·新田园"的重点专题推出。同时,配合川报、川台和党建杂志社组织了若干典型报道。这些,都收到了较好的效果。

五、积极参与机关自身建设活动。把"中国梦"主题教育活动同新农村建设结合起来,举办了两次摄影展,编印了画册,制作了专题片,开展了新村建设征文评比。用心参加群众路线实践教育活动,学习心得在农口五部门学习交流会上交流,在《四川日报》理论版发表。沉到基层蹲点调研,近期只有 1 名同志在家负责全处日常工作。7 月中下旬的调研日记被省群众办上报,《人民日报》加编者按在要闻版发表,《四川日报》全文转载。严格遵守"八项规定"和《厉行节约反对浪费条例》,谢绝了所有与工作相关的吃请。八小时外包括双休日和节假日,除加班和出差外,基本守在家里,没有违规行为。

从 1991 年 6 月调进雅安地委办公室到现在,20 多年从未休过公休假,长期超负荷工作,身心疲惫。有些时候坐在电脑前什么都不想做,每做一件事都是一种自我抗争。总希望能马上关掉手机,睡个三五天。

读书已经像衣食住行一样①

2014年是务实的一年、创新的一年、战斗的一年。我和全处同志踏实做人，用心做事，又有了新收获。

一、修身立德强能，提升人生境界

除工作和生活的磨炼外，主要途径是学习。读书已经成为像衣食住行一样的必需，养成了习惯，变成了生活方式。凡在成都的日子，平均每周有半天以上时间在高升桥购书中心或西南书城。同素不相识的青少年们混在一起，追新、猎奇、博学，许多新东西就是这样接触了解的。上班时间，见缝插针，一有空就抓本书来看，午休的时候一般也会挤出半个来小时翻翻书。回到家里，再晚也少不了进书房逛一圈，偶尔半夜醒来也悄悄溜到书房待一阵子。一般情况下，每天在家看书的时间不少于一个小时。还有一个危险的习惯，就是走路也好，骑自行车也好，都要思考问题。有时候，到办公室一坐下来就一口气写下去，正是在路上想成的。去年最难忘的是，委里安排我进党校进修了40天。我珍惜机会，潜下心来学习、反思、交流。这里正式报告：结业时，综合考评获全班第一，被评为优秀学员。还有，学习中总是结合工作需要去思考，除转化到工作中的外，去年在《经济日报》《农民日报》《四川党建》发表理论文章、调研报告6篇。不过，就个人来讲，读书最大的收获还是养成了好奇、求进却淡泊的心态。我可以为工作、为集体涨红脸，但绝不为个人仕途开一次口。

二、敬业务实求新，一心一意谋事

我向来干一行爱一行，干任何工作都用心、认真、使劲，一心为着把事情办

---

① 本文是2014年度述职报告，写于2015年1月21日。

好。每当做好一件,都会去欣赏,还会与同事、朋友、家人分享。去年做了六件有影响的事。一是组织幸福美丽新村建设试点。编制实施方案和专项改革方案,筹备召开专题电视电话会,精心举办专题培训班,组织制定规划编制办法和导则。启动试点村2021个,为全年目标的202.1%。二是深入推进新农村示范县建设。研究指导意见,落实专项资金,筹备流动现场会,加强日常督促检查,协同推进现代农业重点县建设。完成"建改保"7269个,为全年目标的145.4%。三是启动幸福美丽新村建设行动。主动适应新常态,研究提出扶贫解困、产业提升、旧村改造、环境整治和文化传承"五大行动",被省委主要领导重要讲话采纳。据此制定了行动方案,完全符合中央的新要求,已付诸实施。四是积极推动农村廉租房建设。研究制定农村廉租房建设意见和实施方案,建立了农村廉租房制度,全国首创。五是协同推进三大板块新村建设,藏民新居、彝家新寨、巴山新居都取得重大新进展。六是协调推进百万安居工程农房建设,全年开工52.1万户,开工率104.35%。总体看,接地气、有创新、成果多、影响大。去年我省新农村建设两次上《人民日报》,其中一次在全国人大开幕那天,上头版,紧跟在社论之后。

三、深入调查研究,发挥参谋作用

调查研究是我的老本行。去年,切实转变工作作风,深入开展形式多样的调研活动。首先是突出问题导向。及时调研新农村建设的热点难点问题。针对网络反映的新村建设问题,深入眉山、雅安、达州等五市40多个点调研,连续10来天起早摸黑,顶着烈日实地察看走访。形成的专题调研报告,得到省委主要领导肯定性批示。在此基础上研究提出的指导意见,"两办"正式下发。还开展了农村建房、工商资本进农村等专题调研。其次是用心蹲点。批准参加的4名同志,都带着"三情""四问"走进农村,走进农家,走进农民心中。我有幸两次参加蹲点,主要蹲在芦山县龙门乡青龙场村和三台县永新镇永征村,时间差不多5个月,写了六七万字的日记和心得。其中,5篇日记和1篇体会被省走基层办印发,2篇日记和1篇评论在《四川党建》发表。第三是争取成果转化。除了幸福美丽新村建设行动方案外,幸福美丽新村建设机制创新、新村聚居点入住情况、农村廉租房建设等调研成果,也先后转化为"两办"文件。全年调研成果转化为"两办"文件的有4件,行动方案在《四川日报》头版报道后,引起了热转热议。另外,对成都市"小组生"的调研报告,中农办以《农村要情》印发全国。

四、履行一岗双责,坚守行为底线

把党建同业务工作融合起来抓,以党建工作促进业务建设,用业务工作水平来检验党建工作成效。一是一个平台两手抓。每周一上午召开的处例会同时开成支部会,既通报、研究业务工作,又分析、讨论支部建设。二是建立学习制度。提倡读经典,重点读马列,读毛选,读《谈治国理政》。分散学习与专题讨论相结合,由两个年轻人分别主持、主题发言开展的工商资本进农村专题讨论,非常热烈。三是注重同志间的传帮带。经常采取灵活方式交心谈心,老同志和年轻人之间形成了一种师徒默契。四是深化群教整改。每到关键时候都相互提醒,相互监督。12月中旬举办专题培训班的时候,除了在培训须知中强调廉政纪律外,还针对性提出八条"学员守则",包括不准收受红包礼金、不准收受土特产品等。既是对学员们的要求,也是对我们自己的警醒。五是扎实开展专项整治。带头对照检查,人人作出明确承诺和表态。讨论提出支部的整治措施,并明确由干部工作经验丰富的同志负责抓落实、抓监督。回头看,每个同志都信守承诺,坚守底线,堂堂正正做人,干干净净做事。同时,继续搞好挂包帮,一位同志被评为全省扶贫挂职干部先进个人。

这些都是全处同志共同努力的结果。尤为难忘的是,一位同志兢兢业业几十年光荣退休,一位同志圆满完成挂职任务为委里增了光,一位同志忘我工作走上更重要的岗位,一位为农村廉租房建设立下汗马功劳,一位同志追求进步光荣入党,同时有一位优秀党委书记、一位80后专业人才、一位经验丰富的同志给我们带来了新的活力,还有川农大张韬老师和我们并肩战斗了300多个日日夜夜。

这让我想了起来一件小事。元旦回老家,朋友问我,老大不小了,还拼啥?我想,也许是在同一座山上,反反复复往山顶推同一块石头吧。加缪说,这是"荒谬"。我不赞成。我看,人长着一个大脑两只手,生来就是做事的。结果固然光鲜,过程则乐在其中。

难忘的中国美丽乡村论坛^①

2015 年 11 月 20 日，一个难忘的日子，中国美丽乡村论坛在四川省蒲江县画上圆满的句号！

这或许是一件大事，肯定是一件好事、一件喜事！

作为发起者、见证人，从创意、策划、组织、实施，直到送别最后一位嘉宾，我是全程、全面参加了，每一个环节、每一个方面都留下了我的影子。说真的，这次论坛的成功超过了我们的预期，被誉为第一个综合性的中国美丽乡村论坛。

我们高兴地看到，从报到、开幕，到结束、送别，整个论坛，得到了嘉宾们的一致点赞。农业部美丽乡村创建办主任魏玉栋总结说：本届论坛是一次非常重要的论坛，也是一次推动创新的论坛，更是一次务实高效的论坛，还是一次让我们终身难忘的论坛。

这次论坛的成功，应当说与它自身的特点相关。相信每个参与者、旁观者对本次论坛都有自己的体会和感悟，我看它至少有这样一些特点：

首先是定位的前瞻性。在论坛的创意、策划、组织、实施全过程中，农业部科教司、四川省委农工委、四川大学等相关各方面逐步达成共识，下决心搭建一个永久性、周期性、国际性，并且叫得响、记得住、传得远的交流平台。现在可以自信地说，我们向着目标迈出了可喜的第一步。

其次是主题的时代性。一开始，我们就按照"四个全面"的战略布局，把"面向 2020 年的美丽乡村建设"作为首届论坛的中心主题，旨在通过新农村建

---

① 本文写于 2015 年 11 月 23 日，是对第一届中国美丽乡村论坛的小结。中国美丽乡村论坛是我提出并同四川大学教授蔡尚伟、原农业部美丽乡村创建办主任魏玉栋一起规划的，两次被纳入原农业部和四川省政府举办的西部农业博览会活动项目，遗憾的是没有坚持下来。

设 10 年的回顾,共同谋划未来,凝心、聚力、汇智,助推中国美丽乡村建设走向未来、走向世界。这一点,从头到尾,始终没有动摇过。

再次是活动的丰富性。除了一般论坛的常规动作外,本次还有乡村现场考察、农耕文化体验、民间艺术展示等系列活动。比如,崇州市、蒲江县各具特色的考察点,呈现出业兴、家富、人和、村美的景象,形象生动地展示了中国美丽乡村的丰富内涵、本质特征、建设规律和建设模式。

第四是代表的广泛性。农业部、中宣部、住建部等部委的领导,包括台湾在内的东南西北中十五个省市的代表,中国农业大学等知名大学书记、校长,中国社会科学院等单位的专家,新西兰、日本等国家的要员、学者参加了论坛。其中有市民、村干部、农场主、企业家、文艺界人士。

第五是组织的周密性。论坛在筹备和实施过程中,充分考虑了具体涉及的每一个方面、每一个环节,对每一个相关细节都作了量身定制的设计。论坛期间,既照图施工又随机应变。嘉宾们普遍称赞论坛组织得非常好。魏玉栋主任在论坛结束后说,全过程都很完美,几乎看不到一点瑕疵。

还有成果的丰硕性。论坛期间,不仅交流了经验、讨论了问题、研究了对策、达成了共识,还有一系列新成果。比如,一致通过并发布了第一个中国美丽乡村论坛宣言,十一家企业向全国工商资本发出了支持中国美丽乡村建设的倡议,还签订了省部共建、村企共建美丽乡村的协议书。

写到这里,我想大呼一声:中国美丽乡村论坛,祝您一届比一届更精彩!

当一天和尚就要撞一天钟①

说起 2015 年,可以用三个词来概括:艰辛,丰收,喜悦。一年来,团结拼搏,干净做事,打了几场硬仗。

圆满筹备幸福美丽新村建设推进会。使出力气,拿出水平,在研究工作上下功夫,高质量起草主题报告,获得好评。全面审视,推出东西南北四条各具特色的参观线路,亮点纷呈。上下互动,精准选题,着力总结新经验,40 个发言和交流材料角度新颖、文风清新。注重宣传,推出一大批典型,持续开展专题报道,反响热烈。成为新农村建设 10 年来我省规格高、规模大、内容最丰富的历史性盛会。

全面推动"五大行动"实施。去年 8 月我们提出"五大行动",得到省委采纳。今年制定年度目标,逐级落实到村,探索建立台账。分解工作任务,"五大行动"分别由省扶贫移民局等五个厅局牵头。建立评价体系,健全统计信息系统。推动新村信息化,宽带乡村全国领先。同时启动一个总规、五个分规和四个区域性规划编制工作。"五大行动"变成全省共识,成为未来五年新农村建设的行动纲领。

协调推动新村扶贫纵深发展。坚持把扶贫解困作为首要任务,推进四大片区新村建设。藏民新居全面完成三年任务,康定地震灾区着力建设精品旅游村寨。彝家新寨从大小凉山向全部彝族聚居区推进,从住房建设向幸福美丽新村建设提升。巴山新居推向秦巴山区六市三十四县。乌蒙新村在泸州、宜宾、乐山三市九县启动。农村廉租房建设取得突破,完成 2.56 万户。"4+1"新村扶贫新格局全面形成。

---

① 本文是 2015 年度述职报告,写于 2015 年 12 月 30 日。

深入推进新农村示范县建设。常规工作也追求常新。提出年度目标,落实专项资金,开展专题培训,改进督查工作,组织政策评估,第二轮示范县全面完成任务。总体看,与新型城镇化结合,与全面小康目标衔接,更加注重雪中送炭、产业融合、旧村改造、环境整治。基层反映更接地气,更符合群众意愿。启动第三轮示范县工作。三轮示范县将覆盖全省 88 个贫困县,成为扶贫攻坚的重要引擎。

创办首届中国美丽乡村论坛。6 月底创意,11 月中下旬举办。高层人士、外国要员、专家学者、各界人士 200 多人参加,发布了第一个美丽乡村论坛宣言、第一份工商资本支持美丽乡村建设倡议、第一份省部共建美丽乡村协议。以定位的前瞻性、主题的时代性、活动的丰富性、代表的广泛性、组织的周密性、成果的丰硕性赢得多方赞誉,成为"十八大以来中国美丽乡村建设的第三个标志性活动"。

把四川实践全面推向全国。总结"五大行动",被中办专报总书记。将幸福美丽新村放到城镇化大背景中剖析,放到全中国大格局中比较,推出《四川幸福美丽新村建设的启示》等研究成果,得到省委主要领导、省委分管领导认可,引起各方反响。农业部创建办认为四川在西部独树一帜,在全国很有代表性。中国农大朱启臻教授指出,四川是西部一面旗帜,东部看浙江,西部看四川。英国剑桥大学国王学院终身院士艾伦.麦克法兰由四川得出结论:除英国外,美丽乡村建设中国做得最好。今年,一半以上省区市来我省考察。

沉甸甸的收获是共同努力的结果。一年来,坚持一岗双责,认真落实主体责任。扎实组织理论学习,系统学习《谈治国理政》等重要文献。党建同业务深度融合,专题活动超过 20 次。严格遵守党纪和从政准则,把牢选点、考评等环节,没有不廉洁行为发生。经常性批评与自我批评,同志之间坦诚相见。含着深情参加帮扶活动,每次调研都去看贫困村,有时悄悄给贫困户三五百元。做好组织发展,任佳琳同志按时转正。倡导学业务、精本行,研读《守住美丽乡村》等专著,重点工作有创新性。

2015 年还是梦想的一年,期盼着早日看到这样一天:广大农村没有贫穷,处处呈现出"业兴家富人和村美"的景象;热血的一年,总是对工作满怀激情,朝也思、暮也想,呕心又沥血,稍有一点点收获就欣喜若狂;坚守的一年,干字当头,廉字贯通,不跑不要不入圈不出轨,堂堂正正做人。

看着2015年这一页翻过去,无怨、无悔。下一页怎么写?马上54岁了,当一天和尚撞一天钟吧。当然,要撞就得使出浑身力气,拿出十八般武艺,撞出点响声来。哪怕是最后一响,也要让它非同凡响。

幸福美丽新村建设来之不易①

　　就幸福美丽新村建设问题说四句话:不可低估,来之不易,任重道远,立足当前。

　　幸福美丽新村建设,作为我省新农村建设的2.0版,开局良好。据统计,到2015年底,已建成9582个,占全省行政村的20.63%。其效果如何,自己说的不算,来看各方面怎么看。首先,看领导怎么看? 四川省委主要领导说,幸福美丽新村建设是四川的特色,是四川的创新。农业部长肯定四川"微田园",认为做法好、路子对、带有方向性。中央农办领导来四川调研,在报告中写道,四川的"小组生""微田园"可能就是未来新村建设的理想模样。其次,看业内怎么看? 农业部美丽乡村创建办主任认为四川在西部独树一帜,在全国很有代表性。第三,看媒体怎么看?《人民日报》《经济日报》《农民日报》都在头版头条对四川的新农村建设做过专题报道。第四,看专家怎么看? 英国剑桥大学国王学院终生院士艾伦·麦克法兰实地考察蒲江县农村后,称赞中国美丽乡村建设的做法是最好的,值得其学习。第五,看市民怎么看? 周末、节假日您去乡下走一走,看看游客的快乐、开心就知道了。第六,最关键的是看老百姓怎么看? 甘孜州一位七八十岁的老人,非常激动地用藏语告诉我们,幸福美丽新村建设让他们的生活幸福得无法用语言来表达。

　　这些,凝结了我们的心血和汗水。就我来说,值得一提的是五个一系列:一系列决策建议得到采纳。2013年初,提出建设幸福美丽新村的构想;同年5月,提出"业兴、家富、人和、村美"的目标定位;年底,提出把传统村落改造作为

---

① 本文是2016年4月26日在原四川省委农工委市州农办主任座谈会上的即兴发言,2016年5月3日发表在原四川省委农工委"四川三农"网。曾编入《诗意乡村,新时代的乡村艺术化》,四川大学出版社2021年6月出版。

成败之举;2014年8月,提出实施扶贫解困、产业提升、旧村改造、环境整治和文化传承"五大行动"的战略性思考。据此,省委、省政府先后出台了幸福美丽新村建设的指导意见和行动方案;2015年5月,省委、省政府召开幸福美丽新村建设推进会,全面部署了"五大行动"。一系列理论研究得到认可。在《人民日报》《经济日报》《农民日报》《四川日报》《农村工作通讯》等党报党刊发表相关理论文章20来篇,有的被人民网、新华网、光明网等上百家网站转载。一系列专题宣讲受到关注。2014年12月的一份关于幸福美丽新村建设的讲课要点,上网后被多个网站转载,仅两个单位的网站,点击就达5500多次。一系列策划引起反响。比如,2015年下半年创意、策划、组织的美丽乡村论坛,被誉为首届中国美丽乡村论坛。以上,都根植于一系列顶风冒雨的调研和废寝忘食地学习。仅蹲点调研日记就有七八万字,其中几篇被《人民日报》在要闻版加编者的话发表,《四川日报》第二版全文转载。同时,翻阅的相关书籍超过两百部。

随着工作的推进,幸福美丽新村建设的思路越来越清晰,目标越来越明确。到2020年,全省要完成三个重要目标。第一个是,现有的11501个贫困村要全部脱贫。是100%,不是99%,更不是80%,也就是不能落下一户一人。这是省委十届六次全会后提出来的,是必须确保的政治任务。第二个是,"建改保"要实现行政村全覆盖。全省行政村,10年前是5.2万个,现在4.7万个,未来五年会减少一些,估计不会少于4.3万个。基本要求是以改造为主,宜建则建,宜改则改,宜保则保,"建改保"有机结合。第三个是,80%的行政村要完成幸福美丽新村建设。当然有一个标准问题,行动方案提出的阶段性标准包括收入、产业、住房、服务、环境、文化六个方面,指标并不高。按照这套标准,最初提的是建成3万个,力争3.5万个,达到全省行政村的80%左右。在全省幸福美丽新村建设推进工作会参观途中,省委主要领导问市委书记们,到2020年,80%的村建成幸福美丽新村有没有问题,都回答没有。这样,80%就成了共识。接下来是落实,把它分解到年度,落实到市县乡村。任务非常艰巨,不能有任何松懈。

近期,建议做好五件事:一是落实好新村扶贫专项方案。2016年新村扶贫任务是,支持 2700 个贫困村脱贫,建设农村廉租房 4.2 万套。年初已经分解到 21 个市州,没有商量。二是组织好幸福美丽新村建设带动脱贫攻坚"回头看"。即将告一段落,关键在于把"回头看"成果运用到下一步的工作中去,不断改进工作,提高工作的质量和水平,真正让贫困户共享幸福美丽新村建设成果。三是抓紧幸福美丽新村建设规划工作。这要花好几年时间。2016 年,主要是结合"十三五"规划,对市州整体性安排和县域总体规划进行中期调整,包括充实内容。同时,分步骤抓紧编制乡域控制性建设规划。四是切实组织实施好示范县和幸福美丽新村建设专项资金。抓紧落实下去,该到村的到村,并注重项目资金的整合,同时严格加强专项资金的管理和监督,不能有人倒下。五是根据实际需要组织好幸福美丽新村建设专题培训。最近,我们组织的幸福美丽新村建设带动脱贫攻坚的现场培训效果非常好。应当以县为单位,结合脱贫攻坚,组织乡村干部现场培训,重在开阔眼界,把握要领,改进方法,增强操作能力。

一仗刚刚打响另一仗又响起了冲锋号①

　　2016年,又一个不平凡之年。这一年,全省幸福美丽新村建设全域、整体、纵深推进。建成幸福美丽新村6700个,惠及农民215万户;累计建成16000多个,共惠及农民460万户。省委主要领导在多种场合给予表扬,中农办《农村要情》印发了我省幸福美丽新村建设的成效和做法。前来考察的多,据成都等九个市不完全统计,至少接待了20多个省区市的128批次、1574人。

　　成绩,来之不易。一年来,我们每一天都像打仗一样,一仗接着一仗,一仗刚刚打响另一仗又响起了冲锋号,打了一个又一个漂亮仗。归纳起来,至少干成了10件事:

　　我们及时分解目标任务。去年10月份开始谋划今年工作。深入县乡村调查分析,并多次与领导小组成员单位和各市(州)沟通,对示范县建设、新村扶贫等工作及全年目标任务进行反复磋商。主要目标分解至少三上三下,同有的市(州)的讨论超过10次。最终于年初锁定目标,其中幸福美丽新村6000个,新村扶贫2700个。并且,收齐了6000个今年将要达标的村和2700个贫困村的名单。这份名单的收集,耗时两个月。全年的工作,都紧紧围绕这套目标展开。

　　我们启动第三轮示范县。去年5月份全省推进工作会后便着手研究。今年1月召开领导小组会,确定63个县,其中贫困县55个,另8个也是根据扶贫任务确定的。三轮示范县建设对88个贫困县实现了全覆盖,完全符合省委省政府关于脱贫攻坚的要求。针对第三轮示范县的实际,制定幸福美丽新村建设带动脱贫攻坚的意见即川委办〔2016〕15号,共3个方面、12条,基层反响

_____

① 本文是2016年度述职报告,写于2016年12月27日,原题为《再见,2016!》。

好。全年,省市县三级财政投入示范县资金 25.62 亿元,整合项目资金 65.87 亿元。

我们倾力开展新村扶贫。把脱贫攻坚放在首位,切实落实新村扶贫专项方案。年初会同扶贫移民局和住建厅,反复研究分解新村扶贫任务。最后确定 2700 个村,全部包括了今年脱贫的 2350 个村。会同财政厅、住建厅研究落实专项资金 27.2 亿,89％以上用于脱贫攻坚,其中 12.07 亿直接用于贫困村。同时,认真研究新情况新问题,委托社科院对农村廉租房进行专题调研,组织相关部门和部分市县专题座谈,调整了政策。平时下基层调研,都在贫困村跑来跑去。

我们切实开展“回头看”。为防止漏掉贫困户,防止农民因建房致贫,从 4 月份起,开展了幸福美丽新村建设带动脱贫攻坚“回头看”。迅速制定“回头看”方案,建议方案一次成功。我们既认真组织、督促各地开展“回头看”,又进村入户实地调研剖析。汇总情况表明,贫困户满意率达 97％。同时,集中查找 4 个带共性的问题,分析了 4 个方面的原因,提出了 5 条整改措施,边查边改。在脱贫攻坚领导小组会上,省委主要领导对“回头看”表示满意。

我们精心组织“四好村”创建。开展前期调查研究,总结的凉山“四好家庭”创建,得到中农办唐仁健主任认可,将以《农村要情》印发全国。昭觉县健康文明教育五年行动的调研,被省委办公厅采纳。与产业处共同研究形成《创建省级“四好村”活动工作方案》,召开电视电话会议。会同省委宣传部、省文明办,共同制定《四川省省级“四好村”创建考评试行办法》。指导督促各地高标准、严要求,扎实组织申报工作,整个申报工作紧张有序。

我们高效举办专题培训。根据幸福美丽新村建设形势、任务和实践中的问题,精心准备,举办幸福美丽新村带动脱贫攻坚专题培训,培训分管县(市、区)长、县农办主任、规划(建设)局负责人、市(州)业务骨干 200 余人。注重现场教学,反复考察、比选确定现场教学点,逐一研究每个点的特色、做法和启示等教学内容;广泛选聘专家和一线同志授课,反复沟通讲课内容。培训期间,白天参观、授课,晚上动员、交流,得到学员们的赞扬。

我们扎实组织规划编制。与省委办公厅沟通,拟定规划工作方案,即一个总规、五个分规和四个区域规划。除组织整套规划编制外,我们直接承担总规和巴山新居、乌蒙新村的规划任务。经过半年的前期工作,6月中旬通过招标,委托省农科院编制。总规已在领导小组会上通过,两个区域规划通过评审。从搞调研、拟大纲、写初稿,到座谈、修改、评审,处处留下我们的身影,字里行间无不凝结着我们的心血。仅同规划单位的沟通,就超过60次。

我们认真组织督查考核。年初作出督查考核安排,四五月份研究制定督查工作方案。督查注重整合力量,结合当前工作,把示范县建设、新村扶贫、规划编制等统筹起来,分层次、分区域开展,务求实效。11至12月组织年度考核。在自查、复查基础上,组织发改委、财政厅等成员单位,分7个组,对从15个相关市(州)随机抽取的34个县(市、区)进行考核。充分尊重市(州)和考核小组意见,评出优秀26个、良好37个,已经领导小组审定。

我们统筹搞好各项工作。今年有四多:重点工作多,示范县建设、新村扶贫、规划编制、"四好村"创建都是重点;走贫困村多,人人参加脱贫攻坚,先后30人次深入贫困村216个次,走访贫困户439户次;各种办件多,不完全统计,已办理200多件,有时一天办理四五件,有的一件要折腾四五天;业务统计多,除季度统计外,还增加了新村住房等8次专项统计,且上没有统一指标体系,下没有熟练统计人员,每一次催收、分析,工作量都不轻。

我们用心开展"两学一做"。年初作出安排,并根据机关党委部署及时调整。在学懂上用心。开展专题学习交流,组织党课,召开专题民主生活会,支部集中学习22次,系统学习党章党规。在致用上练功。结合业务工作撰写心得10多篇,一篇得到省委主要领导批示,部分内容以"锐评"发表在省委刊物《四川党建》,对大拆大建的反思发表在《农民日报》。同时,把纪律挺在前面,把廉洁自律的各项要求贯穿始终。

总的看,即将翻页的2016年,可圈可点,是值得记住的一年。我们的工作"广、杂、紧、实、好":面更宽,事更杂,人手更紧,工作更实,效果更好。"一分耕耘一分收获",这是我们精诚团结、埋头苦干、无私奉献的硕果。一路走来,每一个同志都使出最大力气,每一件事情都干出最好水平,每一天工作都演绎着动人的故事,历历在目。这里,向全处同志,包括走上新岗位的多吉同志,沉浸在幸福生活中的佳琳同志,从区县来与我们并肩战斗的松涛、昕晨同志,真诚地说一声:"谢谢!"

不用讳言,我们也有过争执,有过红脸的时候。这让我想起一个平凡人的一句质朴的话来。前不久,在成都村镇学院第四届村政论坛上,温江区万春镇幸福村总支书记郭建平讲述了他们的故事之后,深情地说:"幸福村的幸福生活是吵出来的。"是啊,我们的工作也是吵出来的。没有真情不会吵,没有烁见不敢吵,没有担当不愿吵。可贵的是,我们吵出了友谊,吵出了和谐,吵出了沉甸甸的果实。

还有,新农村处自成立以来,处室考核,年年优秀。今年呢?我们还不知道。我想说的是,处室考核有它一套标准,合理与否,我们不去妄评。但是,在我们的心目中,有我们永恒的天平,就是农民群众的满意度。农民群众不满意,即便千万个优秀,也不过是一团团小字!我们要的是:农民给的,大写的,她写在乡亲们的心窝里,挂乡亲们的笑脸上!

千言万语,万语千言,还是绕不开这样几个舍不得脱口的字眼:再见,2016!

把公务活动置于阳光下^①

2016年,坚持一手抓业务,致力于把工作干出特色;一手抓党建,切实履行党风廉政建设主体责任,把纪律挺在前面,清清白白做人,干干净净做事。

一、净化心灵,筑牢反腐倡廉思想防线

心律才能自律。认真组织全处同志学习党章和党纪党规,支部学习22次,每周一的例会也把业务和党建结合起来。凡是要求大家学习的,自己带头学,反复学,学以致用。《中国共产党廉洁自律准则》《中国共产党纪律处分条例》,随时摆在办公桌上,里面划了很多杠杠。在领会精神上下功夫,重在弄清每一条的精神,把握好什么是不能做的。注重警示教育,用反面教材警醒自己,坚守做人做事底线。倡导并带头多读书、读好书,用心学习马列经典、毛泽东著作、社科名著和心理学、伦理学、美学等多方面的新知识,严以修身,提升人生境界。

二、照章办事,项目资金实施不徇私情

灵活性和原则性,常常难以拿捏。我们宁舍灵活性,确保原则性。第三轮示范县启动,严格按要求制定方案,"照图施工"。每年一次的幸福美丽新村专项资金安排,都是处里同志一起拿意见,经委领导同意后,派相关同志与财政厅农业处、住建厅村镇处共同研究方案,由财政厅报批后实施。项目实施中,不干预资金使用,更不为企业或个人打主意。任何人找上门,都耐心解释,绝不拿原则做交易。通常,找我都得到两个不同的结果:讨论问题得到惊喜,弄

---

① 本文是2016年度述廉报告,写于2016年12月27日。

项目资金只有失望。示范县年度考核,充分尊重市(州)和考核组的意见,按程序报审。幸福美丽新村建设规划招标,严格按招投标法,公开、公平、公正进行。农村廉租房专题调研,在分析比较相关团队之后,提出建议,报委务会审定。

三、开门办公,把公务活动置于阳光下

阳光是最好的杀毒剂。市县的同志为了工作,免不了来请示汇报。凡是联系要来的,第一,能电话说清楚的,发电子邮件能沟通的,都劝他们不必跑一趟。如果到成都办事,顺便来交流,随时欢迎。第二,如果一定要来,一律在办公室敞开门交流,且尽可能让处内同志参加。第三,不管是谁,凡带土特产,希望"宣传"的,通通拒收,还少不了三句话:"心意领了,东西不能收,谢谢!"看起来没给别人面子,其实人家更尊重你。第四,凡要安排吃饭的,一律谢绝,没有商量。八项规定以来,没有接受过任何一次公款吃请。下基层调研,不参加与工作无关的任何活动。住宿按标准,不收任何礼品,吃饭喜欢下小面馆。

四、简化生活,严格管好自己的手嘴腿

问题往往发生在八小时外。经常提醒全处同志严格管束自己,不该去的不去,不该吃的不吃,不该拿的不拿。每逢节假日,还专门抽几分钟时间相互提醒。我们工作要求高,生活要求低。平时下班就回家,双休日、节假日多数时候在家看书,国庆大假通读《杜润生文集》三卷。偶尔出门,从不同工作关系搅在一起。来农工委 10 年多,今年第一次休假,加上双休日达 20 天,除中途按委里安排回成都一次外,其余时间都在雅安、凉山、甘孜、阿坝游山玩水。除个别地方侧面问路外,没有向有工作关系的任何朋友打过一个电话。10 月 11日至 28 日,整天在工作关系罩到的地方跑来跑去,始终没有花过公家一分钱。

人,不是天使,也不是魔鬼。来年,继续在党性修养上下功夫,提高人生境界,把"廉"字书写得更加苍劲有力。

当好服务生和替补队员[①]

　　新农村处工作年年有新招,岁岁有起色。今年,建成幸福美丽新村5000个以上,累计超过21000个;创省级"四好村"2000个,累计3481个。全国各地都以培训、参观、观摩等不同形式到四川考察学习幸福美丽新村建设,不少理念、做法在兄弟省区市得到推广。

　　值得一提的是:中农办《农村要情》将党的十八大以来我省幸福美丽新村建设经验印发全国,这几年中农办先后印发四川新农村建设经验6篇,有1篇是中农办写的;人民日报2次在头版专题报道我省幸福美丽新建设,加上2014年的1篇共3篇,新华社、经济日报、农民日报和人民日报其他版面还有大量报道;党的十九大前后,省委组织编制4个重点专题汇报片,其中1个就是幸福美丽新村建设,省委主要领导说幸福美丽新村建设是四川的一个招牌。

　　新农村处所有工作,是全处同志辛勤劳动,用心血和汗水浇灌出来的。在"四好村"创建、示范县建设、新村扶贫、田园综合体试点、支持灾后重建等各项工作中,每个同志都主动担当,忘我工作,一个个感人的场景历历在目。我主要是谋划、组织、协调、督促,当好服务生,当好替补队员,偶尔也充当辅导员。一般情况下,每周一上午8:50,准时召集全处同志沟通情况、研究工作、任务分工、落实责任,党建和业务一起抓。凡是大家能干好的,都放手让大家干,支持大家干,我只在背后参谋参谋、做好服务;当同志们有困难的时候、时间来不及的时候、经验不足的时候,我就上,再苦再累我都上。看到同志们个个都出色完成任务,我经常同大家一起分享,默默地为他们祝福。

　　在应对繁杂日常事务的同时,今年我侧重做了五件事:

---

① 本文是2017年度述职报告,写于2017年12月21日。

一、研究新情况新问题。这是新农村处搞好决策服务和指导各地开展工作的基本功,我们的工作都得益于大量深入的专题研究。今年,集中研究了"四好村"创建、田园综合体建设、乡村振兴战略。这几个方面,我都做了大量的分析,都有独到的见解,都发表了有影响的成果,在同行中处于领先水平。关于田园综合体研究,入选四川贯彻四个全面战略布局研讨会,并作大会交流发言,是省委机关唯一在大会上发言的。对乡村振兴战略的初步思考,被"三农"工作权威杂志《农村工作通讯》放在"乡村振兴大家谈"栏目的首篇,省委政研室内参把我的建议和著名"三农"专家郭晓鸣副院长的一起报送省领导,获省委主要领导批示。今年,本人在省级以上党报党刊和重要内刊发的"三农"政策研究文章超过 15 篇。近年累计发表 50 篇以上,获中央领导、中农办主任、农业部长、省委书记批示 7 条以上,不少决策建议转化为省委决策;中农办主任韩俊在一次大会上充分肯定了我先后在 3 篇文章中提出的原创性观点;十九大后,陈锡文、仇保兴等权威人士发表的一些重要观点,同我 2014 年发表在《农民日报》上的,惊人地相似。今年,我还获得了两年一评的"四川省社会科学优秀成果"二等奖 1 项、一年一评的"四川新闻奖"评论一等奖 1 项。

二、指导重大规划编制。科学规划是指导幸福美丽新村建设的关键。为指导好全省幸福美丽新村建设工作,去年上半年起,我们主动与十三五规划相衔接,组织编制幸福美丽新村建设系列规划。这是跨年的工作。我委直接负责总规和巴山新居、乌蒙新村规划编制。三个规划通过招投标,由省农科院具体编制。编制过程中,全面总结十八大以来的成绩,研究面临的问题,借鉴省外甚至国外的经验,提出未来幸福美丽新村建设的基本思路和目标任务,具体指导规划编制工作。经常周末、晚上都在交流。有时为一个新的提法反复切磋。同时,及时沟通省级相关部门和各市州搞好配合。在精心编制的基础上,反复征求各方面意见。经过严格的评审、评估和审批程序,3 个规划分别以省委办公厅、省政府办公厅和幸福美丽新村领导小组名义印发,成为今后指导幸福美丽新村建设的纲领性文件,各方面反响较好。基层调研,每到一地都要关心指导规划工作。让人欣慰的是,这些年我提出的许多观点、主张、设想、建议,在实践中开了花、结了果,指出的问题、提醒的事情也看到了变化。基层的同志尊称我"大专家",都喜欢给我讨论问题。

三、组织美丽乡村论坛。这个论坛是我从 2015 年 6 月起策划的,得到多方面的支持。第一届以面向 2020 年的中国美丽乡村建设为主题,于 2015 年 11 月在蒲江成功举办,被誉为业内人士"第一个综合性的中国美丽乡村论坛"。第二届从去年底开始策划,从主题、合作单位、专家邀请、每个专家的演讲题目,到论坛的现场参观、系列活动、后续工作,都是我最先同处里同志和相关单位一起讨论。论坛前夕,经常工作到深夜。十九大后,迅速把论坛的所有活动都聚集在乡村振兴上来,得到了各方面的响应。11 月中旬,论坛如期举办,获得了广泛赞誉。论坛的特点,我概括为"六好一大":主题好、时机好、专家好、秩序好、活动好、效果好、影响大。基本经验,我认为是"五精两妥善":精心策划、精心研究、精心组织、精益求精、精诚团结、妥善处理好各方关系、妥善处理好日常工作。论坛成果得到了公认,各地包括兄弟省市的同志都在不断索要相关资料。连续两届论坛,在把幸福美丽新村建设推向全国中发挥了不可低估的作用。有趣的是,有的农办主任说:"你们饭都没请我们吃过一顿,就搞这么大一个活动起来。"的确,整个筹备期间,只请领导出面组织过两次小型的沟通,除成都市,其他市州都没有参加过。

四、把幸福美丽新村讲出去。2015 年 5 月全省幸福美丽新村建设推进会后,我就通过横向对比分析,提出"新农村建设东部看浙江西部看四川",并建议"幸福美丽新村建设不仅要干出来,还要讲出去",得到省委领导认可。这两年,省委组织部等相关部门和各地都把幸福美丽新村建设相关问题列入干部培训内容。今年,我先后就"四好村"创建、幸福美丽新村的实践与思考、幸福美丽新村建设带动脱贫攻坚、农民夜校与"四好村"创建、田园综合体建设、乡村振兴战略的思考等专题,为中组部、省委组织部、省直机关工委、中国农科院、四川大学、西南财大、成都村镇学院等举办的干部培训班讲授 50 多次,得到省内外学员的好评。"四好村"与田园综合体建设课件在组织部的"共产党员网"推出,田园综合体课程被省委组织部评为 2017 年全省干部培训好课程,省直机关只有 3 件。近几年,至少有 20 多个省区市的同志听过我介绍幸福美丽新村建设的实践与思考,有的省把我的观点带回去在全省范围学习,省内外听过我讲幸福美丽新村建设相关问题的人超过 2 万人次,2014 年底我的一个讲课要点在农工委网站上的阅读量突破 7000 次。这些对推动工作落实和宣传幸福美丽新村起了积极的作用。

五、紧紧把支部建设抓在手里。新农村处始终坚持一岗双责,抓支部建设促业务工作,用业务工作来检验支部建设成效,实现党建与业务相融合、相促进。今年,围绕创"五好支部",实实在在开展固定党日活动。把每月第一周的周一确定为固定党日,逐一作出安排,按时开展活动,包括学党章、学十九大报告、讲党课、组织到省图书馆读书。结合工作需要开展读书、调研、谈修养活动。召开党员大会 14 次,集中学习 10 次,专题讨论 4 次。全处同志读经典著作、专业书籍、科普读本 100 多册,在省级以上党报党刊发表学习十九大报告的心得和理论文章 5 篇,被评为省直机关"悦读支部"。深入走基层。进村超过 100 个,我个人走了 50 多个,80% 在"四大片区"。近年来,我三次进村入户蹲点调研,写了七八万字的日记和心得,《人民日报》《四川日报》《四川党的建设》和省走基层"简报"发表了至少 7 次。我的"随机走访、拉家常"等调研方式方法得到倡导,不少同志都在效仿。坚持廉洁自律。认真组织学习遵守准则、条例、规定,在示范县建设、田园综合体试点、"四好村"评定、项目资金安排等各方面,严格按程序和规定办,阳光操作,没有违规行为发生。

工作中有不少体会,我们经常都在总结。这里只谈一点:问题导向、政策取向,深入开展调查研究,放眼看省外国外,弄清问题的实质和来龙去脉,把握好方向性、规律性、趋势性,提出前瞻性、创新性、可操作性的政策建议,一经省委采纳就千方百计抓落实,一抓到底,不达目的决不罢休,这是我们的看家本领。

只要想干事,何愁没舞台^①

2018 年,依然忙忙碌碌,值得回味。

前 3 个半月,一岗双责,尽职尽责。让人欣慰的有四件事:一是幸福美丽新村建设得到总书记肯定。我从 2013 年初起,先后提出幸福美丽新村建设构想和一系列决策建议,得到省委采纳。全身心组织实施,创造了鲜明的四川特色,"新农村建设东部看浙江,西部看四川"成为业内共识。二是"微田园"成为乡村振兴高层次教学案例。3 月初,中组部、中农办和国家行政学院举办的省部级干部乡村振兴专题研讨班,选了 3 个案例,其中一个就是"微田园"。这是我 2012 年上半年开始总结的,当年下半年在全省推广,2013 年初得到农业部长的高度评价。我配合张孝德、惠双民、高宏存教授完成了教学案例的研究,我的基本观点都进入了案例。三是"四好村"创建工作得到省委肯定。近两年,我们把更多精力花在"四好村"创建上,呕心沥血。1 月份,省委主要领导在我们起草的专题报告上作了肯定性批示。四是支部被省直机关工委评为"五好支部"。

4 月份以后,委里照顾我,但我不忘初心,尽心而为。

一、潜心学习,用新思想武装头脑

学习不只是工作需要,也是我几十年的生活习惯。每天早晨起床、晚上回家,都少不了翻翻书;平时出差也会带上一两本。下功夫学习新思想。通读了《谈治国理政》,重点学习了乡村振兴战略,一个问题接着一个问题钻研。学习中,注重"一个深入学习"和"五个牢牢把握":深入学习"三农"工作的新理念、

---

① 本文是 2018 年度工作总结,写于 2015 年 1 月 26 日。

新思想、新战略，牢牢把握乡村振兴的总要求、时间表、着力点、基本原则和实现路径。中央政研室《学习与研究》转载了我的学习心得。围绕乡村振兴战略学习新理论新知识。一年来，仅在网上自费就买了不下四五十本相关书籍。春节、五一、国庆，所有节假日，包括个人公休假在内，绝大多数时间都泡在理论书籍和专业书籍里。为了领会"打造各具特色的现代版《富春山居图》"，我翻阅过的国内外美学、艺术类书籍就不下 200 百本。继续品读经典著作。同时，参加了十来次学术交流。潜心钻研，拓宽了视野，提出了一些比较独到的见解，发表了 16 篇理论文章，引起了各级重视，得到了学者认同，受到了基层欢迎。

二、用心做事，为乡村振兴献智尽力

无职无责，不是得过且过的借口；只要想干事，何愁没有您的舞台。完成临时交办事项。比如农房建设督查，起早贪黑，顶着烈日走村串户，不放过一个问题。开展乡村振兴专题研究。深入剖析田园综合体，完成了《四川农村蓝皮书(2018 年)》的"四川建设田园综合体研究"报告，提出了原创性的主张和对策。率先思考乡村艺术化，基本观点发表在《三农要情》《天府智库》《调查与决策》等内刊和《农民日报》《中国文化报》《四川日报》《四川党的建设》《新城乡》《四川农业科技》等省级以上报刊，并为贾晋等专家著的《乡村振兴发展指数报告(2018 年)》撰写了乡村艺术化一章。省委分管领导 3 月中旬就批示："你这篇文章提出的思考很有现实针对性。特别是第三部分提出的五个问题，对制定乡村振兴规划、指导新农村建设有很好的参考价值。请在具体工作中注意把好关。"有针对性探讨乡村人才振兴，提出的"用、育、强、招、请、借""六学经"，发表在《农民日报》，被《重庆日报》转载。为干部培训班讲乡村振兴。受领导委派或经领导批准，为省内外干部培训班和中心学习组、干部读书班授课 100 多次，涉及"五个振兴"、乡村艺术化等十来个专题，其中"田园综合体"为四川省干部教育"好课程"，讲"四好村"的视频在中组部"共产党员"网上推出。

三、注重修心，保持自己做人的本色

自重自省，清清白白做人，干干净净做事，应该是一生的坚守。政治上保持清醒。从思想到言行,自觉同党中央保持高度一致。比如,2018年讲课时间较多,不论在什么课堂,不论讲什么专题,始终如一地坚持传播正能量。每一个具体问题的讲解,都同中央要求紧密结合起来,尽量把学员们的思想认识引导到党的十九大精神上来。严守廉洁防线。经常翻阅党章、廉洁自律准则、纪律处分条例,强化纪律意识,严管自己的手和腿。从不出入私人会所等不该去的地方,从不违规收受红包、礼金和礼品,从不参与任何形式的勾兑,讲课从未坐过一次委里的车、从未报过一分差旅费,如实报告个人事项。遵守工作纪律。不担任处长后,没有干预过任何业务。简化个人生活圈。朋友之间重君子之交,从不拉圈子、入圈子,从不搞吃吃喝喝,从不称任何领导"老大""老板",从未拜过任何"码头"。平时下班就回家,尽量多读书、读好书,年阅读量保持在1000万字以上。日常生活一如既往地崇尚极简主义,固化简朴风格。

一年365天,搜出百十件事来,没啥了不起的;有那么一两件拿得出手,就该知足了。不足自然难免,比如:没有国外乡村的感性认识,分析问题的视野不够宽;进村入户少了,对策建议针对性不够强。

"微田园"记事[①]

听说,"一米菜园"在浙江衢州火起来了! 报道称,衢州掀起了"菜园革命",破解了农房整治利用难题,盘活了乡村经济,有颜值能赚钱,乡村有美景、农民有收益……

的确,"一米菜园"是个好东西,而且富有诗意,在四川乡村比比皆是,我们称之为"微田园",早已成为四川广大乡村的一道靓丽风景线。

"微田园"是四川省城乡规划设计研究院的专家取的名,命名地在绵竹市清平镇。应该是 2012 年 5 月吧,我去清平调研新村建设,发现村民房前屋后和新村内部其他可利用空间中,布满了一个接一个的小菜园、小果园,小的只有几厘地,大的一般也不过两三分,被称作"微田园"。我认为,这是新村建设中的否定之否定:先是照搬城市小区建设做法,用花花草草替代了菜园子;现在,重新审视乡村,菜园子又以"微田园"名义回来了。"微田园"既方便农民生活,又优化土地利用,还让乡村更美。于是,我开始总结、宣传、推广。

应该说,"微田园"的推广也不是一帆风顺的。一些基层干部、规划人员、工商资本,总有一串串的反对理由,说农村要城市化,农民要过城里人那样的生活,让农民在房前屋后种菜会污染环境,还是种花种草好看,为什么只有城里人才能种花种草,等等。但是,农民喜欢种菜,脸盆大块地也要丢几粒蔬菜种子;市民下乡也羡慕农民的小菜园,有的把屋顶、阳台腾出来种种适宜的蔬菜。结果,在一些地方曾经出现这样的博弈:老百姓在花台、草坪里面种上葱葱蒜苗,乡村干部看到了就组织人去铲除了,老百姓又种上,又被铲掉,还影响了干群关系。

---

① 本文是在微信朋友圈写的一篇回忆《"微田园"记事——由浙江衢州"一米菜园"想到的》,2020年 7 月 31 日被中国农村杂志社推到"学习强国",发表在《乡村振兴》2020 年第 11 期。

有一次，我去某县调研，在当地推荐的一个新村建设点，看到村民门前花台上种的花草，便向主人家了解情况。没等主人家开口，当地农办的负责人就抢着说，老百姓要求种点花草。我还是坚持听听主人家的意见。主人家先支支吾吾不好说，后来我说如果没有建花台，让你们自己考虑，你们是种花种草还是种点萝卜、白菜呢？她说，当然宁愿种点菜喽，还想栽几株果树。另一次，我去某县蹲点调研，住在一个新村聚集点。当我介绍了"微田园"之后，村干部听进去了，有的村民则连夜把门前的花台改成了菜园，也有村民打起了公共草坪的主意。

"微田园"也演绎了许多有趣的故事。都江堰市鹤鸣村的一个聚居点，公共区域内凡是能种菜的地方都分到户头，让家家户户都拥有自己的小菜园。为引导大家把菜地种好，他们定期组织住户开展品种优、管理优等"五优菜地"评比，不仅把菜地搞好了，还增强了村民的主体意识，促进了自我管理。崇州市群安村，把公共地带种的草坪，划成小单元，出租给聚集点的村民，一次性收了数万元租金，用于公共管理。大竹县长乐村，把菜园子同环境卫生挂起钩来，每家每户拥有一块小菜园，同时承担一个区域的卫生。在长乐村，没有一个保洁员，但任何时候去，都看不到路上的垃圾。

难忘的是，2012年8月，我参与筹备的四川新农村示范片建设现场会，倡导农民在房前屋后、前庭后院种植瓜果蔬菜，让乡村蛙鸣鸟叫、瓜果飘香、鸡犬之声相闻。有点遗憾的是，在会议文件的修改过程中，把我写的"微田园"三个字误删了。但是，大会上对"微田园"内容的描绘，现场对"微田园"的参观，不仅引起与会人员的热议，还引起了社会各界的积极反响。记得那段时间，网上对"微田园"是一片点赞，好评如潮。

会后，《四川日报》、四川电视台组织了对"微田园"的系列报道，所有点位都是我推荐并介绍的。《四川日报》系列报道的开篇《"微田园"：新村建设所指向》是原《四川日报》记者许静采访我、和我一起讨论之后采写完成的专题报道，发表在《四川日报》2012年10月12日的头版头条。若干专题是《四川日报》资深记者邹老（邹渠）采写的，均发表在头版。系列典型报道之后，邹老与我商量，约吕火明教授、郭晓鸣研究员、蒋远胜教授、陈涛高工等专家和我，于

2012 年 11 月 27 日在《四川日报》头版组织了一个《铺展现代文明与田园风光新画卷——专家热议"微田园"建设》的"圆桌"讨论。

与此同时,《经济日报》四川记者站钟华林站长与我商量,做一次"微田园"专题报道,我负责推荐点位并介绍有关情况,钟站长亲自采写。2012 年 10 月 29 日,《四川让农民乐享"田园新生活"》发表在《经济日报》头版头条。其间,新华社在《国内动态清样》《内部参考》《瞭望》发表的关于四川新村建设的专题报道,都写到了"微田园"。其中 2012 年 10 月 30 日,《瞭望》新闻周刊刊发的《四川兴起新"乡村建设"》写道:"四川省委农工委新农村处处长董进智说,'微田园'就是新村建设中既让农民过上现代生活但又不孤立于农村的具体体现。"

为推广"微田园",我们除了组织宣传报道,把它写进幸福美丽新村建设相关文件和《四川省新村建设指南》《四川省"幸福美丽新村"规划编制办法》《四川省"幸福美丽新村"规划编制技术导则》等相关规划办法、导则外,还于 2012 年 11 月专门组织录制了"微田园"光盘,发送到各地,让基层干部和农民群众知道"微田园"是什么、好在哪里、怎么去做。之后,"微田园"成为四川幸福美丽新村建设典型模式"小组微生"即"小规模、组团式、微田园、生态化"的重要组成部分,进入了四川省土地整治规划和国土空间规划。

2013 年 3 月初,我的《"微田园"彰显农村特色》一文被中央农办《农村要情》印发,得到了农业部长、安徽省委书记及分管副书记、科技部一位副部长等省部级领导的肯定性批示。农业部长除了一大段批示,还有多处批注,以及若干横线。在批示中肯定"微田园""做法好、路子对、带有方向性"。《农村工作通讯》《人民日报》先后转载了我的短文。《农民日报》《农村工作通讯》组织了"微田园"专题报道,《农民日报》记者阮蓓写的长篇报道《"微田园"闪亮四川新农村》发表在《农民日报》2013 年 4 月 19 日头版头条,还配了评论。中央电视台 7 频道先后摄制了两个专题片,后一个叫《美丽乡村新田园——微田园》,是陈清教授和任庆帅老师做的,2016 年 3 月 23 日首播,足足半个小时。

2014 年 2 月底 3 月初,《人民日报》四川分社副社长刘裕国采写的关于四川幸福美丽新村的专题报道《四川产村相融幸福提速》,发表在《人民日报》2014 年 3 月 3 日头版第二条。紧接着,4 月中下旬,中央农办领导率调研组来四川调研城镇化进程中的新村怎么建。调研报告充分肯定了"微田园"的理念和做法,认为"小组生"(当时"微田园"还没有成为"小组微生"的独立部分)"微田园"是城镇化发展到一定阶段之后的返璞归真,可能是未来新村的理想模样。

2018年3月上旬,中央组织部、中央农办、国家行政学院举办的省部级领导干部乡村振兴专题研讨班,组织了三个教学案例,"微田园"便是其中之一。"微田园"案例主要对都江堰市的鹤鸣等村进行了深入剖析,题目是《"微田园"如何谱写大乐章?——四川省成都市都江堰乡村振兴模式探索》。该案例是国家行政学院张孝德、惠双民、高宏存教授做的,我参与了实地调研的全过程。

今天,"微田园"不仅在四川广大农村得到普及,还在全国各地开花结果,"一米菜园"就是活生生的例子。更让人惊喜的是,"微田园"正在走进城市社区。前不久去成都市的高新区、金牛区、郫都区,看见一些社区管理者、公司老板、普通市民,在屋顶、阳台、公共绿地经营起了自己的"菜园子"。在与相关人员座谈时,我建议他们在加强安全防护和不影响市容市貌的前提下,随季节走,展示新技术新品种,注重艺术设计,营造文化氛围,为社区增光添彩。

从乡村振兴的角度看,"微田园"也能给我们诸多启示。前两年我在各种干部培训班中反复讲三条:一是充分尊重农民意愿;二是彰显乡村价值;三是小菜园,大作为。其中前两条得到了"微田园"教学案例的采纳,第三条也体现到了案例的内容当中。

末了,我还想说的是,"微田园"的故事说明,乡村振兴创造在基层,力量在农民群众和基层干部当中,乡村振兴的指导者、推动者应当常去乡间小路走一走,见微知著,边走边发现边总结边推广。这样,才能有序推进、从容建设。

一点一滴成绩都有老师的影子①

　　借用网络语言来说,这是一个让人泪奔的时刻。千言万语,浓缩成五个词:经历,记忆,感言,期待,祝福。

　　经历。毕业快 35 年,转了五个单位:中南财大、雅安市委政研室、办公室、省委农工委、农业农村厅。其中,机关 33 年,抄抄写写就过去了,还坐出了不少毛病。

　　记忆。风风火火一辈子,能记住的事没几件。较早思考生态化问题,幸福美丽新村建设系列建议得到省委采纳,蹲点调研有些收获,对乡村艺术化的思考被认为是国内首创。

　　感言。校园四年,受益终身。老师的言传身教,是我们人生的启蒙、事业的启航。一点一滴的成绩,都有老师的影子;成长路上的摔打,其实,老师早就耐心提醒过。天下,除了父母,只有老师真诚希望看着学生超过自己;当然,我是赶不上老师的。这一生,我最敬仰的,就是老师。

　　期待。感谢中心给我们一个家。我们还是希望恢复农经系,把它建成学院。我认为,时代有需要,财大有传统,中心有实力。今天来到中心,我们都看到了希望。

　　最后表达一个祝福:春节来临,祝各位老师、各位校友,身体健康,家庭幸福,事业发达!

---

① 本文是为 2019 年 1 月 19 日参加西南财经大学中国西部经济研究中心校友座谈准备的发言要点《毕业 35 年感言》,没有发言,留作纪念。

日　记

核心提示

●下基层"形式"一次、"官僚"一次,群众的心就被伤一次。"村里可以说是'五多三缺',老人多、娃儿多、空房多、狗多、草多,缺劳力、缺技术、缺钱"。

●与群众的感情是"处"出来的,你把民情捧在手上,群众就把你记在心中。多到群众家中揭揭锅盖,多到田间地头拉拉家常,才能倾听到群众的意愿心声,才能真正找准工作、作风及政策层面存在的问题;只有与群众同坐一条板凳"接地气",才能真正建立起同人民群众的血肉联系。

●把去年以来看过的新建和改造聚居点联系起来,可以得出这样的结论:传统村落的改造提升,是幸福美丽新村建设的成败之举。

●说到现代农业,这里的种田人,那些满手茧疤的老农民,面朝黄土背朝天,肩挑背磨一辈子,对那"洋玩意儿",一个字:晕。还是那些不沾泥土、走南闯北的年轻人,开起腔来头头是道。

●30年前土地承包到户的时候,肥瘦搭配、远近搭配有其合理性,30年后却成了土地适度规模经营、发展现代农业的障碍。一家一户就是那么几亩地,已经超小规模了,还分割成几块、十几块,东一块、西一块,小的小到一两分,怎么适度?

●文化就在我们身边,发生在每一天,由一个个具体的元素、一组组形象的符号、一串串优美的举止、一则则活生生的故事表现出来。把那些不起眼的小元素、小符号、小举止、小故事汇集起来,编好我们的村史、家史、传奇故事,就能给人以启发,就能形成正能量。

●有一个关键的问题,就是如何发挥农民群众的主体作用……当前应当注意两个防止:一个是防止政府大包大揽、农民在那里等靠要;另一个是防止工商资本侵害农民的合法权益,把农民群众边缘化。

走在乡间小路上①

晚上回到家里,坐在灯光下,打开电脑,又从头到尾翻了翻蹲点日记。轻轻地合上双眼,仿佛回到那一个个熟悉的村子,再现着一件件清晰的往事。

一晃,我工作已经30多年。从中南财大农经系,到雅安地委政研室、办公室,再到四川省委农工委综合处、新农村处,回想起来,参加过的活动不少,最让我兴奋的,是省委农工委的驻乡进村入户蹲点调研。

严格说,2013年以来,我已经先后三次参加驻乡进村入户蹲点调研了。第一次,是2013年七八月间。那时,委里要求委领导和处长们都到各自的调研联系村调研。我的联系点是甘孜州泸定县杵坭乡杵坭村。因去泸定的路塌方,到杵坭之前,先去了内江市隆昌县胡家镇盘石村、解放村和莆芦村。前后六七天,吃住在农家和农家乐。第二次,是2013年底2014年初。去雅安市"4·20"芦山大地震极重灾区,主要蹲在芦山龙门乡青龙场村。整整3个月,多数时候住龙门乡政府(因为地震,不便去村民家里打挤)。第三次,是2014年八九月份。驻绵阳市三台县永新镇永征村。集中50天,吃住都在同一户

---

① 本文为手稿《走在乡间小路上——驻乡进村入户蹲点调研日记选》的前言,写于2014年10月17日,删改稿以《用真心动真情见实效——基层蹲点调研的体会》为题,发表在《农民日报》2015年8月17日第3版。2013年7月—2014年9月,我三次到村上蹲点调研。每天随机走访,同老百姓拉家常,适时请一些干部、群众座谈。到了晚上,便静下来一笔一划写日记,记下当天所见所闻、所思所想。少的,一两百字;多的,三四千字。累计写了七八万字。有十多天的日记被《人民日报》《四川日报》《四川党的建设》等省级以上报刊杂志和四川省委走基层办《简报》转载、发表或印发。有20多篇入选《我在乡村的那些日子——驻乡进村入户蹲点调研手记》(下)(四川人民出版社,2015年),是个人日记入选最多的。多数日记曾打印成册,起名《走在乡间小路上——驻乡进村入户蹲点调研日记选》。本书选编的日记,部分作了必要的文字处理。

农家。

记得,在雅安工作的时候,我曾四次参加农村工作组,到乡村蹲点,时间也是两三个月。那个时候,我们宣传过部署农村改革的 1987 年中央 5 号文件,参加过 1988 年地委、行署组织的完善农村双层经营体制试点,督促过 1990 年和 1995 年的春耕生产。其间,从事过生产劳动,协助过催粮催款,编制过试点方案,也开展过调查研究。大概是 1990 年 6 月吧,我针对当年年初在芦山县龙门乡督促春耕生产的所见所闻,写成《试谈如何正确对待农民负担问题》一文,还被四川省委政研室内部刊物采用,被云南省政府机关的《参阅》转载。

但是,最近这三次与过去的四次都不一样。驻乡进村入户蹲点调研,是四川省委农工委 2013 年 9 月中下旬在党的群众路线教育实践活动中提出来的,应该说与我 2013 年七八月间的蹲点调研有关,那次的调研日记在国内引起了积极的反响。蹲点调研中,我带着感情,或随机走访,到群众家中揭揭锅盖,到田间地角拉拉家常;或专题座谈,广泛问需于民、问政于民、问计于民、问效于民。包括周末在内,在那些难忘的日子里,白天搞调研,风雨无阻;晚上记日记,深夜还在写写画画。三次蹲点下来,潦潦草草形成了七八万字的调研日记。

日记可以作证,一次又一次的驻乡进村入户蹲点调研,帮助我了解了情况、分析了问题、研究了工作。比如,2014 年 1 月 6 日,在雅安市雨城区看了上里镇、中里镇、多营镇的灾后新建聚居点和老村落之后,我联想到青龙场重建的一个个现场,对这几年新村建设实践进行了回顾和反思,形成了一些新的看法。在当天的日记中,我曾这样写道:"把去年以来看过的新建和改造聚居点联系起来,可以得出这样的结论:传统村落的改造提升,是幸福美丽新村建设的成败之举。"现在看来,这个表述当然不够精准,但确实是一种新的认识。点点滴滴的思考,在我每一次蹲点的日记里面,或多或少都有一些记载。

不仅如此,每一次蹲点调研,都让我深受触动、深受教育、深受启发。记忆犹新的是,在盘石,在杵坭,在青龙场,在永征,那些七八十岁的老大伯、老大娘,也拉着我的手,热情地给我讲故事,掏心窝子。其情其景,感人至深。这样的"小事",于工作,于生活,于人生,都弥足珍贵。从盘石到永征,我越来越感到,同农民群众的关系,是在乡间小路上一步一步走近的;同农民群众的感情,是在村民家里一天一天处深的;新农村建设的智慧,是在同农民群众聊天的过程中一点一点碰撞出来的。可以说,驻乡进村入户蹲点调研,是我一生中的重要经历和宝贵财富,让我终身受益。

同我委所有同志的蹲点一样,我蹲点的日记和体会,也引起了各个方面的高度关注。第一次的几篇日记,被省群教办上报,《人民日报》加"编者的话"在要闻版发表,《四川日报》也加"编者的话"在第二版全文转载,上百家大型网站都能看到,还有不少网络评论。第二次的蹲点日记,有 2 篇在《四川党的建设(农村版)》发表;蹲点总结,根据领导批示,印发农工委系统参阅;心得体会,在全省农工委系统走基层交流大会上作了交流,被省走基层办简报印发。第三次的蹲点日记,被报省委组织部、省走基层办和省直机关党工委,有 5 篇也上了走基层办的简报。能做点有意义的事,"不亦说乎"。

说真的,我特喜欢驻乡进村入户蹲点调研。总结青龙场蹲点时,我写道:"下一轮,我还会。"现在,如果有人要问我,我仍然会毫不犹豫地重复同一句话。在编辑那次蹲点调研日记的时候,想起与乡亲们聊天的一个个场景,一时兴奋,在"后记"里面写了几句"三字经":"说蹲点,并不难,两个字,情与真。动真情,用真心,情交情,心换心。好方法,要倡导,随机访,拉家常。写日记,少不了,重事实,善思考。新鲜事,共分享,见问题,不绕道。次把次,走形式,制度化,不得了。"我还猜想,每年国家新招那么多公务员,如果都先下到基层去,踏踏实实蹲上两三个月,肯定更有利于他们的健康成长。

在永征的一次座谈会上,村主任张太忠说,发展不能猴子掰苞谷;我看蹲点调研也是这样。我非常珍惜自己在乡间一笔一划写下的长长短短、枝粗叶大的蹲点日记。2014年5月,我将地震灾区蹲点的部分日记汇集成《走在乡间小路上》;最近,又将在永征蹲点的部分日记汇集成《走在乡间小路上(续)》。听朋友们的建议,把三次蹲点调研的绝大部分日记汇集成册,继续沿用《走在乡间小路上》;同时,将近年来的部分学习思考附于相关日记的后面,相互印证。这,我私底下想,也算一种成果吧。

我更珍惜的是,在盘石、解放、莆芦、杵坭、青龙场、永征那一百四五十个难忘的日日夜夜,同淳朴、厚道、善良的村民们朝夕相处,一天一天结下的纯洁友谊。

与群众的感情是"处"出来的^①

《人民日报》编者的话：四川省委农工委新农村处处长董进智,按照四川省"不打招呼一竿子插到底、进村入户蹲点调研"的方式,一个人到内江市和甘孜州调研。他说,作为一名"三农"工作者,参加工作近30年,真正一个人到群众中去近十年来还是第一次。他感受到:与群众的感情是"处"出来的,只有多到群众家中揭揭锅盖,多到田间地头拉拉家常,才能倾听到群众的心声,才能真正发现群众面临的问题。

2013 年 7 月 16 日　星期二　晴

下基层"形式"一次、"官僚"一次,群众的心就被伤一次,"村里可以说是'五多三缺',老人多、娃儿多、空房多、狗多、草多,缺劳力、缺技术、缺钱"

出发大约三个半小时后抵达内江市隆昌县胡家镇盘石村。为了避免直接谈问题冷场,我先请乡亲们谈村里和自家的发展,大家讲得头头是道、场面一度很是热烈。但当我说,请大家谈谈,干部们有哪些事情做得不好,做得不满意时,乡亲们立即安静下来,有的低头不语,有的独自闷头抽烟。

沉默几分钟后,村支书曾德函带了个头:"你要说问题嘛,完全没得那是假话,现在村里可以说是'五多三缺',老人多、娃儿多、空房多、狗多、草多,缺劳力、缺技术、缺钱。"另一位村民接过话题:"现在大家饭是吃得起了,但是说小康嘛,还差得远,把路边的房子一齐刷白,写几幅标语,就是新农村了？这完全就是只要'面子'不要'里子'的事情嘛!"

---

① 本文是 20137 月 16 日—8 月 1 日记的蹲点调研日记,原载《人民日报》2013 年 8 月 13 日第 6 版,《四川日报》2013 年 8 月 15 日第二版全文转载。

受到前面几位乡亲的感染，一位村民激动地说："有的当官的下来，浩浩荡荡一大路，指手画脚一通不说，还要提前安排几个'懂事'会说的当'群众演员'，这咽个听得到真话嘛！"听到此，我十分尴尬，有种芒刺在背的感觉，没想到群众对官僚主义、形式主义如此深恶痛绝。我们下基层"形式"一次、"官僚"一次，群众的心就被伤一次。

下午又实地走访了一些农户，沿途可见一些撂荒地，个别庄稼地杂草比禾苗长得好，心里很不是滋味。如今的粮食直补确实存在简单发放到人的普惠现象，没能很好调动粮农的积极性，80、90后不会也不愿种庄稼，粮食安全问题怎么保证？

7月17日　星期三　晴

现代农业不能把农民"挤出"农业，"在发展现代农业中，一些地方急于造亮点、出经验，往往把注意力投到'大老板'身上，而对农民的适度规模经营却支持甚少"

第二天，走访解放村和莆芦村，看看产业发展。

第一站，来到解放村浙江台州农民蒋宗喜的葡萄园。老蒋2010年10月携妻子和儿子、儿媳来川，按一亩一年600斤黄谷的标准，租了70亩地，租期18年。地里种了些西瓜，今后全部种葡萄，主要靠自家4个劳动力。我问老蒋："为何不请人呢？"老蒋告诉我："我这些活儿，家里人加把劲就做完了，平时不用请人，忙不过来再临时请几个。"

出了葡萄园，又绕到邻近莆芦村胡发友的钢架蔬菜大棚。胡发友是通过招商引资引来的，租了600亩地，全部种蔬菜。政府给了他较大政策支持，在基础设施方面投入了600万。大棚温度高达38—39摄氏度，有4个60岁左右的老太太正在干活。当问起收入时，她们说："让你的亲戚来试试看嘛，每天做9个小时活儿，工钱才40块，有时几个月都领不到钱。"

这些年，在发展现代农业中，一些地方急于造亮点、出经验，往往把注意力投到"大老板"身上，不仅政策上、投入上支持，还动员农民出让承包地，而对农民的适度规模经营却支持甚少，这类问题值得高度重视。农业发展确实需要招商引资,问题在于怎么引、引来干什么,怎样带动农民发展现代农业、增收致富,而不是代替农民搞农业,更不能把农民"挤出"农业。

午饭后,离开隆昌县返回成都。

7月31日　星期三　晴

农村仍有脱贫盲点,"许多地方都在为全面小康而奋斗了,而一些地区贫困面还这么大,贫困程度还这么深,这是我们工作的失职啊"

清晨从成都出发,进入甘孜州泸定县后,一路坑坑洼洼,沿途还有多处塌方,下午4点左右才到达杵坭乡杵坭村。

刚在54岁的张家贵家坐下,就来了三四个人。听说我是省里来的,个个都用好奇的眼神盯着我。一位老乡说:"省里来的大干部呀,我还是头一回看到哩。"现在交通通信这么发达,农民群众和我们仍如此陌生,这种距离感让我感到汗颜。

谈话中,大家最关心的是修路,乡亲们说:"不通公路,我们修房子都是靠马队驮运水泥沙子,山里的水果蔬菜也运不出去,看到的银子都化成了水。"说到未来,有的想发展养殖,有的想开办农家乐,有的想下山去打工。也许是一时激动,54岁的朱永香把"家丑"也一块儿抖了出来。她说,丈夫有严重精神病,到处捡垃圾、潲水吃。自己也体弱多病,每月药费都在500元以上。儿子在外做木工挣的钱都全花在了两个老人上了,35岁了还是光棍。听完后,内心一阵酸楚,许多地方都在为全面小康而奋斗了,而一些地区贫困面还这么大,贫困程度还这么深,这是我们工作的失职啊!

晚上8点多,在村支书周兴林家吃过晚饭后,我拿出500元钱,请他给朱永香等困难群众买点东西。

夜晚,雷电交加,躺在床上,辗转难眠。为什么和平常看到的有些不一样?为什么感触会这么深? 关键是平时懒于"下深水",习惯于接收"二手"或是"三手"信息,一些"负面"的东西都被过滤掉了。根子还是官僚主义和形式主义在作祟。

8月1日　星期四　晴

特色产业带动致富，"去年村干部多头跑销售，让农民收入打了一个滚儿，有的种一年蔬菜就够买一辆车"

早饭后同主人家聊天。刚拉开话题，便来了一个30多岁的妇女。她是相邻的松林村的种菜大户程孝蓉，带动了全村种菜。听到这里，我急着想去看一看。

程孝蓉家住在海拔1800米的缓山坡上，门前便是一块番茄地，架子上挂满了番茄，红的、青的都有。12亩承包地全种了蔬菜，还做蔬菜批发。去年，她家收入11万元。今年，在外当保安的丈夫也回家种菜了。

看到程孝蓉种菜赚到了钱，村支部开始发动各家跟着学种蔬菜。村里建起了雪域蔬菜合作社，蔬菜面积已上千亩，村主任毕满红介绍："去年村干部多头跑销售，让农民收入打了一个滚儿，有的种一年蔬菜就够买一辆车。"现在，全村有大小车辆25台，摩托车更是户均一辆多。老百姓富了，村里打算从改厨、改厕入手整治环境，让村子变得更干净、更漂亮。

午饭后离开松林村，程孝蓉硬要给我一口袋刚从地里摘下来的辣椒和番茄，说："你放心吧，我们这里种的菜都没打过农药，用的都是农家肥，我们自家也吃。"

回想这几天下乡，时间很短，没有去看有准备的点，没有参加准备好的座谈，少了应酬的疲惫，多了心里的踏实。我深切地感受到，与群众的感情是"处"出来的，你把民情捧在手上，群众就把你记在心中。我们应该多到群众家中揭揭锅盖，多到田间地头拉拉家常，才能倾听到群众的意愿心声，才能真正找准工作、作风及政策层面存在的问题；只有与群众同坐一条板凳"接地气"，才能真正建立起同人民群众的血肉联系。

成败在于传统村落改造①

2014年1月6日　星期一

先去雨城区上里镇。上里镇共和村的重建聚居点,占用了一片良田。从效果图和施工情况看,确实有点"高大上"。问题在于缺少历史文脉。

我们走访了一个相邻的自然村,那里有老宅、老院、老林盘,有上百年的老民居,有本乡本土的故事传说,还有上百年的桢楠树。而且依山傍水,错落有致。生态底色好,文化底蕴深。如果新建聚居点同传统村庄改造提升结合起来,科学规划,一定很有特色。

接下来到中里镇。刚开始平场的杨家院子,也是抛开传统院落新建的。不远处的老村庄,其院落、林盘、下湿田,非常协调,改造好了肯定不错。

由杨家院子想到上里的"五家口"。当地有杨家顶子、韩家银子、张家锭子、陈家谷子、胥家女子的传说,这就是地域性的农耕文化。如果规划设计好,引导老百姓建几个大院,能够做出点名堂来。

把去年以来看过的新建和改造聚居点联系起来,可以得出这样的结论:传统村落的改造提升,是幸福美丽新村建设的成败之举。

第三站是多营镇。在多营镇看了两个村,他们的农房重建都同传统村落的改造提升结合起来,而且有茶叶、猕猴桃产业的发展规划与之配套,体现了产村相融。潜伏的问题是地质灾害隐患。这两个村都在山坡上,都发生过泥石流。1979年,附近一个村,整整一个生产队的100多人,除了一家,全部被泥石流卷走。这是一个历史的警示。

---

① 本文首次提出"传统村落的改造提升,是幸福美丽新村建的成败之举"。为了避免因"传统村落保护"而产生歧义,将"传统村落"改为"旧村",并演变为"把旧村改造作为幸福美丽新村建设的成败之举""建改保结合,以改造为主",得到了四川省委、省政府的采纳,改变了之前突出新村聚居点建设的做法。这是四川省新农村建设思路的大调整,防止了大规模大拆大建。

剪不断的是乡愁

1月29日　腊月二十九　星期三

原定一早就去龙门。临时改变主意，到小时候熟悉的地方走走看看。

（一）

先沿公路徒步去安营重建集中安置点。安营原来是清源乡（现与仁加乡合并为清仁乡）向阳村的一个村民小组，几年前向阳与芦溪合并，现在就属芦溪村了。

路上遇见了十来个30多年前的熟面孔，见面都相互打招呼。他们差不多都能猜出我来，而我却记不起多数人的姓名了，实际上以前也叫不出名。既然相识，确实不好再问对方尊姓大名，尽管聊得很投机。

一位背着年货的二夫子老者，在去安营的岔路口我们就一起走。先问起好几位小学同学，接着把话题转移到他家的情况。谈到建房时，他说，老房子的房顶被地震震垮了，但遇上修大桥拆迁，面积换面积，换了城里120平方的电梯公寓（在建），还得了8万元。说到这里，不难看出，他心里有些乐滋滋的。据说，房子多的人家，一户就换了三四套。

（二）

不知不觉地，我们到了在建的集中安置点。一眼看去，几套轻钢房（保障房）已经全部入住了，30来户砖混结构的重建房已开工，但还没有一户砌完一层。大概是因为忙过年的事，都停工了。仔细看，总体布局和房屋设计都比较合理。依山傍水，选址也挺好。

聚居点中间，过去正好是我上初中时必经的小路。顺着小路的大体位置，走到河边。面向母校的方向，往事历历在目。

初中两年,上学都要从那里过河。冬天走独木桥,夏天涉水,遇洪水只好绕道从县城旁边过石拱桥。一个冬天的早晨,我作为学雷锋小组组长,带头背着一桶自己从山上捡的牛粪到学校,在独木桥上踩虚了脚。幸好,瞬间双手吊在了扶手上。另一个夏天的下午,放学回家,河里涨水,不愿绕道,铤而走险。趟到河中间,水淹过肚脐,脚在水下打飘飘。每每想到此事,都有些后怕。

记忆中最惊险的一幕,还是刚进中学的时候。有一次,和同班同学胥培武一起,在河对面走另一条小路。路过一姓李的家门,一条叫四眼狼的大藏狗冲出来,把我扑倒在地,好在主人家及时赶来。自那以后,我特怕狗。

足足站了一二十分钟,然后去保障房聊天。第一家是一位七十岁上下的五保老人,正在看电视,邻里的两个老年人正同他一起摆龙门阵。老人在"4·20"芦山地震前住侄儿家,做梦也没想过大灾之后还能住上这样两室一厅的"洋房",由衷地感谢党、感谢政府。他还带我看了看房屋后面分给他的菜园子。我对"微田园"情有独钟,建议他们把房前空余的地方也开出来种种菜。

也许是赶进度的原因,屋里边一些地方还有些粗糙。有趣的是,主人家指着不平整的水泥地面,笑着说:"他们怕地面平了让我们老年人脚打滑。"老人家的幽默,把大家都逗笑了。我也笑了,夹着一种酸酸的味道。

保障房建设还有一个问题,就是以村为单位集中建,据说全县都这样。住进保障房的都是老弱病残,这样一集中,生产就不方便了。就在这个点,有一两户就不得不翻山到原来的地方去种地,远点的要走四五里路。想调换土地也难,有的中间还隔着一两个组。

(三)

主人家是安营坝人,我们顺便提到了曾经赫赫有名的私营企业老板李尚富。李尚富正是安营坝人,早先是泥工,当过包工头,20世纪90年代初办石材加工厂。

芦山产花岗石,全国最好的红色花岗石就是芦山的"中国红",号称可与"印度红"媲美。"中国红"这个名字还是80年代中期,时任国务院副总理陈慕华在北京一个展览会上改的,之前叫"芦山红"。邓小平南方谈话后,花岗石、大理石作为建筑装饰材料,一度走俏。芦山、荥经、宝兴、天全、汉源、石棉,都兴起了一大批石材企业。整个雅安号称"石材王国"。每每向客人介绍雅安时,雅安官员们都会自豪地说:"中国的石材看西南,西南看四川,四川看雅安。"

当时搞石材开采、加工、销售的,一下就发起来了。李尚富就是其中最有名的两个人之一。另一名是大板村小板桥组的共产党员竹国张,曾任村支书,办起国张石材厂,还投资 700 多万建国张中学,因此被选为省第六党代会代表,一度成为热点人物。他的经验,据他讲,就是"政治经济学""靠县委政府支持"。李的规模和名气还要大些,他办的华营石材厂,曾进入全国私营企业百强。后来又办华营饭店,还自行设计、投资上亿办拐子沱水电站。当地领导曾在现场称赞:"我们的农民企业家就是不简单,自行设计办电站。"省委两任主要领导曾到过华营石材厂。没过几年,公司垮了,最先就栽在他自己一手设计的拐子沱电站,问题就出在选址和设计上。

华营石材厂最早的名称我已记不清了,后来的全称是华营石材有限责任公司。以前曾听说,最初在取名的时候,李尚富雄心勃勃,取了个"华营石材无限公司"。经相关人士解释,才改成"华营石材有限责任公司"。

李尚富的兴衰是很值得研究的现象,留待以后适当的时候再来分析吧。这里还是听听老者们的说法。几个老人东一句、西一句,都说是管理上的问题。他们有些同情地说,他垮了,"给他管理的人肥了"。同时,听得出老者们心中还有情绪:但是,"一围团转"的人好多都吃了亏。比如,李修祖坟,包括进祖坟的路,大家帮干,说的是要付钱,实际上只吃了一顿饭,一分钱都没拿到。

但是不管怎么看,李尚富是有贡献的。不只对清源乡有贡献,对全芦山、全雅安都有贡献。至少,他带动了一大批人办企业,曾经创造了那么多的就业岗位。

(四)

告别主人家,向河对面的大板村走去。铁索桥这边几十米处,一户人的房子,砖木结构的,建得大,建得漂亮。我刚停下来看,主人家就出来了,非常热情地打招呼。我还是连他的姓都记不起来,也不好意思开口问。

看到我对他们家房子的关注,60 来岁的女主人说,工业园区办厂,想拆他们家的房子。我说现在拆迁是好事,还您房子,厂办起来年轻人还有事做。女主人还是有些担心。她说,老年人能做啥;年轻人没技术也麻烦,地退耕了,田占完了,养猪都没有地方。征地也才 3 万元一亩。

男主人和邻居也热情地过来一起聊。我们坐在路边上,晒着太阳,喝着热茶,谈"古"论今。从农业学大寨、开田改土、修清思堰,谈到包产到户、取消"皇粮国税"、抗震救灾。都说现在党的政策好,"地震是天灾,政府都要拿钱来管"。

男主人还提起了 20 世纪 70 年代借粮的情景。他回忆道:"那个时候,粮食不够吃,年年都要外出借,到柏树也借过。"我家就在柏树,当时叫清源公社芦溪大队柏树生产队。那时,柏树相对来说人少地多,虽然缺大米、小麦、大豆,但玉米还是够的,每年把公粮交清,把口粮分配了,还有余粮。记得每到腊月,就有外地人到队里仓库门前排队借粮。曾经听说,到 80 年代初,全队累计有几万斤借出去的粮没有收回。

说到那一段,年轻人都没有记忆了。一起聊的小伙子属 70 后,刚 40 岁,把话题扯到了外出打工上来。他去甘肃那边打工,一去就是 10 多年了,看样子干得还不错。我称他老板,他不接受,说是自己给自己干。我说,给别人干是打工,给自己干就是老板。

一吹就吹了两个多小时,茶也喝了一大壶。已经是下午四点钟了,想起还没有吃午饭。起身告辞,主人家留吃晚饭,还是坚持离开了。

(五)

过了河就是清仁乡乡政府所在地——大板村。该村重建聚居点就在原来的清源小学前面,建设进度比芦溪村的要快些。正准备进工地时,看见学校门口四个大字:"板桥人家。"出于好奇,我直奔了过去。

走到门口便听到有人招呼。一看,原来是"瞿百万",正和家里人打牌。"瞿百万"的真名叫瞿从全,大板村建国组人,家住清源小学旁,我上中学时他读小学。10 多年前在外打工,买彩票中了 500 万,回家创业,还花钱为学校了修路,当地人称"瞿百万"。"板桥人家"就是他把原清源小学的地盘买下来建的。多年不见了,他非常热情,陪我走了一圈。原来的办公室、老师宿舍、教室都改造成了棋牌室和饭厅。后面还盖起了住宿楼。地震前生意还不错,现在仍在恢复中。

（六）

我的兴趣当然在村庄。学校旁边的山沟里,以前有一个叫"爱国"的生产队。我顺路进去看了看,一直走到沟里头。山上还有一些人家,时间晚了,没有去。沿途可见,道路硬化了,卫生也不错,民风依然淳朴。让我兴奋的是,那里的山水、林盘、村庄太美了,还有上百年的老宅子。走了几家,听得津津有味,就是看不出个门道来,毕竟是外行。遗憾的是,有一家的老四合院,地震后拆了四分之三!另一家的老房子,平时没有人住,破旧不堪,只是每年过年的时候有人回家上几炷香。

竹林深处有人家。返回的时候,快要出村子了,有个热心的中年人见我对老民居感兴趣,主动带我到另一条小山沟的半坡上去,看一栋老房子。满山坡都是退耕还林种下的竹子,密密麻麻的,看样子成林有些年了。顺着林间弯弯的泥土小路,听着村子里一则则的小故事,不到一支烟时间,我们便到了目的地。"看,就这家。"主人家,一位七十多岁的老人,听到我们的声音,便出门迎客。

老人家身体硬扎,热情好客。边向我们讲述着他的家史,边领着我们到房前屋后、屋里屋外转了转。房子面积较大,有几分艺术。据老人回忆,至少建有上百年了。地震的时候,虽然山背后不远就是震中,但是,除屋顶的瓦掉了外,整体结构、墙壁,依然完好。子女不喜欢老屋,都想出去。老人却习惯了,舍不得离开。或许更有意思的是,这里,看不出"现代化"的暴虐,没有钢筋,没有水泥,没有玻璃,没有任何打造过的痕迹。

走访完了,才知道这是地震前雅安市"五十百千"新农村建设工程的一个点,投了500万元打造。当地村民还提到,政府曾经动员他们搬出去,然后引老板开发建别墅。这里的老百姓不愿意。

近几年,我们到各地调研时看到,许多地方,只要找到好资源,或者只要老板看上哪个好地方,就会动员老百姓让出来,给老板开发。我觉得,这是有问题的。为什么当地老百姓就不能分享本来就属于他们的资源?

最苦恼的是市场^①

2月28日　星期五

今天走访产业重建情况。整天都在李伙、张伙、河心转来转去。主要是在田边走访,也进过 3 户村民家聊天。先后接触了 30 来人,多数是老人和妇女。

(一)

本来是了解产业方面的情况,但一开口,村民都会把话题抢过去,接到建房上,而且会有三五个村民闻声而来。他们讲述自己的困难,诉说对前期一些工作的不满,表达对政府的期待。在谈到地方上的一些政策时,一位腿上有残疾的中年妇女举例说:"中央的政策好,但地方上说变就变。

提到安置点建设,多数村民表示,国家要"征地",他们支持;就是标准太低,不过"大家都一样,也没啥话说"。他们希望在建设当中考虑他们的困难,尊重他们的意见。比较集中的想法有四点:一是不要一说就要求先交 10 多万,一下子确实筹不到那么多钱。二是强烈要求自建,自己请人少花钱,家里人也可以做点事,而且有干泥工的。三是请求允许先建一层,以后有条件再修二楼。他们说,有的前几年建新房就把积蓄花光了,借的钱也还没有还清。四是希望县上领导像邛崃那边,想办法再给每家每户补点钱。这些意见,在其他地方走访时都听到过,县乡的同志都知道。

应该说,乡里的考虑也有道理。这事,真还有些纠结。

(二)

回到产业上,除了乡村组干部和外出打过工的人以外,一般都是传统思

---

① 本文压缩后发表在《四川党建(农村版)》2014 年第 5 期。

维。谈到今后的发展,普遍感到茫然、困惑,表示随大流。

最苦恼的是市场。村民都说龙门这个坝子好,"种啥都得行",问题是种来卖给谁。他们说,龙门"就那么大个地方,大家一种就卖不脱"。"运出去呢?"几天前我问过河心一个30多岁的小伙子。他对我说,去成都看过,还专门去过白家市场。他说:"你咋挤得进去?"那"龙头企业进来呢?"我问过村民,得到的反应惊人的一致否定,而且都举出同一家企业,但都叫不出它的名字来。

返回乡上才了解到,村民提到的是重庆乌江榨菜厂,是去年11月以后来芦山龙门乡王家村的,主要是收购原料,就地做一些简单处理。他们经过考察,采取送种子等办法支持农民种娃娃菜,并签订保护价,负责收购。最近《雅安日报》还有专题报道,说王家村人种"金娃娃",每亩比种油菜增收30%,群众高兴。

王家村的群众高兴,但青龙场的高兴不起来。村民们承认公司发了种子,承认公司来收购,承认订了保护价。村民最不满的是价格太低。前段时间,每斤才一角七分五。老百姓算了一下账:种娃娃菜,亩产5000多斤,毛收入875元;近几年油菜籽单价在2.3元－2.8元/斤,按亩产400斤、每斤2.50元计算,收入1000元,再减50斤下来,正好也是875元。老人们还说,种娃娃菜,"你要多背好多背啊"。所以,许多老百姓说起就气。

有趣的是,下午两三点钟,在张伙组,骆子华、张光陈,还有两三个叫不出名的干部站在油菜地中间的村道上,为县上引进的一家猕猴桃加工企业的土地整理项目看地。带着村民的反映,我随便提到娃娃菜的事。

老骆的看法与村民有点不同。他同样通过算账来说话。他说,娃娃菜亩产七八千斤,就是0.175元/斤也比种油菜划算。而且别人还要送种子,现在价格也提到了0.22元/斤。

没等老骆把话说完,老张就打断他的话,重新算了一番账。老张说:"亩产哪里能上七八千斤,一般就是四五千斤。不要说一两块钱一斤,说多了不现实,你起码该给3角吧。就算收入给种油菜差不多,也不划算,因为种油菜用工要少些。"

光陈还当着乡村干部的面讲了两件事。一件是:有一次他背去的800多斤菜,收菜的人先只称出 500 多斤,后来用别的秤重新称了。据说,问题出在公司的秤被拖拉机顶住了。当时发生了争执,还打起赌来。当然,光陈也不认为是有意的。另一件是:有一次收了菜之后不马上付钱,他不答应。老骆不开腔了。

(三)

"娃娃菜"引出的问题,我认为,应当用发展的眼光去看。首先,必须承认,地震之后公司到灾区发展蔬菜基地,是支援灾区恢复重建,是为民之举。其次,看得出公司走的是"公司＋基地＋农户"、"公司＋合作社＋农户"的路子。这样的路子,自 20 世纪 90 年代以来,得到了东西南北各地实践的检验,是成功的,是我国农业现代化的必由之路。第三,娃娃菜问题的关键,在于利益联结机制。公司当然要赚钱、要发展,但必须让老百姓共享、双赢。老百姓活不出来,公司发展就没有根基。

当然,公司刚来,有一个磨合期。不过,现实生活中,很多有眼光的企业,发展之初往往宁可做点牺牲,也要让老百姓有利可图。我相信,公司是会做出明智选择的,从把单价由 0.175 元/斤提到 0.22 元/斤中,已经看到行动。

(四)

一晃,来龙门已经两个半月了。在与村民交流当中,我坚持"三做三不做"。"三做":倾听,再难听的话都坚持听下去,挨几句骂也不在乎,通情才能达理;解释,有针对性地宣传农村政策、重建政策,介绍外地的好经验;分析,认真分析从群众中得到的情况,作为研究工作、提出对策建议的重要依据。"三不做":不争论,村民一时听不进去的,绝不去争来争去,这不只是给别人时间,更重要的是给别人台阶;不表态,也不只是有没有这个权的问题,即使有,也不清楚事情的来龙去脉,管不做自己的嘴就会添乱;更不讨论敏感问题,听是"必须的",说还得看场合、守纪律,即使是听。

现代农业路漫漫①

3月1日　星期六

继续走访产业发展问题。还是往昨天的方向,边走、边看、边聊。

（一）

总的来看,这里的农业仍然是传统农业。传统的农民,主要是老人和中年妇女,靠上一代传下来的经验种地。传统的产业,地退耕了,田里大春种水稻,小春种油菜,零零星星种点蔬菜、苗木,再养一两头猪、几只鸡。传统的耕作,家家户户的农具不外乎锄头、镰刀、背篼、粪桶。传统的规模,以户为单位,多的四五亩地,少的只有几分,一般每亩地毛收入二千七八百元,纯的不过一千六七。

当然,家庭从业结构、收入来源已经有了很大变化。青壮年农民绝大多数外出打工去了,绝大多数家庭的收入主要靠打工。张伙一个三十五六岁的小伙子,在郫县石材工业区打工。据他讲,工资是计件制,月收入高的时候上万元,少的时候也有四五千。干得多的,偶尔飙上一万四五。地震以后,在几个灾区县,我们看到,连一点技术都没有的中老年妇女,就近到工地打杂,一天少不了百十元。越来越多的农民,特别是年轻人,不像以前那样看重土地、珍惜土地了。

但是,说到现代农业,这里的种田人,那些满手茧疤的老农民,面朝黄土背朝天,肩挑背磨一辈子,对那"洋玩意儿",一个字:晕。还是那些不沾泥土、走南闯北的年轻人,开起腔来头头是道。有的甚至扯到了国外:"你看人家美国,

---

① 本文压缩后发表在《四川党建(农村版)》2014年第5期。

全部是机械化,像我们青龙场这个坝子,给人家一个人都不够种。"

(二)

问题是,我们必须面对现实。这几天青龙场的干部群众在产业上谈得比较多的是种猕猴桃。

对他们来讲,猕猴桃并不陌生,以前叫毛梨儿,山上都有,野生的。人工也种植过。记得上个世纪 80 年代后期,我在雅安地委政研室工作,随主任到龙门调研,就见过一位曾任过村干部的老头,种了一片猕猴桃。我们在地里跟他聊了一阵。老人家很风趣,提到有人偷他的幼苗时,笑着对我们说:"那是人家瞧得起我。"他还给我们讲了一些事,比如,老百姓种的玉米有两种,一种是本地玉米,喂出来的猪,肉好吃些,自己用;另一种是杂交玉米,喂的猪是杀来卖的。这两件事给我的印象很深,后来我曾向许多人谈起过,近几年还偶尔提到。估计没种出名堂来,这次来问了好几位同志,都不知道。

龙门猕猴桃产业反映出的,实际上是雅安北部雨城、名山、荥经、天全、芦山、宝兴六个区县在产业发展上的曲折,其教训值得汲取。

我 1986 年上半年从武汉调回雅安,在雅安地委政研室从事调研工作。那时政研室的重点,就在农村改革发展领域。当时雅安地区在调整农业结构、发展多种经营中兴起开发农业热潮,实际上是搞农业综合开发,涉及这些年来大家关心的农业多功能开发问题。种植业上,药材、水果、茶叶、蔬菜、食用菌、林竹都在开发。水果当中,农业专家,包括川农大教授,都主张在北部几个县发展猕猴桃。据说,这些地方海拔 800 米左右的山坡很适合猕猴桃生长。

我也在凑热闹。在武汉的时候,曾买过一本叫《风雨行》的书,是著名学者童大林去新西兰等国考察回来写的,里边就讲了猕猴桃,说是从我国贵州一带引种去的。经过品种改良,取名奇异果,品质好,价格高,很多人种猕猴桃成了百万富翁。看了之后很激动,回到雅安向领导讲,向同事讲,向同学讲。有一次回老家清源乡(现与仁加乡合并为清仁乡)芦溪村。走到向阳坝,碰上小学同学赵昌林,现在的天全县委书记,当时是清原乡招聘干部。他们正在推广柑橘,好像全乡的任务是四五十万株。我向他作了反宣传,建议种猕猴桃。

"说得闹热。"干起来还得摸着石头过河,先试种,再示范推广。记得 20 世纪80年代中期,雅安地区就在雅安市(现在的雨城区)八步乡一带试种猕猴桃。花了不少钱,好像两三年就告失败。原因很简单,苗子出了问题,说的是良种,实际上是实生苗。当年,雅安八个区县,先后推广过柑橘、葡萄、苹果、桃子等,除南部的汉源、石棉县外,都因为土壤、气候的不适,很快就衰了。以柑橘为例,果子越来越小,越来越酸,没人吃。不过以前在芦山县的苗溪农场(已迁到成都市龙泉驿),后来一直在种猕猴桃,主要销往广州、上海,供不应求。但本地干部群众还在"怕井绳"。

应该说,雅安猕猴桃种植比苍溪、都江堰起步早。如果像那些地方一样,今天的雅安北部,包括青龙场,其农业主导产业,很可能是另一番景象。

(三)

亡羊,还可补牢。在农村产业重建中,县上根据实际条件,汲取过去产业发展中的教训,再借他山之石,把猕猴桃作为两大主导产业之一(另一个是茶叶)进行规划。青龙场正是发展猕猴桃的一个重点区域。我看到县上正致力于:园区推动,思延现代农业园区的主要任务之一正是猕猴桃的种植示范和产品加工;龙头带动,引进龙头企业把农民带上农业产业化经营的路子;政策激励,正在研究出台规划区内鼓励千家万户种植的办法;创新驱动,在农村改革上也将有新的尝试。我认为,方向是正确的,路子是对头的,办法也可行。

关键还在沙场见兵。让我们来看看青龙场的村民们怎么想、怎么办? 一提起发展猕猴桃的事,多数村民都知道,都很关注。他们说,政府引老板来了,要租地,正在宣传动员,报名签字,实地察看,快要动土了。大家关心的是:

产业前景问题。张伙、河心的几个老农都说,青龙场土质好,种啥都行。别的地方能把毛梨儿种好,"青龙场还有啥子问题?"技术上,真正发展,肯定有人来指导。但是,大家还是担心。河心一个常在外边跑的年轻人说:"说好肯定好,但是说来说去,说一千道一万,还是要看卖给哪个? 有没有公司来收? 现在外边到处都发展起来了,你还搞得赢人家吗?"他举例说:天全县就种了很多,你看老百姓从天全就摆到飞仙,有几个人买? 一天卖好多钱? 河心的村民也有拿花生来比的。有个老年人算了一笔账:种花生,产量高的400多斤,少的两三百斤。现在15元一斤,前年卖到20元一斤。一年一季,轻轻松松几千元钱。他也指出,花生不能年年在同一块地上种,今年在这块地种,明年就要换到那块地种。

企业经营问题。沿途交谈当中,大家都承认现在不管发展啥子产业,没有企业来不行。"电视上看到人家那些发达地方,农业搞得好,老百姓得实惠,都是有大的龙头企业。但是,我们这些边远山区给人家比不得。"他们举例说,这些年,芦山县也引进过一些龙头企业来,有加工魔芋的,有收购蚕茧的,有杀猪宰鹅的,等等,一开始都干得热闹,没过几年就垮了,老板也跑了。他们希望政府要引进企业,就引进那些实力强、有长远打算、又善于经营的。他们担心"引来的加工企业干不久又垮了,或者老板把国家政策用完、赚了钱就跑了,那老百姓就惨了。你看种魔芋、种山药、养蚕、养鹅的,现在还有哪个去管"。

土地流转问题。听老百姓讲,现在是政府出面动员大家把地让出来,租给企业,每年的租金为 600 斤大米或 1400 元钱,五年以后分 5％的红,十一年后分 30％。在这个问题上,走访的村民中,有三种态度:一种是赞成。河心的骆大爷正在挖地。他放下锄头对我讲,他 76 岁了,老伴长期身体不好,正在成都做手术。三个儿子都在外打工,他在家带孙子读书,还要种地,"早就巴不得企业来租了。"另一种是随大流。多数村民,都说只要别人租出去,自己也愿意跟着租出去。但是,希望租金高点,希望把这一季油菜收了再动或者给点青苗费;也担心企业来把地推平了,以后不干的时候,张三李四扯不清。第三种是反对。李伙有个中年妇女说:"现在一说有好项目要发展就喊我们把地拿出来租给老板,我们农民就不种吗?"

（四）

这样的土地流转,我有些担心。记得 2011 年 7 月下旬,在省社科院和川大举办的农业现代化与粮食安全理论研讨会上,我曾指出土地流转中的"两个热衷于"值得注意:"越来越多的城市工商资本盯住农村,热衷于长期大规模租赁经营农民的承包地,发展设施农业,开发农业的多种功能;与此相应,一些基层的同志急于发展现代农业,热衷于用农村的土地去招商引资,通过工商资本来促进农业的规模经营,建设专业化、标准化、集约化的农业生产基地。"

当时我并没有否认城市工商资本进入农业的积极意义。问题的关键,在于"三农"问题本身的特殊性和复杂性。千万不能忘记,我们要解决的是农业、农村和农民问题,绝不仅仅是农业问题。"两个热衷于"的严重后果,是广大农民在农业现代化进程中出局,成为局外人。我倡导发展适度规模的家庭农场,引导农民走向新型合作。我的观点很快得到高层重视。现在看,仍然有着现实的针对性。

还应当注意到现阶段我国农民工的特殊性。随着我国经济的转型,特别是当新型城镇化达到一定水平以后,还会有那么多适合农民工的工作吗?那么多农民工都能继续在城里干活吗?看看现在大学生的就业难,我们完全可以预料,到一定时候,相当一部分农民工很可能会重新回到农村。如果现在政府简单动员农民把大片大片的土地长期租赁给城市工商资本,一旦农民工返乡,我们来想一想,会出现什么样的情况?

适度不是一个常数①

2014 年 8 月 7 日　星期四

六点钟起床,看了几页张晓山、李周主编的《中国农村发展道路》。吃过早餐,不到 7 点便出门了。大约 9 点钟,支书李爱明追了上来,一定要给我带路。

今天主要熟悉一组和七组。印象深的是:

骗子多,村民有了警惕性。早晨出门的时候,同见面的村民打招呼,有两位中年妇女就是不搭理我。其中一位还像见了仇人似的,马着脸,估计心里火冒三丈。我主动同她们一起帮七组 82 岁的张大爷家刮玉米,她们才慢慢解除警备。后来才知道,前几天刚来了个自称"组织部干部"的年轻人,说是了解农村低收入群体的情况,话说得很好听,结果骗走了主人家几百元钱。说到这件事的时候,老党员"张连长"(七组张永超,参过军,当过民兵连长,大家都叫他"张连长")提起了刚刚接到的手机短信,说有 2000 多万的受贿案涉及他。

地过碎,不便农民耕作。张大爷家,包括他三个儿子,10 多亩地,分别分布在 7 个不同的地方,地块间距离远的超过两公里。"张连长"家五口人的地,20多块。据李支书讲,去年给"张连长"家增加的 2 份地 2 亩多,就多达 11 块。回到住地,给曾大姐聊起这事。曾大姐说她家 5 亩地,有 10 块,其中田 4 块,地 6 块,最大的一块一亩二,"收割机来都不好整"。

我们边聊边议。我向李支书和村民介绍起中江县试点的"小集中"(在村民自愿的基础上,通过互换,把各家的承包地尽可能相对集中在一个地方),他

---

① 我 2014 年 8 月 4 日到三台县永新镇永征村蹲点调研 50 天,主要是专题研究我提出的幸福美丽新村建设"五大行动",即扶贫解困、产业提升、旧村改造、环境整治和文化传承。与之前的蹲点调研一样,白天走访,晚上写日记。本文被四川省走基层办《简报》2014 年第 151 期印发,印发时有删改。

们都说好。当然,做起来也不是件简单的事,但却是推进现代农业建设的一项重要的基础工作。30年前土地承包到户的时候,肥瘦搭配、远近搭配有其合理性,30年后却成了土地适度规模经营、发展现代农业的障碍。一家一户就是那么几亩地,已经超小规模了,还分割成几块、十几块,东一块、西一块,小的小到一两分,怎么适度?现在大家更多的关心引老板来,几百亩、几千亩甚至上万亩的干,却不肯在"小集中"这样的"小玩意儿"上动脑筋,这是有问题的。其实,"小集中"搞好了,正是我们发展家庭农场、培育新型农业经营主体的基础工作。

奇怪的是,一说起家庭农场,有见识的人通常马上想到西欧,几百、上千亩;北美,几千亩、上万亩。其实,我们还应该看看东亚,看看日本,那里的家庭农场也有六七亩的。有资料显示,日本7.5亩以下的家庭农场占20%。这样说,并不是为我们目前的超小规模辩护;而是说,我们必须正视现实,从实际出发,适度规模经营,现代农业还得一步一步地走。何况"适度"并不是一个定数,它是各种因素决定的动态的。法国有法国的适度,美国有美国的适度,日本有日本的适度,我们也应该有我们的适度。而且,不能用今天的适度去衡量昨天的适度,更不能拿去框定明天的适度。

枣熟了,价格一天不如一天。昨天到曾大姐家安顿好,在送老周、晓峰去芦溪镇的路上,看到小贩正在与永征村紧邻的崭山村收购枣子。我们在车上听得很清晰:一块九一斤。今天上午11点左右,我们在一组先后遇到了两个收购枣子的小贩。先看到的是一个大约30来岁的小伙子,装满一小货车,顾不上理睬我们,打燃火就跑了。路上还堆了几塑料袋枣子,看样子,小伙子着急跑是在赶下一趟。枣农说,小伙子出的价在一块五到一块七不等。一位40来岁的女同志见我同李支书一起来,主动告诉我:"这小伙子非对的,来收几年了,我们就认他。别的我们不卖,哪怕他少给角把钱我们也愿卖给他。"继续走约里把路,又看到一个收枣子的摊子。三男一女正忙着在捡枣子,大的、小的分开装。我问:"老板,今天收成多少钱一斤?""一块五六",站在旁边的枣农大户——一个中年男子回答道。我说:"昨天一块九,今天咋才一块五呢?"捡枣子的人回答我:"昨天市场上10元钱3斤,今天10元钱4斤。"我也问过好几位枣农,这几天市场上的枣子多少钱一斤,都说不知道。别说绵阳、成都,就连三台县城的情况都不清楚。

有基础,管理没有跟上去。聚居点,路灯安上了,从来没有亮过,支书说是线路问题,村民说是聋子的耳朵——摆设。花台、草坪,杂草丛生,据说有领导来检查工作时才组织村民除一次草。曾大姐曾在门前花台里种过大豆,被村里推了。我向李支书、张主任和当地老百姓介绍"微田园"的做法,大家都赞成。李支书表示,下来就支持大家干。产业上,枣子生长情况、产出水平相差较大。去年10月,林业部门支持的枣子科技丰产园200亩,送苗子,给劳务补贴,每亩2个工,每个工给50元。没管好,验收不合格,今年4月补栽100亩,涉及一、三、七3个组。我们在现场看到,多数枣苗地里种了玉米,有的苗子已干死,我开玩笑说我们在"发现枣苗"。另有一块荒地,草比枣苗长得好。公共厕所就别提了,外面一看,同城里公园中的不相上下;可一进去,天啦……

村史，耕读文明的故事①

8月9日　星期六

走访4组。路过老组长张福金家，被老张看见了，招呼我进他家坐。

今年63岁的老张，曾先后任村文书和四组组长，去年才调整下来。他回忆说：永征村以前是最穷的村，也是上访出名的村。这些年，修了路、打了井、盖了房、通了气，确实发生了很大的变化。

他家8亩地就有17块，坡地种枣子，今年可望卖二三万元；地震后，享受国家政策，盖了新房，老屋（土坯房）养着几十只鸡，白天放在枣树下，长大就卖，现在每斤12元；儿子长期在外打工，这几天请假回家摘枣；孙儿在镇上念小学，每天来回跑。

正聊得起劲的时候，来了一阵雨，老张的爱人和儿子，还有两位请来摘枣子的老大娘回来了。雨一过，大伙儿又要忙着去摘枣。我起身告辞。

返回的时候，同五组的谢斌夫妇聊了一阵子。谢正当壮年，去年村里换届，任会计。十六七年前，举家搬到长征水库旁，盖起了新房，办起了加工作坊，开起了小卖部。谈到创业经历，谢夫妇俩都有点自豪：他们是最早在水库旁建房的，后来陆续搬来几家。地震后搞新农村建设，挖山、填田，一下就新建了十六七家，旧房子也全部进行了风貌改造。

他们的家业也发生了较大变化。过去来打米磨面的人多，生意还可以。现在来的人少了，生意不好做，老摊子难以为继。好在这几年养了猪，每年出栏百十头，成为全村养猪大户，仅次于外来的绿缘养殖场。而且算得准，没有

---

① 本文被四川省走基层办《简报》2014年第151期印发，有删改。编写村史的建议，后来被写进2015年四川省委一号文件。

亏过。前段时间猪价下滑，正好上半年没有养。现在价格回升，猪儿又长大了。经主人家同意，我走进猪舍，看见一头头架子猪，白皙皙、肥溜溜的。主人家还说，他们主要喂玉米面，肉质好，在三台价格上不去不划算，都拉到绵阳去卖。

老张、小谢，还有这几天走访的村民，都有很多轶闻趣事。那些80多岁的老人，更有着丰富而"稍纵即逝"的人生经历和社会阅历。由此我想，我们的文化传承应当广泛征集故事，特别是抢救老人们的故事，编辑村史。

说到文化传承，一些人通常高谈阔论，谈得玄之又玄，有点妖魔化。其实，文化就在我们身边，发生在每一天，由一个个具体的元素、一组组形象的符号、一串串优美的举止、一则则活生生的故事表现出来。把那些不起眼的小元素、小符号、小举止、小故事汇集起来，编好我们的村史、家史、传奇故事，就能给人以启发，就能形成正能量。这正是文化传承的一项基础性工作。

值得注意的是，文化有时又是一碗迷魂汤；有的人正是通过文化灌输给人洗脑，以达到自己的目的。这是危险的，甚至是可怕的。

业兴，让村民有事干有钱赚

早餐之后，便只身徒步去崭山村。路不熟，边走边问。赵老，一位满头银发的退休教师，从永新镇上把我带到了崭山村口。从永征到崭山，足足走了一个多小时。一进崭山，天蓝地绿，枣熟果红，林海间浮现出一群群灰瓦白墙、别墅式的小楼房，如诗如画。

本来想悄悄地去，悄悄地回，可越走越兴奋，才同镇、村的同志联系。村支书文伯毅，人到中年，话语不多，但精明、务实。我们边看边聊。

崭山村8个组，367户，1387人，人均耕地0.8亩。2013年，农民人均纯收入11300元，高于全省农民人均纯收入平均水平3400多元。收入来源主要靠米枣产业。

米枣是崭山的特色产业，20世纪80年代起步，90年代后期发展加快。现在枣园面积已发展到2600多亩（多数是以前的荒山荒坡），人均枣园近2亩，枣业收入人均七八千元。枣业已经成为崭山村的主导产业、支撑产业，农家乐也有了一两家。在崭山村看到的景象是：家家有枣，人人有业，户户增收，产村相融。打工仔返乡创业，有志者租地种枣，枣农大户枣园面积二三十亩，收入一二十万。

枣业发展带来了村容村貌的巨变。在崭山转了一圈之后，我把它的变化概括为4个全覆盖：枣业全覆盖，楼房全覆盖，基础设施全覆盖，基本公共服务全覆盖。不只覆盖到组，而且覆盖到家家户户。

过两天，镇上将在这里举办米枣节。尽管是民间组织，市场运作，但为了活动的成功，镇上、村上的同志，个个忙得"不亦乐乎"。我到的时候，书记杨兴宽、镇长李智刚刚离开。

我看，崒山是部活教材。在这里，我们可以得到一些有益的启示。去年，省委、省政府提出建设"业兴、家富、人和、村美"的幸福美丽新村，产业先行、产村相融正是建设幸福美丽新村的根本途径。像崒山村这样，因地制宜，"一村一品"，发展特色产业，农民群众才有事干，有钱赚，安居乐业，幸福美满；农村才宜居、宜业、宜游，充满生机和活力。

当然，这部教材还只写出初稿。以崒山米枣产业为例，目前面临的问题是，合作社的作用没有发挥出来，品改还没有走上路子，枣业的多功能还没有体现出来，乡村旅游还没有发展起来，产业的综合效益还有很大空间。重要的是，对这些问题，文支书已经有了一些答案。

新村,再烧一个回锅肉①

8月21日　星期四

与村社干部座谈,参加人员有村支书李爱明、村主任张太忠、村会计谢斌、村计生主任何建琼、三四五组专业组长张永刚。印象深的是:

"年年栽树不见树。"张太忠曾经是镇上的林业员。2003年永征村开始实施退耕还林项目,他带头栽米枣。当年,按退耕还林补助面积计,栽了114亩,实际超过150亩。后来,年年都在栽,其中2006年栽300亩,2009年栽500亩。到2011年,全村枣园面积已达1300亩。去年实施林业部门的科技密植园项目,又成片新栽300亩,因验收不合格,今年上半年又栽200亩,最近又栽了一次。但是,由于价格波动,加之枣园用工多,技术要求高,老百姓有抵触情绪,一栽了事,甚至过几天就把苗拔了。任过多年村会计的新任支书李爱明说:现在全村果园面积最多不超过800亩,见效的只有四五百亩。村里还组织栽过核桃300亩、桃子200亩,都是2011年栽的。现在存活下来的分别只有150亩、30亩。

"再烧一个回锅肉。"永征村原来是一个自然条件差、经济基础薄、发展较滞后的后进村。几天前,四组张福金回忆说,永征村以前是全乡最穷、上访最多的,这些年确实发生了很大变化。座谈时,大家都如数家珍:文化广场、村社道路、污水处理、公共服务、农房建设、风貌改造……新农村示范片建设,国家投到永征村的钱就有850万元。张太忠说:灾后重建、新农村建设,永征村的变化可谓翻天覆地。反映在农民收入上,2007年全村人均才3700元,2011年

---

① 本文被四川省走基层办《简报》2014年第151期,有删改。

超过5000元，2013年达到8600元。同时，大家也看到这些成绩还是初步的，话语中也反映出对国家的依赖。有意味的还是张太忠的话："框架起来了，有骨头没得肉。看今后国家还有没有政策，再给我们烧个回锅肉。"

"都是新农村建设整乱的。"摆谈中，每个同志从不同角度分析了面临的新情况，引出的新问题，产生的新矛盾。其中的焦点，或许可以概括为"两不一欠"：发展不平衡。新农村示范片建设项目，集中在长征水库周围，受益多的是一、二、七组。谢斌说："老百姓说我们永征村是两个村，水库以上是一个，水库以下是一个。"现在六组的人在交水费时就说，新农村建在哪里，你们就到哪里去收。建设不配套。村道、社道硬化了，田间作业道不行。硬件有了，软件跟不上，缺少管理。往来有欠账。大家关心的是村上欠群众的账。前几年村上组织栽枣子、核桃、桃子，这几年组织群众迎接检查搞清洁卫生等，都欠了工钱。

"让老百姓自己来作主。"回顾了这几年的新农村建设情况，分析了问题和矛盾后，李爱明说：新农村建设是老百姓自己的事，但老百姓还是认为是政府在搞。项目建设都是政府规划，政府实施。工程是怎么来的，多少钱，老百姓都不晓得。李爱明强调，应该让老百姓自己来作主，自己去建设。谢斌举例说：新农村示范片建设中实施的"世外桃园"项目，杂草丛生，树子没长好。如果让老百姓自己做主，自己栽，肯定比现在好。

枣业文章还多①

8月24日　星期日

　　昨天约定,今天中午去一组拜访村主任张太忠。去张主任家,走大路,左、右两边都要绕一个大弯。我选了小道,走中间,穿玉米地,钻枣子园。

　　连下了两天雨,乡亲们此时正忙着摘枣子。张主任家有三四亩枣树,他的爱人和儿女又长期在外打工,只有他一个人在家照看。平时忙于村务,种地成了业余。看着枣子一天比一天红,今天终于狠下心来,请人采摘。

　　我不忍心打扰张主任,自己也自由起来了。张主任的邻居张洪兄弟俩正忙着从地里运枣子卖,我便凑了上去。今年枣子的单产比去年略低,但价格还好。这几天正是大规模采摘的时候,单价一般都在1.5元至1.8元之间。好的卖到七八元,低的也是一元一二。枣农们讲,枣价只要上了一元,种枣就比种粮划算。

　　我并不认为现在的枣价就好到哪里去了。从目前水果市场的总体情况来看,我认为,作为原产地的崂山米枣,当下它的产地收购价,应当在3元以上。这个分析,得到了大家的认可,包括一些枣贩子。显然,现在的价还是低了。尽管如此,枣农们也乐坏了。我趁热打铁,同张洪聊起枣业的综合开发、系列开发来。从枣子的生产、管理、营销,到枣园的观光、体验、休闲,大家都很来劲。

　　谈到每年二三月份都有个把月掰枣芽时,我便问枣芽能不能吃。张洪夫妇和在场的村民都说没吃过,不知道。我建议他们试试看。第一,看看有没有毒性。枣子能吃,我想枣芽也应该能吧。第二,看看有什么有益成分。如果有

---

① 本文被四川省走基层办《简报》2014年第151期印发,有删改。

保健等功能,那就正好。第三,看看味道怎么样。怪一点或许更好,现在的人就吃得怪。

见大伙听得入神,我接着说,如果能上餐桌、进茶杯,就能变废为宝,增加收入。张洪今年 45 岁,是个有头脑的生意人,长期带着周围的一帮兄弟在县内搞建筑安装,对生财的事很敏感。他便恳请我留下,晚上再一起好好地聊。永征村不像崥山村那样家家有枣、户户成园,枣园主要集中在一、二、七组。张洪去地里运枣,我就自己钻枣园了。

二组 40 来岁的梁勇,平时在新疆打工,最近请了一个月假回家摘枣。他家不只种自己的地,还替邻居"看管了"好几亩,一共有 12 亩枣园。我到的时候,他刚卖了一车枣子回到地里,同他一起摘枣的有六七人。除一位中年男子外,都是妇女,老的五六十岁,小的 20 多岁。

我把同张洪讨论的问题兜出来,还掐了匹枣叶尝了尝,微苦。梁勇同样感兴趣。我进一步说:如果可吃,有益,可以先送给餐馆,做枣芽汤、枣芽煎蛋、凉拌枣芽、枣芽茶等等。无意间,看见一位年轻女子正用手机镜头对着我,嘴里还反复小声念着"枣芽汤、枣芽蛋……"

与走访三、四、五、六组看到的许多人家人走、楼空、屋旧不一样,一二组一眼就可见三四十家新建和旧貌换新颜的楼房,三五成群,依山傍水,错落有致。或许是因为正是秋收的季节,家家有人住,人人有事忙。

只见两个例外:一位年近 80 岁的张永高,任过生产队队长,自称是"耍哥",每天都到镇上去喝茶。今天一大早就去了,下午五六点钟我才见他回家。他三个娃儿,有一个,小时候就送了人;另两个,都就近盖了新房。他不愿与儿子同住,一个人住破旧的土坯房。另一位老大娘,儿子在海南打工,也住旧房。

让人担忧的是环境卫生问题。对比鲜明的是:山青,水臭。来自江苏,长期住永征一组,在三台做彩钢生意的小伙子,说这里什么都好,就是人畜不分离,咪咪蚊太多,一到晚上就受不了。张洪也承认,这是"最大的问题。"

晚上快 9 点钟,在张洪家吃饭。他请来了一起做生意的老杨,边喝小酒,边接着白天的话题聊。

晚饭后,枣园亮着有些星星点点的灯火。张洪驾起摩托车,把我送回住地。

行动，都是老百姓急需的

步行到永新镇政府与村支部书记座谈。除永征村支书李爱明外，其他 9 人都参加了。李支书不参加是我的建议，因为我们经常在一起，昨天又在永征村座谈了。参加座谈的领导有镇党委书记杨兴宽、镇长李智、副镇长李学忠、县农办副主任江春林。书记、镇长是主动来的。座谈内容是：扶贫解困、产业提升、旧村改造、环境整治、文化传承五大行动符不符合实际？村上有什么打算和建议？

兴宽书记先作介绍，接着我就座谈的意图作出简要说明，然后一个接一个发言。对五大行动，村支书们都对照本村实际进行分析，表示认同。永久村支书谢宗万说："五个行动都符合我们村的实际，都是老百姓很急需的。"

关于扶贫解困行动。支部书记们分析认为，整村整村贫困在永新镇已经不存在了，因疾病、智障、灾害等天灾人祸致贫的，每个村都有，少的六七户，多的一二十户。永乐村支书冯家太说：永乐村就有一二十户，给他补助也建不起房，村上根本解决不了问题。永胜村支书李全安说：他们村上还有十七八户住土坯房，其中有 2 户还是危房。"如果房子垮了，出了人命，我们当干部的根本担不起这个责任。"对扶贫解困的办法，大家建议把重点主要放在贫困户上，根据每户贫困户的具体情况，有针对性地给予支持和帮助。

关于产业提升行动。归纳起来，主要有五点：一是要尊重农民意愿。永连村支书朱宗洪说：永新镇米枣、核桃栽了那么多，保存率到底有多少？关键是老百姓愿不愿意，愿意的就让他去做，不愿意的就把他搁置一下，不能靠政治任务。冯家太也说：主要是示范引领，尊重农民意愿。二是要搞好品种改良。永清村支书苟永奇说：前几年永清村栽了近千亩核桃，是林业部门统一配的苗子,可是一半以上不结果,盆子大的都不结。前年搞嫁接,成活率不到 10%。三是要加强日常管理。谢宗万以核桃为例说:要除草、去杂,每株每年至少花一个工,一亩 33 株要花三四十个工。管得好的,核桃打下来皮都不剥也要卖 10 元/斤,管得不好就成为"生态林"。四是要配套设施建设。苟永奇说:田间作业道是一个问题,走别人的地里过要先征得同意,不同意还不好办。崃山林支书文伯毅拿米枣来说:搞大棚可以延长收获期,延长 10 天单价可以提高 1 元。五是要重视品牌建设。文伯毅建议加大对品牌建设的支持和奖励。

关于旧村改造行动。也有五点:一是不能简单搞集中。冯家太说:村庄改造不能弄到一堆来,承包地远了种地就不方便。永星村支书方兴仁说:把路、水弄通就行了。李全安指出:太分散也有问题,路都不好修。二是关键在农村基础设施建设。文伯毅说:关键是道路、水利等基础设施建设,"前几年硬化的道路,枣子发展起来就不适应了,客商反映路面太窄,错不了车。"冯家太说:最急需的还是解决好路和水的问题。李全安说:红层找水打井起码 50% 以上是失败的,小井 90% 以上都不行,多数都只管半年。三是农房改造要区别对待。方兴仁说:有的建了楼房,有的条件不一样,旧村改造要分类、分档次,分别对待,不能一个样。金瓜村支书李文斌说:可在危房改造上给点补助。四是要加强工程指导和监管。方兴仁说:招投标看起来很好,实际上是层层剥葱,到基层就只剩点心子,最后项目就干成豆腐渣工程。五是发挥村民自治的作用。朱宗洪说:即使是国家给的项目,也要尽可能交给村上、队上去组织,既节约成本又便于管理。

关于环境整治行动。苟永奇说:养殖起来了,环境污染了,治污是村上的头等大事。垃圾清运也是一件大事。李全安说:七八月份,场镇周边的水臭得很。文伯毅说:主要是各个院落的垃圾汇集、处理。冯家太说:对保洁员的务工,垃圾清运等,公共财政应当给一点。

关于文化传承行动。文伯毅说:文化传承也是很好的。苟永奇指出:从国家层面说,文化下乡,搞农家书屋、远程教育、电影放映;站在老百姓角度看,家家都有了电视,还通了网络,有些事情是热情过度了,应该多组织唱歌、跳舞等群众参与性强的文化活动。冯家太建议:以乡(镇)为单位建民俗文化馆。

希望与建议①

9月22日　星期一

上午,到永新镇同镇党委书记杨兴宽交换意见。事前没有预约,我9点钟到的时候,他正在打扫办公室。

我简要谈了三个问题:一是再次说明我们这个组到三台县驻乡进村入户蹲点调研的主要任务,就是围绕新农村建设进行调研和示范。二是回顾在永征村蹲点调研的情况。前一个多个月主要是随机走访,问需于民、问计于民;后半个月紧紧围绕扶贫解困、产业提升、旧村改造、环境整治、文化传承五大行动进行专题座谈。三是谈我对永征村新农村建设的总体印象。通过新农村示范片建设,永征村各项建设长足进步,农村面貌发生了很大变化,群众是满意的。同时也面临不少困难,用老百姓的话说,"架子起来了,有了骨头还需要长肉"。

根据调研情况,我提出了五点建议:一是继续下大力气培育主导产业。米枣产业还在发展的初期阶段,应当防止摇摆。乡村旅游可以在开发好枣业的多种功能的同时,探索一下养老产业。二是加强基础设施的配套。路灯、污水处理、田间作业道、入户路等等。三是重视解决贫困户的住房问题。重点关心支持有特殊困难的家庭。四是切实维护农民群众的合法利益。想办法化解村上对村民的债务。五是切实加强管理。垃圾清运,财务公开,设施维护等等。

兴宽书记在永新镇工作了15年,由一般干部干到镇长、书记,对永新很有感情,把工作想得很细。对我提出的建议,他表示一定认真研究。

---

① 本文被省走基层办《简报》2014年第151期印发,有删改。

　　下午,到芦溪镇同老周、晓峰一起,与镇上座谈。镇上参加的同志有10多位,包括书记、镇长。大家争着发言,既介绍情况,又对具体问题展开讨论。

　　我对芦溪的情况了解不多,在具体问题上没有发言权。只就座谈情况和我们的本职工作,简要谈了三层意思:第一,这次蹲点调研能够顺利完成任务,离不开镇上的大力支持,借此机会表示感谢。第二,大家的发言谈得具体、实在,把问题想得细,对我们很有启发。第三,就新农村建设提出两个方面的建议:

　　关于示范片建设。芦溪镇现在集中抓统筹城乡示范区建设,投入大、变化快。建议:一是在培育新型农业经营主体上下功夫。目前主要引进企业,这只是一种经营主体。新型农业经营主体包括专业大户、家庭农场、农民合作社和农业企业,应当在家庭农场上下功夫,农民合作今后更多是农场主的合作。二是国家的项目资金投入,凡生产性的,应尽可能量化为村集体经济和合作社的股份。为支持企业发展,头三五年可以少分红甚至不分红,但权属必须明确。三是要充分考虑面上的协调发展,防止在区位好的地方过度投入。

　　关于下一步工作。省上提出了扶贫解困、产业提升、旧村改造、环境整治和文化传承五大行动,正在进一步形成方案。扶贫解困,说白了,是要让条件差的地方、困难的群体跟上趟。产业提升,是要推进主导产业的规模化、专业化、标准化、集约化、品牌化,让老百姓有事干、有钱赚。旧村改造,是要把新村建设的重心转过来,突出搞好基础设施建设、公共服务配套和农房的"三建四改",而不是简单地去求新、求大。环境整治行动,落脚点在改善人居环境,切入点在于治理脏乱差。文化传承行动,这也是越来越紧迫的事,还没有真正破题。

　　最后,我就新农村建设中带普遍性的现象,强调一个关键问题,就是如何发挥农民群众的主体作用? 这是个老问题。上个世纪二三十年代的乡建运动,最终流产的一个重要原因是"号称乡村运动而乡村不动",梁漱溟先生称之为"我们的两大难处"之一,另一个是"高谈社会改造而依附政权"。而韩国的"新村运动"之所以成功,至关重要的一点在于培育了"勤勉、自立、合作"的精神,农民的积极性发挥出来了。其实,把我们搞得好的和差的拿来一对比,道理就出来了。在这个问题上，当前应当注意两个防止：一个是防止政府大包大揽、农民"等靠要"；另一个是防止工商资本侵害农民的合法权益，把农民边缘化。

说完之后，看手机，5点59分。

发言

核心提示

●机遇是动态的,往往稍纵即逝;机遇也是共享的,没有谁能垄断它;机遇还是无情的,你远离它,它也疏远你。机遇,同时也是挑战。

●所谓生态化,简单说就是三句话:再造秀美山川,把生态融入经济发展之中,塑造生态文明。

●资本的天性就是追逐利润;而一般情况下,种粮是很难实现利润最大化的。因此,如果放任工商资本下乡经营土地,那么,总有一天我们将付出粮食安全的代价。

●无论独居陋室还是参加集会,无论身处乡间还是置身都市,无论坚守故土还是远走他乡,无论漫步小巷还是行走太空,我们都是我们文化的使者。

●自工业革命以来,就人类与自然的关系来看,人们的发展观或许经历了三次大的转变:第一次,由敬畏自然到征服自然;第二次,由征服自然到对话自然;第三次,由对话自然到尊重自然。

●要问"美丽中国"美在哪里,我会大声说:最美在乡村。乡村之美,美在山水,美在田园,美在淳朴;那是和谐之美,神圣之美……生态化、田园化、诗意化……

●传统城镇化靠着农村,又甩开农村,结果,演变、异化为一波又一波的造城运动,一座座现代化新城崛地而起,看上去真美。农民工用一滴滴汗水,筑起一幢幢高楼,却只能一群群蜗居在简陋的工棚,每天思念着留守在远方的妻儿。

●这样的乡村艺术化,自然带着浓浓乡愁,烙上农耕记忆,体现着农家情趣,充满着乡土气息,承载着乡村价值,寄托着田园梦想,才是真正有着乡村独特"意味"的形式。

●除了转化成经济价值,生态价值还可以转化成社会价值、文化价值、艺术价值等多种价值,而且这些价值之间可以相互转化、相互放大,产生乘数效应。

是机遇也是挑战①

为什么说来一次更大的思想解放是非常紧迫的？对这个问题的回答，离不开我们所处的大背景。对国际国内形势的分析表明，我们既面临新的机遇，又面临新的挑战，如果不迅速扫清"左"的东西，我们还将陷入被动。

第一，千载难逢的发展机遇。

最近一段时间，接连出现了许多十分引人注目的新情况。

香港证券市场发生的"摩根震荡"便是其中一例。去年9月，美国著名证券公司摩根史丹利率领由200名专家和实业家组成的考察团来我国考察投资环境之后，香港股市"牛"气冲天，恒生指数先是越过8000点，接着一举突破9000点。经过短期调整之后，12月10日一跃翻过万点大关，整个香港为之震动。

又一例是，去年11月15日，德国总理科尔率领一支庞大的代表团来我国访问，同我国签署20余项文件，合同金额达16.5亿美元，合作内容包括建设广州地铁和贷款协议书等。此举亦轰动了欧洲，巴黎《欧洲日报》还专门就此发表社论。

---

① 本文是1994年3月6日在原雅安地区地直机关解放思想大会上的发言《来一次更大的思想解放——从南巡以来雅安地区经济建设的深刻变化谈起》的第二部分，标题是编辑时改的。全文讲了"为什么说是非常必要的？""为什么说是非常紧迫的？""怎样掀起更大的思想解放？"三个问题。根据地委主要领导批示，署名在原雅安地委办公室《地办通报》上印发。《地办通报》主要印发地委书记、副书记的重要讲话和重要会议的纪要，县级领导干部的文章也很难上一篇，一个普通工作人员的发言稿在里面单独署名印发，实属例外。

作为文字工作者，我长期工作在幕后，发言的机会很少。或许与此有关，我一直比较怯场，一说发言就心跳加速、手心冒汗，紧张得不得了。后来我强迫自己适应，有时还主动争取机会。我的发言，除了大会安排的以外，多是情景触发、借题发挥、小题大做，在会上拟点子，随机应变，且套话不多、直奔主题，主要谈个人的思考，不人云亦云。收集起来一看，虽然长短不一，但篇篇都有观点、有个性，语言也有点活泼。有一部分发言，会后整理成文，多数发表在省级以上报纸和内部简报，多次获得省部级以上领导包括中央领导批示。收集起来一看，虽然长短不一，但篇篇都有观点，有个性，语言也活泼。

再一例是,去年 11 月中下旬,国家主席江泽民应美国总统克林顿之邀,参加在美国西雅图举行的首次亚太经济合作组织领导人非正式会议,并在会前同克林顿进行了长达 90 分钟的正式会晤。会后,江泽民还访问了巴西等国。这一事件,更是引起世界各国的关注。

这些现象,这些事实,为什么同时发生? 专家们认定,这绝不是偶然的。按照美国专家得出的结论,未来 10 年,中国将是全世界最有钱可赚的地方。

的确,在许多的现象和事实背后,是正在形成的全球新机遇。

放眼看世界,全球新机遇由三大基本要素组成:一是冷战结束,旧的政治关系被新的经济关系所取代,为我们提供了一个相对和平的国际环境;二是世界经济增长的重心转向亚太地区,而高速增长的经济,往往具有更多的投资机会、更大的市场潜力和丰厚的投资回报;三是我国经济在治理整顿之后的持续、快速、健康发展和社会主义市场经济新体制建立的步伐加快。这就构成我们今天面临的新的机遇。这是难得的发展机遇,这是千载难逢的历史性机遇。小平同志高瞻远瞩,一再教导和提醒我们,要抓住机遇。

第二,严峻的挑战。

我们正面临千载难逢的机遇,但不能梦想有了机遇就拥有了一切。

为什么 2000 年奥运会的举办城市被澳大利亚的悉尼夺走?

为什么我们四川被过去基础相当的山东远远地甩在后面?

为什么我们雅安至今还没有一家规范的股份制企业?

是我们没有机遇吗?

实践反复告诫我们:机遇是动态的,往往稍纵即逝;机遇也是共享的,没有谁能垄断它;机遇还是无情的,你远离它,它也疏远你。机遇,同时也是挑战。

当前,从世界范围来看,军备竞赛缓和了,但代之而起的是经济竞争。从国内来看,僵化的计划经济体制正在结束,但随之而来的是日益加剧的市场竞争。国家与国家之间在竞争,地区与地区之间在竞争,企业与企业之间在竞争,人与人之间在竞争。竞争无处不有,无时不在发生。可以说,我们正处在一个竞争的时代,一个经济竞争的时代。竞争就是经济,经济就是竞争。在这样一个时代,竞争特别是经济竞争将最终决定一切:决定你的政治,决定你的文化,决定你的身份,决定你的地位;决定你的过去,决定你的现在,决定你的将来,决定你的将来的将来。不在竞争中站起来,就在竞争中躺下去。因此,小平同志讲,发展才是硬道理,江泽民同志讲,财大才能气粗。

第三,机遇、挑战与我们。

机遇,挑战,竞争,这一切对我们雅安地区来说,究竟意味着什么?大家知道,我们位于川西资源富集地带,我们拥有丰富的自然资源,我们是大熊猫的故乡,是石材王国,是全国十大水电基地之一……富饶的资源是我们在机遇和挑战面前的优势和潜力。我们可以由能源、资源到商品再到市场,把资源优势变成经济优势。

但是,我们更要看到,我们地处山区,地理位置偏僻,经济基础薄弱,人称第三世界的第三世界。尽管这两年我们发展迅猛,发生了一系列深刻的变化,但是,同沿海比,同"一条线"比,同其他发达地区比,我们还存在很大差距。拿我们的县去比,1992年全国已经有190个县财政收入上亿元,高的如广东的顺德,越过了7亿元,而我们呢? 拿我们的乡镇去比,1992年全国有438个乡镇财政收入超过一千万元,高的如顺德的桂州镇,跨过了亿元大关,而我们呢? 拿我们的村去比,都知道南有华西村,北有大邱庄。拿我们的乡镇企业去比,前不久,全省评出乡镇企业100强,我们的乡镇企业榜上无名。

在这样的基础上去争取机遇,在这样的起点上去参与竞争,用这样的实力去迎接挑战,我们必须要有危机感,我们必须要有紧迫感,我们必须要有责任感,我们必须要以更大的胆识、更大的气魄,去冲、去闯,去试、去干。正像地委一再要求、反复强调的那样,不仅要创造性地贯彻执行中央和省上的方针、政策,还要敢于和善于在改革开放和经济发展的实践中,从实际出发,大胆地创造政策。

这是我们使命,这是我们的出路,这是我们的希望。

时代在召唤,时代在催促,时代在逼迫,我们别无选择。

我们必须迅速砸碎一切禁锢我们思想的枷锁,砸碎一切束缚我们手脚的无形的铁链,振作起来,为经济上的马拉松扫清一切路障。

关于生态化的几点思考^①

　　雅安市委在工业化、城镇化、信息化之后,紧接着提出生态化。所谓生态化,简单说就是三句话:再造秀美山川,把生态融入经济发展之中,塑造生态文明。

　　再造秀美山川,这是生态化最基础的一步。工业革命创造了丰富的物质文明,同时也带来了前所未有的危机,包括生态危机。生态破坏、生物多样性减少、环境污染、温室效应、酸雨、臭氧层空洞等等,都严峻地摆在人类面前,有人甚至看到了"寂静的春天""增长的极限"。所以有识之士呼吁:拯救地球!就是要保护生态,让天蓝起来、地绿起来、山青起来、水碧起来、气爽起来。

　　把生态融入经济发展之中,这是生态化能否成功的关键。发展才是硬道理。我们考虑一切问题都必须坚持以经济建设为中心,紧扣发展这个主题。生态化本来就是事关人类生存和发展的重大抉择,所以,我们检验生态化的一个十分重要的标准就是能否消灭贫穷,实现可持续发展。这就要求我们必须把生态化和工业化、城镇化、信息化结合起来,把生态化融入工业化、城镇化、

① 本文是 2001 年 7 月在雅安市社科联座谈会上的发言,全文发表在四川省委办公厅《四川通讯》2001 年第 9 期,修改后以《西部生态化刍议》发表在《人民日报》华东新闻 2002 年 3 月 9 日的"百家谈"。

　　2000 年秋,我主笔起草雅安市第一次党代会报告,把"生态化""美丽新雅安"写进报告,获得通过。之后,对雅安生态,我曾用"天蓝,地绿,山青,水碧,气爽,宜人"六个词描述;在经济生态化路径上,我提出"产业生态化、生态产业化"主张,认为"当务之急"是改造传统产业和发展生态经济。

　　2002 年 6 月,我在撰写雅安市生态经济工作会议文稿时,把生态经济的特点概括为五个方面:一是强调人与自然的亲和,要求人们尊重自然、热爱自然、珍惜自然,与自然和谐。二是强调历史与现实的对话,必须在历史给定的基础和现实提出的问题之间作出选择。三是强调当代与后代的公平,不能以牺牲后代人的利益为代价来换取今天的发展。四是强调产业与生态的相融,实现生态的产业化和产业的生态化。五是强调经济与生态的双赢,在保护生态的基础上加快经济发展。

信息化之中。

塑造生态文明，这是生态化的内在必然，是一种新的更高的境界。正如工业化塑造了工业文明一样，生态化必将塑造与之相应的生态文明。与工业文明不同，生态文明承认人是大自然的一个组成部分，承认"保护动物就是保护人类自己"；要求人们像热爱人类自己一样热爱自然，像珍惜人类自己一样珍惜自然，像保护人类自己一样保护自然，实现人与自然的和谐。

生态化涵盖面很宽，必须找准着力点。因情况的千差万别，着力点因时因地而宜。雅安生态化的着力点在哪里？最近雅安市委提出，要把生态融入经济工作的各个方面。我认为，这就是问题的答案。换句话说，就是要在"融入"上下功夫。

强调"融入"，这是因为雅安的生态不仅有一定基础，还有一定优势。比如，雅安的年降雨量在 1000 毫米以上、森林覆盖率达到 45%、城市空气质量达到国家一级标准。随着"天保"、退耕还林、生态县建设三大生态建设工程的推进，雅安的生态优势将更加凸显。正如去年 6 月朱镕基总理视察雅安时讲的，生态就是雅安的资源，就是雅安的摇钱树，就是雅安的生命线。雅安有条件将生态优势转化为经济优势。

强调"融入"，是因为雅安的生态优势向经济优势的转化刚刚开始。过去相当一个时期内，由于过分陶醉于"石头""木头""水头"开发的短期利益，雅安的绿水青山受到了冷落。真正开始生态觉醒，真正开始认识到生态优势，主要还是西部大开发以来的事情。碧峰峡生态旅游的兴起、大熊猫第二繁殖基地的启动、雅安境内 318 国道沿线污染企业的分步关闭搬迁等等，说明生态经济方兴未艾，"融入"的潜力很大，大有文章可做。

强调"融入"，更因为绿色消费的流行和绿色需求的快速膨胀。随着环保时代、生态时代的到来，发达国家和地区对绿色的追求日益强烈，人们在衣、食、住、行、玩各个方面，都越来越与生态联系起来。以服装为例，有关专家认为，在崇尚自然、保护环境的 21 世纪，生态服装将成为服装发展的潮流。应当顺应时代潮流，抓住绿色机遇，加快生态的"融入"，加速发展特色经济。

把生态融入经济工作的各个方面，从雅安来讲，涉及的方面很多。

比如观念问题。早在 100 多年前,恩格斯在谈到人类对大自然的征服时就告诫我们:"我们不要过分陶醉于我们对大自然的胜利,对于每一次这样的胜利,自然界都报复了我们。"因此,我们认识问题、研究问题、解决问题,都应当问问大自然答不答应,想想在生态上会引起什么后果。

比如载体问题。生态融入经济一定要有载体,没有载体,生态化就化不起来。以生态旅游为例,如果我们不搞好公路等基础设施建设,不搞好服务上的配套,不去对可以转化为旅游资源的生态资源进行创新组合和包装,不去营销,再好的生态资源也不能融入经济、转化为经济、变成经济实力。

比如品牌问题。我们已经进入一个全球一体化背景下的品牌竞争时代,品牌是一个制胜的法宝。要把生态融入经济中去,融出效益,必须重视品牌竞争,打造知名生态品牌。我们有生态优势,应当争创国际品牌。一旦形成一个叫得响的品牌,生态的融入就能因品牌和市场的放大作用,产生新的经济效益。

比如认证问题。当今国际贸易开始进入绿色时代,已有 30 多个国家和地区推行绿色标志制度,环境标准等技术已成为一些国家新的贸易保护武器,不符合环境标准的产品不准进入市场。因此,我们把生态融入经济中,必须通过环境认证取得绿色通行证,形成市场竞争力,以此闯荡国内外市场。

拧成一股绳,拿下李冰杯[①]

会议议程基本结束。所谓"基本",就是由于我的疏漏,会议确定的发言单位荥经县没有发成。责任在我,会后我们将采取适当方式弥补。

这次会议时间短,内容丰富。各区县、各相关部门一定要认真抓好落实。怎样落实?关键是这样四句话、八个字:统筹,抓点,带面,夺杯。

统筹:年末岁初,而且还是"十五"的结束,"十一五"的开始,工作千头万绪。农业产业化、农田水利基本建设、小春田管、禽流感和口蹄疫预防、计划生育、安全生产、先教活动、"十一五"的制定、节日访贫问苦等等,都需要分轻重缓急,通盘考虑,一定要把钢琴弹好。

抓点:典型示范是我们的传统方法,现在仍然行之有效。今年,省上下给我们的有 15 个村,我们市上又初步确定了 3 个示范村,各区县也要确定 1—2 个示范村,这正是我们要抓的点。老办法要与时俱进。抓点一定要有新理念、新思路、新机制、新办法。每个点都要有自己的特色,成为一个亮点,贡献一条经验。

带面:抓点的目的在于带动面上的工作;点不能只是有可观赏性,没有可推广性。今冬明春农田水利基本建设已经开始,这是"十一五"全市农田水利基本建设的序幕和第一战。第一仗,一定要打好;首战,一定要告捷。

夺杯:这是我们农田水利基本建设上水平、上台阶、创品牌的重要平台和载体。省上有李冰杯,已经搞了多年,但我们还没有实现零的突破。据说国家有关部门正在谋划大禹杯。市上从现在起,启动兴农杯。都要奋勇夺杯。明年,我们一定要拧成一股绳,拿下李冰杯!

[①] 本文是 2005 年 12 月 13 日主持雅安市农田水利基本建设工作会的结束语,曾编入《诗意乡村,新时代的乡村艺术化》,四川大学出版社 2020 年 5 月出版。

无论如何,我们一定要通过"统筹、抓点、带面、夺杯",把我们的工作提升到一个新的水平,把我市农田水利基本建设推上一个新的台阶!

把握发展定位，大胆攻坚破难^①

简要谈四点认识。

一、省委九届四次全会提出建设辐射西部、面向全国、融入世界的西部经济发展高地，这是重大战略定位

建设西部经济发展高地，就是要着力打造"一枢纽、三中心、四基地"。具体讲：一是建设贯通南北、连接东西、通江达海的西部综合交通枢纽；二是建设物流、商贸、金融三个中心；三是建设重要战略资源开发、现代加工制造业、科技创新产业化和农产品深加工四大基地。这个定位是一个有机整体，核心在打造枢纽，关键在构建中心，根本在做强基地。

二、我认为，这一战略定位，是省委站在新的历史起点，解放思想，重新审视省情做出的科学决策，非常正确

这样说绝不是出于恭维，而是因为：它符合党的十七大精神；它符合"人口多、底子薄、不平衡、欠发达"这个四川最大的省情；它符合城乡二元结构突出、初级阶段特征更为明显这个四川最大的实际；它更符合 8000 多万四川人民的强烈愿望。应当说，建设西部经济发展高地的战略定位，是解决发展不足、发展水平不高这个四川最大的问题的大战略，是科学发展观在四川的具体而生动的体现。

---

① 本文是 2008 年 4 月 22 日在原省委农办科学发展观学习实践活动学习会上的发言。

三、建设西部经济发展高地,必须从全局出发, 突出重点,攻坚破难,更加注重破解"三农"问题

我省发展的难题较多,但第一难仍然是"三农"问题。难在农业基础脆弱,我们靠天吃饭的命运还没有根本改变;难在人地矛盾尖锐,我们的人均耕地只有 0.67 亩,比国际上公认的警戒线还低 1/6;难在城乡差距拉大,2007 年我们的城乡居民收入差距已经扩大到 3.13∶1;难在反哺能力不强,我们的人均财力只有全国的 1/4 左右;还难在外部竞争加剧,据说德国猪肉进来比我们的还便宜。可以说,"三农"问题不破解,建设西部经济发展高地就难以变成现实。

四、在破解"三农"问题这个难题上,应当从根本上去考虑, 多策配套,务求取得突破性的重大进展

前提是解放思想,崇尚实干,尊重实践,尊重农民群众的首创精神;方向是推进农业现代化、农民新型合作化和城乡一体化,建设社会主义新农村;方针是工业反哺农业、城市支持农村,多予、少取、放活,特别是大幅度增加"三农"投入;关键在创新体制机制,彻底打破城乡二元分割的体制性障碍,统筹城乡发展,这是治本之策。当然还有很多办法,但是,真正做好这四个方面,特别是打破城乡二元分割的体制性障碍,其他问题就会迎刃而解了。

漫话"养成"①

我想就作风养成的"养成"二字谈点体会。

（一）

前不久，在传达学习省纪委四次全会精神时，主任对总书记在中纪委三次全会上提出的"作风养成"作了特别提示，引起我极大的兴趣。在我的印象中，党的领导人在重要讲话里谈"养成"，这可能还是头一回。

今天原原本本阅读总书记的有关论述，对"养成"二字有了一些领悟。总书记在中纪委三次全会讲话的第三部分，五处谈到"作风养成"，而且都是同党性修养并列起来谈，都是提"党性修养和作风养成"。

这里不妨摘几处原文来品味。第一处："把加强领导干部党性修养和作风养成落实到党要管党、从严治党的工作和措施上"；第二处："自觉加强党性修养和作风养成"；第三处："以制度规范党性修养和作风养成的途径和方式"。

一个大国执政党的最高领导，在那样高层次的会议上，在那样重要的讲话中，用那样的分量讲"作风养成"，足见"养成"的重要性。这也正是我选择以"养成"二字谈学习体会的原因所在。

（二）

谈到"养成"，人们自然会产生很多联想……我觉得，作风养成可以概括为四句话：关注过程，注重细节，不要放过八小时以外，贵在持之以恒。

---

① 本文是 2009 年 3 月 16 日在原四川省委农办专题学习会上的即兴发言。改写后，以《漫话"作风养成"》为题，发表在《四川日报》2011 年 10 月 12 日理论创新版，被人民网、中国网、光明网、紫光阁等 50 多家网站转载。

上世纪中叶兴起、风靡全球的目标管理,确实收到了神奇的效果;但是,认真反思,也有不少教训。仔细分析一些腐败案件,问题之一,正在于忽略了对过程的监控。因此,"养成"需要对过程的关注。

"魔鬼就在细节中""细节是魔鬼""细节决定成败",这些都已经成了人们的口头禅。但是,挂在嘴上的东西未必深刻领会,未必付诸行动。细节不仅在一件件事情中起作用,而且,一个个的细节串起来,正是习惯、作风养成的土壤,许多问题正是从细节开始的。

现在,对"八小时以内"的约束多起来了,而"八小时之外"往往成了自由的天地。恰恰在另外的十六小时当中,人们交往的关系更加复杂,个性更加张扬,更容易形成顽疾。一不小心,后悔终身。

问题到此仅仅是个开始。一天两天,十天半月,甚至一年半载,要管好自己并不难;难就难在几十年如一日,由"不自觉"到"自觉",再到"不自觉",进入一个新的境界:"随心所欲,不逾规矩。"

我理解,"养成"至少应当有以上几个方面的内涵。

(三)

知难,行更难。"养成",重在践行。

总书记号召各级领导干部"从自己做起,从身边做起,从点滴做起"。我认为,"三从"至关重要。大量事实警示我们:"自己""身边""点滴",往往成为一些领导干部的盲点,成为问题的"火种"。

"马列主义的手电筒,照人不照己。"一些领导干部对别人要求越来越严,对自己却越来越放纵。李真等仕途看好的官员,要进铁窗,要掉脑袋,就是血的教训。

一些在首脑机关,特别是在领导身边工作的人士,常常抱怨"灯下黑",想发泄的是自己不得志。但换一个角度看,长期"黑灯瞎火"的地方,不出问题才怪。

至于点点滴滴的事,可以从滴水中得到启示。从消极面说,常言道:滴水可以穿石。从积极而看,滴水可以连成涓涓细流,汇成汪洋大海。小事,不可小看。

"三从"看似简单、平凡,实则不然。"三从"做到了,就能逐渐养成良好的作风,最终达到"四得":得到服务对象认可,得到同事认可,得到上级认可,也得到自己的认可。

这里我还想说的是,前三"得"不易,最后一"得"——得到自己认可——也不是一件容易的事。我工龄近 30 年,多数时候是辛辛苦苦走过来的。细想起来,真正让自己认可的事,没有几件。

土地流转中的"两个热衷于"值得注意^①

近年来，随着农村改革的深化，承包地流转增多，土地规模经营扩大。这有利于转变农业发展方式，符合走中国特色农业现代化道路的要求。但是，我们也看到：越来越多的城市工商资本盯住农村，热衷于长期大规模租赁经营农民的承包地，发展设施农业，开发农业的多种功能；与此相应，一些基层的同志急于发展现代农业，热衷于用农村的土地去招商引资，通过工商资本来促进农业的规模经营，建设专业化、标准化、集约化的农业生产基地。我认为，"两个热衷于"的现象，值得高度关注。

当然，我们并不否认城市工商资本进入农业的积极意义。凭借雄厚的资金、技术、人才实力和较高的管理水平，工商资本一旦真心投入农业，就能够迅速提升农业装备水平，扩大农业经营规模，提高农业劳动生产率，增强农业的市场竞争力。现实生活中，我们确实看到，就是在一些比较落后的地区，工商资本也建起了堪与发达地区媲美的现代设施农业。我们也欣喜地看到，一些工商资本进入农业领域后，致力于建立适度规模的高标准示范基地，致力于提供农业的产前、产中和产后服务，带动了农民发展现代农业，带来了农村面貌的变化，呈现出多赢的景象。

问题的关键，在于"三农"问题本身的特殊性和复杂性。千万不能忘记，我们要解决的是农业、农村和农民问题，而绝不仅仅是农业问题。从"三农"问题的高度来看，城市工商资本大量进入农业，直接经营农村土地，其后果将是严重的。最突出的问题是农民的边缘化。我们知道，农民是农业的主体，现代农

---

① 本文是 2011 年 7 月 22 日在四川省社科院和四川大学举办的农业现代化与粮食安全理论研讨会上发言的要点。全文发表在四川省委农工委《农村建设》2011 年第 9 期。扩充稿发表在《农村工作通讯》2015 年第 5 期。

业亦不例外。在我国,农村人多地少、人地矛盾十分尖锐,"三农"问题最敏感地表现为土地问题,这是我们的基本国情,是不争的事实。至少在完成农村劳动力的大规模转移之前,"两个热衷于"如不引起高度重视,任其演绎下去,势必加剧农村的人地矛盾。到一定时候,或许用不了多久,在一些地方就可能看到,一边是农业的现代化,另一边则是农民的边缘化。那样,"三农"的农业问题解决了,最核心的农民问题却留了下来。谁忍心看到那样的局面?

有趣的是,无论学者中间,还是实际工作者里面,都有这样一些人士,他们一边承认人地矛盾,呼吁转移农村富余劳动力;另一边又大谈农村劳动力的"空心化",担心今后谁来种地。我们认为,这种担心是没有必要的。在可预见的将来,"空心化"实际是个伪命题,是传统农业社会的观念所致,只要把我们的农村同发达国家的对比起来就一目了然。进一步看,眼下一些地方农村出现劳动力紧张是好事,正好是推进农业现代化、加快转变农业发展方式的契机。长期以来,我国的农业机械化之所以推动难,难就难在人往哪里去、钱从哪里来。部分农村劳动力开始紧张,表明不机械化不行了。至于钱,随着国家逐年增加补贴,随着相关的机制创新,问题正在逐步缓解。有待研究的是"新生代"农民问题,许多看法只是猜想,下结论为时尚早。

"两个热衷于"的后果,显然不只是农民在农业现代化进程中的边缘化,它还会影响到国家的粮食安全。从表面看上去,目前工商资本下乡经营农业,要么大片大片地发展蔬菜、水果、药材、茶叶、花卉等经济作物,要么建设养猪场、养鸡场、养鱼池发展规模养殖,或者把种养业结合起来发展,还很少看到种植水稻、玉米、小麦等粮食作物的。细想起来,一点也不足怪,资本的天性就是追逐利润;而一般情况下,种粮是很难实现利润最大化的。因此,如果放任工商资本下乡经营土地,那么,总有一天我们将付出粮食安全的代价。由此可见,"两个热衷于"也是不可取的。

其实,即使在许多发达国家,农地农民经营也是一条通行的规则,工商资本想进入农业并不是随随便便的。以人多地少的日本为例,二战以后的历次土地改革,都限制工商资本直接经营农地,直到近年来因农业劳动力老龄化问题日益凸显才有所松动,而且据说他们在一定程度上还是受到我国一些地方工商资本下乡的影响。再看丹麦,他们的现行土地法就规定,农用地只允许农民个人拥有,只有在特殊情况下才允许股份公司介入,更不允许银行和保险公司去买卖。当然,巴西、菲律宾等一些发展中国家,曾经大量依靠强势资本的力量去改造小农。可结果呢? 大批农民成为农业现代化的局外人,不断引发社会矛盾,危机四起,最终受伤的不只是农民。

正视"两个热衷于",必须抓紧研究制定应对之策。比如,从法律和政策上对工商资本进入农业做出明确限制。这主要是国家层面的事,应当像保护基本农田那样保护农民在农业中的主体地位,同时继续鼓励农民向非农产业转移。又比如,引导工商资本从事农业的生产性服务。四川省开展的农业产业化"两个带动",鼓励龙头企业完善机制,带动农民发展现代农业,带动农民持续稳定增收,就值得推广。还比如,支持农民走向新型合作。方兴未艾的农民土地合作社,采取多种合作形式把农民组织起来,就值得鼓励。再比如,提倡农民建立适度规模的家庭农场。以自家的劳动力为主,经营三五十亩耕地,不失为一个积极的发展方向。不管采取什么办法,都必须充分发挥农民的主体作用,让农民在农业现代化进程中充分受益、长期稳定受益。

文化是神奇的力量^①

文化来无影、去无踪，说不清、道不明；但是，它确确实实存在着、活跃着，有着强大的生命力和巨大的影响力。在社会生活中，它无时不有，无处不在，无孔不入，无坚不摧。

的确，我们无时无刻能逃离我们的文化。可以肯定地说，我们在娘胎里就带上了我们文化的基因，一出生就牢牢打上了我们文化的烙印。随着年龄的增长，我们的知识在不断的积累着，经验在不断的丰富着，习俗在不断的养成着，价值观、荣辱观在不断的形成和强化着，一句话，我们越来越有文化。同时，我们的一言一行、一举一动，又在为我们共同的文化大厦添砖加瓦。我们没有须臾能离开我们的文化，我们的文化也没有一刻能扔下我们。一个人的一生是这样，一个群体、一个社会、一个民族也是这样。

的确，我们无处无地能逃离我们的文化。古往今来，四海内外，都不乏这样的人，他们尝试着返璞归真，回归自然，但是，文化总是"阴魂"不散。事实上，无论独居陋室还是参加集会，无论身处乡间还是置身都市，无论坚守故土还是远走他乡，无论漫步小巷还是行走太空，我们都是我们文化的使者。炎黄子孙，不论漂泊到世界的哪一个角落，流淌的都是一样的血，落叶总期盼着归根。犹太民族沦落两千多年，但是，犹太人闯到哪里都是犹太人。我们即使能离开此文化，也躲不了彼文化。人间处处有文化。

的确，文化进入了人类社会的每一个毛孔，融入了人类社会的每一个细胞。这话听起来有点玄，实则不然。不信你看看：翻开孔子，一字一句都闪现

---

① 本文是 2011 年 11 月 13 日在原省委农工委学习党的十七届六中全会精神交流会上的发言，全文发表在原四川省委农工委"四川三农网"，曾编入《艺术化，乡村的未来》，四川大学出版社 2020 年 5 月出版。

出儒家思想的光辉。走进故宫，一砖一瓦都讲述着封建王朝兴衰存亡的故事。周游深圳，一草一木都记录着改革开放的历程。登上长城，你会听到一曲曲中华民族波澜壮阔的壮丽史诗。回到都江堰，你会看到一幕幕农耕文明的鲜活场景。深入我们的内心世界，我们的理想信念无不贴上传统和时代的标识。我们的思维、我们的书写、我们的言谈、我们的举止，都是我们的历史和文化的积淀。

我们更当看到，在人类历史上，战天斗地、抗击重大自然灾害，其背后是文化的力量；在全球化的新时代，经济竞争、科技竞争、军事竞争，其背后是文化的竞争。我们印象至深的是"5·12"汶川特大地震，其破坏性之强、涉及范围之广、救灾难度之大，实属罕见。面对如此巨大的灾害，仅仅两三年时间，我们不仅胜利完成了灾后重建任务，还实现了重灾区的就地起跳。从中，我们看到了一种"万众一心、众志成城，不畏艰险、百折不挠，以人为本、尊重科学"的抗震救灾精神。这正是创造奇迹的力量源泉，也是四川人民奉献的一笔巨大精神财富。有了它，还有什么困难能压倒我们？

此时此刻，我们深切怀念两位学界泰斗：费孝通先生，季羡林先生。他们晚年都致力于文化研究。费老倡导"文化自觉"，提出"各美其美，美人之美，美美与共，天下大同"的设想。季老在对比中国、印度、伊斯兰和欧美四大文化体系之后，作出了"三十年河西三十年河东"的判断，指出："只有中国文化、东方文化可以拯救世界。"重温费老、季老的思索，我们对文化会有新的感悟。

由生态文明想到的①

党的十八大对生态文明建设的论述,读起来既兴奋,又亲切,还有点"想入非非"。

兴　奋

兴奋,是基于一种反思,让我们看到它是科学发展观的深化和升华。

凭借朴素的理解,我们感到,自工业革命以来,就人类与自然的关系来看,人们的发展观或许经历了三次大的转变:

第一次,由敬畏自然到征服自然。从科学革命、工业革命,到信息革命,人类快速走上了现代化的征程,不仅下五洋捉鳖,还上九天揽月,似乎成了大自然的最高统治者。与此同时,也付出了巨大的、难以估量的代价:资源枯竭、环境污染、气候变暖、物种绝灭……其实,早在 100 多年前,恩格斯就告诫人们,我们对大自然的每一次胜利,大自然都报复了我们。

第二次,由征服自然到对话自然。20 世纪中叶以来,有识之士越来越看到了传统工业文明可怕的未来。1961 年,美国著名生物学家卡森发表《寂静的春天》,震撼世界。接着,《增长的极限》《只有一个地球》……不断激起人们对传统发展道路、发展方式的反思。由此,人们逐步改变同自然的关系,提出《21 世纪议程》,寻求可持续发展之路,可谓"对话自然"。

第三次,由对话自然到尊重自然。这就是十七大提出、十八大充分阐述的生态文明建设。十八大报告强调,必须树立尊重自然、顺应自然、保护自然的

---

① 本文是 2012 年 11 月 20 日在原四川省委农工委学习党的十八大精神会议上的即兴发言,发表在《四川党的建设·农村版》2013 年第 3 期,发表时有删改。曾编入《艺术化·乡村的未来》,四川大学出版社 2020 年 5 月出版。

生态文明理念,把生态文明建设融入经济建设、政治建设、文化建设、社会建设各方面和全过程,努力建设美丽中国,走向社会主义生态文明新时代。既是科学发展观的伟大宣言,又是我们全面建成小康社会的行动纲领。

把生态文明建设纳入科学发展观,意味着我们党不仅对民族负责、对当代负责,而且对人类负责、对未来负责。这是崇高的境界,是科学发展观的升华。

亲　切

亲切,是基于一种经历,包含着关于生态化的思考的一些故事。

记得 30 年前选修《生态学基础知识》的时候,就被奇妙的生态现象、生态规律所吸引。西部大开发启动后,利用过去的积累,开始做生态化的思考。世纪之交,参与雅安经济社会发展战略研究,便把生态化同工业化、城镇化、信息化一并提出,并在目标定位上加入"美丽"二字,即"建设富裕文明美丽的新雅安"。

为了探讨"生态化",2001 年 7 月雅安市社科联举办跨越式发展研讨会,我提交了《关于生态化的几点思考》的千字文。文中把生态化概括为"再造秀美山川,把生态融入经济发展之中,塑造生态文明"三句话,并分别作了简要阐述。当时我是这样理解的:

"再造秀美山川,这是生态化最基础的一步……就是要保护生态,让天蓝起来、地绿起来、山青起来、水碧起来、气爽起来。

"把生态融入经济发展之中,这是生态化能否成功的关键……必须把生态化和工业化、城镇化、信息化结合起来,把生态化融入工业化、城镇化、信息化之中。

"塑造生态文明,这是生态化的内在必然,是一种新的更高的境界。正如工业化塑造了工业文明一样,生态化必将塑造与之相应的生态文明。与工业文明不同,生态文明承认人是大自然的一个组成部分,承认'保护动物就是保护人类自己';要求人们像热爱人类自己一样热爱自然,像珍惜人类自己一样珍惜自然,像保护人类自己一样保护自然,实现人与自然的和谐。"

这篇短文,很快全文发表在四川省委办公厅《四川通讯》2001 年第 9 期上。

经修改，以《西部"生态化"雏议》为题，发表在《人民日报》华东新闻 2002 年 3 月 9 日的"百家谈"。同时，对生态化的路径，我曾提出"生态产业化""产业生态化"的主张。

有了这样的心路历程，今天学习十八大对生态文明的精辟论述，倍感亲切，也有点欣慰。

想入非非

想入非非，是基于一种刺激，这是由"美丽中国"四个字引发的。

看看我们四川的新农村建设，特别是新村和新农村综合体建设，要问"美丽中国"美在哪里，我会大声说：最美在乡村。乡村之美，美在山水，美在田园，美在淳朴；那是和谐之美，神圣之美。

这里，请允许我对田园美的一个新兴元素——"微田园"作一点粗浅的分析。

"微田园"，说起来似乎很简单，就是进入新村的农民，在房前屋后、前庭后院和新村内的其他可利用空间，种植瓜果豆菜等农作物，鸡犬之声相闻。

但是，其产生则有一个实践和认识的过程。它源于实践，源于农民在建设美好新家园的实践中的创造，是新村建设实践中的否定之否定。最先，农民的梦想是，把乡下的家园建得像城市一样，让新村像城市一样"洋气"。结果……

很难说绵竹市的清平新农村综合体是"微田园"的发源地，但可以肯定，它是"微田园"的命名地。在建设过程中，清平的老百姓把"小花园"改成"小菜园"，被命名为"微田园"。现在，清平已建有"微田园"约 50 亩，占整个综合体占地面积的三分之一左右，老百姓户户有了自己耕耘的"小菜园"。

实践证明，建设这样的"微田园"，打破了钢筋混凝土崇拜和城市景观崇拜，既有效利用了日益珍贵的土地资源、经济实惠，又富有农村特色、农家情趣，让新村充满了生机和活力，深受老百姓欢迎，成为新村建设的新指向。

有了这样的"微田园"，我们又看到了新村里面独特的田园之美，和谐之美。

目前，各地正在从新村规划入手，总结推广"微田园"建设的经验，推动着新村内部环境的田园化。不远的将来，"微田园"将成为四川普遍而靓丽的乡村景象。

我们坚信，因为生态化、田园化、诗意化的新村，四川的明天更美丽！

梦想，心中的太阳[①]

说到梦想，很多人自然会联想到美国梦。马丁·路德·金的《我有一个梦》、威廉·曼彻斯特的《光荣与梦想》，都给我们留下了深深的印象。

此时此刻，我们说的，当然不是美国梦。我们关心的，是中国梦。和以自由、繁荣标榜的美国梦不同，中国梦是民族复兴之梦，是中国人的梦。

不堪回首的 1840 年，鸦片战争，丧权辱国。有着五千年灿烂文明的泱泱大国，沦为西方列强的半殖民地；拥有四万万优秀儿女的伟大民族，受尽了洋鬼子的屈辱。《南京条约》、火烧圆明园、九一八事变、南京大屠杀，成为中华民族刻骨铭心的集体记忆。

"驱除鞑虏，恢复中华。"从那时起，振兴中华，实现中华民族的伟大复兴，让国家富强、民族振兴、人民幸福，就成为一代又一代中华儿女共同的梦想。凡与民族利益息息相连的炎黄子孙，不论书生还是武夫，不论巾帼还是须眉，不论富贵还是贫贱，不论浪迹天涯还是沦落海角，都为中国梦鼓舞着，激励着。

沉沦与抗争，奋进与崛起，圆梦的路是艰辛的，也是激动人心的。义和团运动，辛亥革命，前仆后继。肩负庄严使命的中国共产党，把马克思主义普遍真理同中国革命的伟大实践结合起来，弘扬中国精神，凝聚中国力量，领导劳苦大众翻身闹革命，让星星之火燎原，拿起大刀向鬼子头上砍去，把帝国主义赶出家门。今天，中华民族不仅站起来了，富起来了，而且正在中国道路上强起来。裂变、潜海、飞天，中国震撼了世界。我们坚信，到建党 100 周年，中国将全面建成小康社会；到建国 100 周年，中国将完成现代化建设的伟大历史使命，建成富强民主文明和谐美丽的现代化国家。

---

① 本文是 2013 年 5 月 21 日在省委农工委"中国梦"学习交流会上的发言，发在"四川三农网"。

作为生在新中国、长在红旗下的新一代中国人,民族的血脉、前辈的血泪、改革的实践,为我编织了一个又一个具体生动的中国梦。曾经,在毛主席万岁的呼声中,我梦想着成为一名解放军战士,不只去解放台湾,还要把美国人民从水深火热中解放出来,让环球同此凉热。曾经,在春光明媚的校园里,我梦想着成为李四光那样的科学家,用知识和智慧,为社会主义"四个现代化"事业添砖加瓦。

如今,走在乡间的小路上,我梦想着,把自己的心血和汗水,浇洒在希望的田野,融入火热的社会主义新农村建设实践,共同去构筑农民幸福生活的美好家园。期盼着,到 2020 年,当四川实现由经济大省到经济强省、总体小康到全面小康"两个历史性跨越"的时候,站在高高的城墙上向四周眺望,处处是幸福美丽乡村。在那里,各民族的村民们,在山水田园间,住着新房子,过着好日子,与城里人分享着蓝天白云、青山绿水、小车芭蕾,还有那淳朴的欢歌笑语。

梦想有着无穷的正能量。带着梦想,40 年前一个冬天的夜晚,夜深人静,头上的棉帽被煤油灯点燃了。带着梦想,20 世纪 90 年代,有一年,365 天当中差不多 30 个晚上,一个人在办公室,通宵达旦爬格子,而且那年的"五·一"、国庆、元旦、大年都是"革命化"的。带着梦想,近几年一头钻进"三农"问题,一份份调研报告、一篇篇送审稿、一个个问题思考、一条条工作建议,得到省委、省政府甚至更高层的采纳,有的还荣登人民网党建频道新闻排行榜榜首。带着梦想,最近几个月,尽管一度望着苍天发呆,还是因为心中的牵挂,一步步从极度的悲伤中走出来。

梦想还让人阳光、快乐、幸福。只要梦想在,就能从平凡的工作中找到乐趣。1999 年 8 月,我向雅安地区文秘人员谈体会时,曾经这样说:"文字工作苦,乐亦无穷。""每当你完成一篇文稿的时候,每当你提出一套方案的时候……自然有一种自我实现的感觉……""即使你把文字工作看成一桩苦差事,也能由苦而乐……当你豁然开朗的时候,当你圆满交卷的时候,当领导拍拍你的肩膀的时候,瞬间如释重负,长长地出一口气,活动活动筋骨,你可以想象其中的滋味。"事实上,当我们完成一项富有挑战性的任务时,都会伴随一种心理学家讲的高峰体验。

再现梦的历程，我感到，梦想是我们心中的太阳，照亮我们前行的路。中国梦一直照亮着中国，照亮着中华民族，照亮着炎黄子孙。我们的人生，将因中国梦而精彩；我们的祖国，将因中国梦而强盛；我们的民族，将因中国梦而走向伟大复兴。

这里，让我们一起高呼：

未来，属于中国！

未来，属于中华民族！

让农民梦想成真[①]

"楼上楼下,电灯电话。"多少年来,一代又一代面朝黄土背朝天的农民,都有着同一个梦想:有朝一日能像城里人那样,过上体面而有尊严的生活。追根溯源,城市化原本就是为着他们而来的。

然而,由于城乡分割,传统城镇化靠着农村,又甩开农村,结果,演变、异化为一波又一波的造城运动,一座座现代化新城崛地而起,看上去真美。农民工用一滴滴汗水,筑起一幢幢高楼,却只能一群群蜗居在简陋的工棚,每天思念着留守在远方的妻儿。反思"物的"城镇化,四川更坚定统筹城乡发展,建设幸福美丽新村,把农民"化"进去。

幸福美丽新村建设是四川新农村建设的新常态,它的提出,有一个实践认识的过程。

首先应当肯定,前些年四川的新农村建设是卓有成效的。特别是总结"5·12"汶川地震灾后重建经验,走出了产村相融、成片推进的新路子。走进四川农村,您会看到,特色产业形成规模、农民收入五年翻番、公共服务进村入户、村容村貌焕然一新、农村社会和谐稳定,农民是满意的。

同时也会看到新的问题和挑战,比如:二元化,同在一个村,有的像欧洲,有的像非洲;去农化,有的搞得城不像城、村不像村;边缘化,有的地方政府大包大揽,工商资本强势进入,农民成了旁观者;空心化,不少村子"老人多、娃儿多、空房多、狗多、草多";荒漠化,传统文化断裂,现代文明之风又没有吹进去。这些,像专家们说的"乡村病",与"物的"城镇化相关联。

党的十八大以来,根据习总书记的系列重要讲话精神,特别是关于新型城

---

① 本文是 2015 年 4 月 22 日在新华网四川频道举办的新型城镇化与新农村建设论坛上的演讲,原题为《让农民梦想成真——漫谈四川幸福美丽新村建设》。

镇化和新农村建设的精辟论述,总结过去多年的实践,四川对新农村建设进行了新的思考。

2013 年 5 月,省委十届三次全会作出"三大战略""两个跨越"的重大部署,更加重视城乡统筹。6 月,召开新农村建设现场会,省委分管领导提出建设幸福美丽新村。9 月,省委、省政府出台《关于建设幸福美丽新村的意见》。10月,省委主要领导到川东北片区农村调研,提出全面建设幸福美丽新村。

之后,省委把建设幸福美丽新村写进全面深化改革的决定,并先后召开了推进幸福美丽新村建设专题会议和流动现场会。2014 年 12 月,省委、省政府形成了《四川省幸福美丽新村建设行动方案(2014—2020 年)》,进一步明确了工作目标,重申了指导原则,提出了建设标准,突出了建设重点,强化了保障措施。

目前,幸福美丽新村建设作为四川新型城镇化的重要组成,已在全省上下形成共识,正在各地全面展开。据初步统计,有 3788 个村达到了建设标准。

四川的幸福美丽新村建设已经形成了一整套东西,其基本要求是:业兴,家富,人和,村美。

业兴,这是基础。发展一村一品,推动农业产业化发展,促进农旅结合,实现一、二、三产业融合互动,把产业发展起来,让农民拥有创业就业、增收致富的主导产业,使主导产业成为农民家庭收入的重要来源。农民有事干有钱赚,才能安居乐业。

家富,这是根本。农民收入水平和生活水平显著提高,达到全面小康社会标准。而且强调共同富裕,缩小农户间的差距,缩小城乡间的差距,让农民都"住上好房子,过上好日子"。农民最大的愿望还是发家致富,过上城里人那样的生活。

人和,这是关键。农民人人享受基本公共服务,实现"学有所教、劳有所得、病有所医、老有所养、住有所居";公共秩序良好,家庭和好、邻里和睦、社会和谐。"家和万事兴",凡建设得好的地方,村民都养成了好习惯,形成了好风气。

村美,这是形象。以文化为魂,体现生态美、村容美、庭院美、乡风美、生活美,充分展示民族文化、地域文化、农耕文化、山水生态和田园风光。各美其美,农村才充满生机和魅力,才能成为农民幸福生活的家园、市民休闲度假的乐园。

据此,省里提出了一套阶段性的简易工作指标,只有 6 项,分别是收入、产业、住房、服务、环境和文化。当然,只反映了现阶段农民群众关注的一些主要的、可以量化的内容,在全面性、系统性甚至重要性方面肯定会有局限。

按照省委、省政府的部署,到 2020 年,全面完成农村危房改造任务;全面完成新村建设历史性任务,"新建、改造、保护"覆盖全省所有行政村;建成幸福美丽乡村 3 万个,力争 3.5 万个,占全省行政村的 80% 以上,全省农村基本达到"业兴、家富、人和、村美"的建设目标。

也就是说,当我国实现伟大中国梦第一个百年目标的时候,四川将有 3 万—3.5 万个行政村跨入幸福美丽新村行列。

为加快推进幸福美丽新村建设,四川实施了扶贫解困、产业提升、旧村改造、环境整治和文化传承五大行动。

扶贫解困行动。全省还有 500 万贫困人口,集中在秦巴山、乌蒙山、川西北高原和大小凉山"四大片区"。省里提出,要把扶贫解困作为新村建设的首要任务。扶贫解困行动是要以"四大片区"为主战场,攻坚破难。要分类推进彝家新寨、藏民新居、巴山新居、乌蒙新村"四大新村"建设;统筹实施农村危房改造;创新探索农村廉租房建设。

产业提升行动。四川农业基地初具规模,但经营粗放,竞争力不强。产业提升行动是要调整产业结构,创新农业经营体系,发展适度规模经营,推动传统农业向现代农业跨越。要推进规模化,培育新型经营主体;推进机械化,提高劳动生产率;推进信息化,实现消费导向;推进品牌化,提高市场占有率;推进多功能化,促进一、二、三产业融合。

旧村改造行动。前几年,因为"5·12"重建、牧民定居等,强调新建聚居点。现在,牧民定居、灾后重建等任务已经或基本完成。根据新的情况,省里提出,要把旧村改造作为幸福美丽新村建设的成败之举。旧村改造行动是以行政村为单位,加快改造旧村落。要推进基础设施进村入户,建设"1+6"公共服务体系,实施旧院落"三建四改"。

环境整治行动。现在的农村,山青了,看得;水臭了,闻不得。老百姓说,这是当前最突出的问题。环境整治行动是要以绿化、净化、美化为追求,由治理脏乱差入手,加快改善农村人居环境,建设农村生态文明,提高农村居民生活质量。包括治理农业面源污染,梳理沟渠堰塘,搞好院落整治,建设"微田园",搞好农村生态细胞创建。

文化传承行动。文化是新农村建设的灵魂,但是很多地方重视不够,出现断裂。文化传承行动是要挖掘文化底蕴,传承耕读文明,繁荣农村文化。这就要求把耕读文明的元素、符号和故事,融入幸福美丽新村建设各个环节、各个方面。包括名镇名村及传统村落民居的保护开发,本乡本土传统文化的弘扬,幸福美丽新村文化院坝的创建。

实施五大行动,推动幸福美丽新村建设,需要在实践中把握规律,讲究科学,全面动员,形成合力。

把握规律性,起码要把握好村庄演进规律。习总书记多次谈到村庄演进规律、乡村发展规律。村庄演进有哪些规律? 我想了六条:互动律,主要指村庄与城镇互动;融合律,主要指村庄与产业融合;和谐律,主要指村庄与自然环境和谐;差异律,主要指村庄与村庄差异化;传承律,主要指历史文化传承;自治律,主要反映村庄与政府的关系。

讲究科学性,前提是搞好乡村建设规划。规划先行是一条基本的经验。省上制定了幸福美丽新村建设规划编制办法和技术导则。实践中需要回答好四个问题:为何规划? 规划水平决定建设水平;怎样规划? 坚持高标准,强调统筹,注重特色;谁来规划? 让农民参与全过程,防止长官意志和技术专政;如何实施? 照图施工,一张图纸绘到底。

强化主体性,就是要发挥农民主体作用。要尊重,充分尊重农民意愿;引导,包括教育、规划和试点示范;激励,在于制定符合市场经济法则的政策;支持,提供基础设施和公共服务;组织,加强组织建设,完善村民自治,发展合作组织;维护,维护农民的土地承包经营权、宅基地使用权和集体收益分配权。关键是尊重农民意愿,维护农民权益。

体现多元性,主要是多渠道增加投入。政府,必须增加基础设施和公共服务投入,而且要注重公平、雪中送炭;农民,建新房一般少不了一二十万,改造起码一两万;企业,正在以多种投资方式参与农村生产生活设施建设;金融,这是个老大难的问题,融资难、贷款难仍然困扰着农村。各方面都关注的是,如何鼓励工商资本参与农村建设。

注重协同性,在于创新推进工作机制。幸福美丽新村建设需要把各级各方面的力量激发出来,整合起来。主要是:实行目标管理,不仅要有年度工作目标,还应有中长期建设发展目标;形成部门合力,相关部门、单位各司其职;促进上下联动,省市县直到乡村,分级负责;坚持动态管理,重大建设项目应竞争入围,全程监督,优胜劣汰。

回过头看,四川幸福美丽新村建设正在呈现出新的特点:比如,把新村建设融入城镇化,着力推进城乡一体化发展;把扶贫解困作为重中之重,形成了四大新村建设模式;把旧村改造作为成败之举,宜建则建、宜改则改、宜保必保;把产村相融作为基本路径,农村一、二、三产业融合发展,乡村旅游蓬勃兴起。

可以说,幸福美丽新村建好了,现代文明就能辐射到农村,促进城乡一体化,留守的农民就能就地就近城镇化了。让千千万万农民梦想成真,这,正是"人的"城镇化的题中之义。

对农业供给侧结构性改革的建议①

结合工作中的所见、所闻、所思、所困,从政策角度提几点建议。

一、自觉肩负一项重大历史使命:推进农业大省向农业强省跨越。这是党中央赋予四川的新使命。这让我想起一些事来。2006 年底 2007 年初,省委农办(后改为省委农工委)在编制新农村建设总体规划时,我作为主要编制人员,曾提出包括"农业大省向农业强省跨越"的"四个跨越"。省委常委会通过了,发文前因省委提出农业、工业、旅游、文化"四个跨越",为避免误会,在正式印发的《四川省新农村建设总体规划纲要(2016 年—2020 年)》中只保留了"传统农业向现代农业跨越"。2011 年 12 月中旬至 2012 年 1 月上旬,我又独立承担四川第省十次党代会筹备组安排给省委农工委的"农业和农村经济发展"课题研究任务,在我撰写的《探索农业现代化新路 建设特色农业强省——四川农业农村改革发展研究》报告中,再次提出"促进传统农业向现代农业跨越、农业大省向农业强省跨越,为建设全国经济强省作出新贡献",并构想通过五年奋斗"初步建成特色农业强省"。相应从路径上提出了走互动发展之路、内涵发展之路、特色发展之路、绿色发展之路、民本发展之路和跨越发展之路,从制度创新和技术创新方面提出了五条保障措施。可惜未形成共识。现在我认为,农业大省向农业强省跨越,不能简单讲总量、看排位,应当更加注重基础性、根本性、综合性和影响力。至少应当实现三个化:一是农业现代化,这是基础和根本;二是城乡一体化,这是重要目标;三是环境生态化,这是底线,不仅不能

---

① 本文是 2017 年 4 月 7 日在四川省社科院农业供给侧结构性改革座谈会上的即兴发言《对农业供给侧结构性改革的五点建议》的第一点、二点和五点,提出的"新'三品'战略"等有超前性。删除的第三点、第四点分别是"坚持产村相融建设幸福美丽新村:农业供给侧结构性改革不能把新农村建设甩在一边"和"高度重视田园综合体建设:抓紧组织开展一批试点示范"。全文缩写稿发表在《四川农村日报》2017 年 7 月 19 日第 5 版。

以牺牲生态环境为代价,还要把环境转化为竞争力。实现了这三个化,我们才能完成农业大省向农业强省跨越。

二、实施农业新"三品"战略:优化品种,提升品质,打响品牌。四川是天府之国,农业生产条件优越,川猪、川茶、川药、川果等特色产品、名优产品多,我们通称"川字号"农产品,这是我们的金字招牌,问题是没有打响,在市场上不起眼。我们应当深刻反思,抓紧对"川字号"农产品进行全面系统深入的专题研究,从国际、国内、西部等不同层面和角度对其市场竞争力进行分析,并弄清楚生产上的原产地域、适宜区域,特别是最佳适宜区。在此基础上,编制四川省"川字号"农产品中长期发展规划,制定相应的配套政策。应打好绿色、特色"双色"牌,提升农产品内在的品质。当今消费市场,绿色是卖点,特色是竞争力。几年前,我就在一些场合呼吁打"双色"牌,但人微言轻。应加强品牌建设,搞好品牌策划、管理和宣传,让"川字号"品牌深入消费者的心中。这些年很多人开始觉醒了,也做了一些工作,但仍然是我们的薄弱环节。我们的东西,别人一贴牌就变成人家的了。最近我去一个地方调研,在一片某种特色水果的原产地也是最适宜的区域,看到当地引进的一家为国外饮料公司提供浓缩果汁的加工企业,正在规划建设生产基地,目标是把那片地都拿下来。当时我就同相关同志进行了切磋,提出了一些具体的工作建议。农业强省,必须要有一大批响当当的农产品品牌。我认为,现在尤其要防止一些外来中间产品加工企业,把我们那些特色优势产品的原产地和最佳适宜区,改造成域外特别是国外品牌的原料供给基地。不然,很可能别人把我们卖了,我们还跑去虔诚地给人家烧高香。

三、在结构背后的结构上下刀:按照供给侧结构性改革的要求,对这些年四川的农村改革进行系统反思。我省农村改革确实进行了很多探索,创造了不少经验。当然,既然是探索,未必项项都能符合农业供给侧结构性改革的要求。举几个小例子。一个是土地流转中的"两个热衷于"问题。2011年7月,我在省社科院和四川大学举办的一个关于现代农业的研讨会上,指出越来越多的工商资本热衷于长期大规模租赁农民的承包地,一些基层的同志热衷于用农村的土地去招商引资,我认为这"两个热衷于"值得注意。当时我还提出了一些具体的建议，如支持农民走新型合作的道路，提倡发展三五十亩的家庭农场等。会后写成千字文，很快引起了高层领导重视。现在看，"两个热衷于"确实带来了不少问题。工商资本下乡值得鼓励，问题是要考虑好去干什么。针对这方面的问题，建议实施新型农业经营主体和服务主体培育行动，实施新型职业农民培训工程，总结推广内江市农村家庭能人培养计划。另一个是土地"小集中"。我最先是在中江县听到的，2014年9月到三台县农村蹲点调研，感到这件事不可小视，是推进适度规模经营的基础性工作，主张在承包地确权登记颁证之前，通过农民自愿推一推。这同今年中央1号文件精神非常一致，可惜没有引起重视。再一个是农业部门自身建设的专业化问题。表现出来的是，农村政策研究部门理论功底和政策功力不深，口号化和随意性的东西比较多，提出的政策措施相互打架。本来四川"三农"研究成果不少，问题是不能及时转化成为指导农村改革发展的政策措施。

田园综合体让乡村更美好^①

中央把田园综合体写进 1 号文件,这是农业供给侧结构性改革的突出亮点,有利于形成城乡一体化发展新格局。

田园综合体,怎么看、怎么建?见仁见智。我认为,它是循环农业、创意农业、农事体验和田园社区四位一体,具备农业生产、文明生活、休闲旅游和综合服务等多种功能,宜居宜业宜游的美丽乡村新形态。

四位一体,循环农业是基础。它利用物质循环再生原理和多层次利用技术,实现资源利用最大化、废气污染最小化。创意农业是关键。它将农业的产前、产中、产后环节连结为完整的产业链条,将农产品与文化、艺术结合起来,促进产业融合发展。农事体验是活力。它将农业生产、农耕文化和农家生活变成商品,让市民身临其境体验农业,形成新的业态。田园社区不可少。除了留住原住民,还会带来创业、生活、养老的新村民,吸引观光、休闲、体验、度假的游客们。

无疑,田园综合体有自身鲜明的特征。与普通美丽乡村相比,在于一个"融"字。农村一产业与二三产业的融合,形成观光农业、休闲农业、农事体验

---

① 本文是 2017 年 8 月 30 日在四川省委宣传部、中共四川省委党校、四川省教育厅、四川省社会科学界联合会和四川省社会科学院联合举办的"四川省贯彻落实'四个全面'战略布局研讨会"上的大会交流发言,我的入选论文《关于田园综合体建设的初步思考》编入了会议文集。

那次研讨会是四川省委迎接党的十九大的系列活动之一,分系统在全省范围,包括国家驻川单位、央企、高校、科研单位,广泛组织征文。经过层层筛选推荐,最后入选的论文共 80 来篇。选择在大会上交流发言的,只有 16 篇,市州 5 篇、省直机关 2 篇、高校和科研单位等 8 篇。

本文主要观点曾以《循环、创意、体验、社区四位一体——一个美丽乡村工作者眼中的田园综合体》为题于 2017 年 6 月 5 日发表新华网,以《一位美丽乡村工作者眼中的田园综合体》为题发表在《新城乡》2017 年第 7 期,改写为《关于田园综合体建设的思考与建议》于 2018 年 8 月初提交原四川省委农工委,被中国农村网、中国乡村发现等转载。

等新产业、新业态；现代农业科技与艺术、文化、田园的融合，形成农村经济社会发展的新构架；城市文明与传统乡村的融合，形成城乡一体化发展的新格局；原住民与新村民的融合，形成多元互动的新型农村社区。正是多方面的融合，使田园综合体成为美丽乡村的高级形态。与城市综合体相比，在于一个"农"字。它以农业为产业基础、农民为建设主体、农村为广阔天地。

进一步看，田园综合体能得到理论的支持。比如，城乡融合论，认为城乡一般由同一到对立、最终走向融合，这种融合将迸发出新希望、新生活、新文明。田园综合体正是一种新的希望。农业多功能论，指出现代农业不仅提供产品、增加就业，还有文化传承、观光休闲、生态保育等多种功能。这正是培育新业态的基础。乡村价值论，发现乡村在生产、生活、文化、环境等多方面，都有不可替代的价值，城市和乡村交相辉映。田园综合体正好把城乡各自的价值统一起来了。近几年，有人提出"新田园主义"，这对田园综合体建设也有启迪。

基于以上理解，试提出田园综合体一体一魂两翼构想：田园为载体，文化为灵魂，科技和艺术为两翼。田园，包括山水林田湖草，是一个生命共同体，田园综合体的生产、生活都在广阔的田园展开。文化，主要指源远流长且富有地域特色和民族特色的农耕文化，田园综合体建设必须挖掘本乡本土带着泥土味的农耕文化底蕴，把它融入每一个方面、每一个环节，记住乡愁。科技的力量已经是共识，既要追求先进，也要兼顾适用。艺术，在于使农业景观化、村落景区化，满足人们的审美需求，这将成为田园综合体的核心竞争力。

如果这样的认识成立，那么，幸福美丽新村建设已经为建设田园综合体奠定了基础。与田园综合体相似的是新农村综合体。成都幸福田园，同被称为第一个田园综合体的无锡田园东方相比，都借鉴了城市综合体的理念，综合了农业、文旅和社区建设，是综合性建设模式；都注重培育新业态，乡村旅游成为主导产业；都体现了城乡一体化发展要求，既把城市的公共服务、文明生活延伸到了农村，又保护了乡村的自然生态、田园风光和农耕文化。不同的是，田园东方是企业建设的，幸福田园则是农民自主发起、自主建设、自主管理。

当前，四川正在向农业强省跨越，建设田园综合体正当其时。应当在扎实推进幸福美丽新村建设的基础上,依托新农村综合体,做好五件事:一是积极开展试点探索,组织好国家和省级试点,可进行市级试点。二是做好融合这篇文章,促进产业融合、城乡融合。三是在特色上下硬功夫,展示地域的、民族的、文化的特色。四是发挥农民主体作用,培育新型集体经济和农民综合合作社,把农民组织起来,同时鼓励各种社会力量有序参与。五是坚守法律政策底线,防止非农化,防止大拆大建,防止集体资产被外来资本控制,严禁搞房地产开发。

闭目遐想,一幅田园综合体的美妙画卷,正在蓝天白云下,徐徐展开:那是农民的新家园,市民的桃花源!

推动乡村人才振兴的思考与建议①

人才兴,则乡村兴。现在面临的严峻现实是"三留守",人才匮乏成为突出瓶颈;瓶颈不打破,人才跟不上,乡村振兴将举步维艰。乡村人才振兴,就是要面对现实、问题导向,把农村人力资本开发放在首要位置,育用引结合,政策激励、投入保障、组织协调多管齐下,形成一支以留得住能战斗带不走的本土人才为主体,数量足够、结构合理、分布适宜的乡村人才队伍,并激励他们用其所长、尽其所能,在乡村振兴大舞台上充分施展才华。

这绝非一日之功。现实而紧迫的选择是,围绕乡村振兴念好用、育、强、招、请、借"六字经"。

用,抓紧把能工巧匠用起来。农村能工巧匠过去习惯上叫"五匠",泛指木匠、瓦匠、石匠、铁匠、铜匠、漆匠、皮匠、篾匠、钟表匠、染坊匠等等,现在一些地方评的各种文化传人、手工艺大师正是他们中的典型代表。这些人不仅有一技之长,而且有一种工匠精神,有的身怀绝技,一辈子做一门手艺,凭借一种绝技闯荡天涯。在不少人的眼里,随着技术的进步,老艺人不中用了。但是,人们对美好生活的向往,人们多样化、个性化、体验化的追求,让那些积淀着深厚民族文化、代表着独特民间艺术的传统工艺弥足珍贵。应当摸底、抢救、保护、传承,把乡村能工巧匠们挖掘出来,转化为乡村振兴的文化资源和产业优势。

育,抓紧把职业农民培养起来。农民职业化是农业现代化的内在要求和重要标志,在一些发达国家当农民是要经过专门的职业教育并获得资格证书的。乡村振兴必须顺应农业农村现代化的要求,大力培育爱农业、懂技术、善

① 本文是 2018 年 8 月 19 日四川省社科院、四川乡村振兴智库在绵竹市举办的转型区乡村振兴学术峰会分论坛发言,以《念好"六字经"推动乡村人才振兴》为题发表在《农民日报》2018 年 9 月 1 日第 3 版,《中国食品》2018 年第 18 期转载。

经营的新型职业农民,逐步实现农民由身份向职业的转变。成都市培育农业职业经理人、内江市培养农村家庭能人、德阳市创办乡村振兴农民大学,都是有益的探索创新,已经见到实效。应当总结行之有效的做法,支持各地从实际出发,围绕乡村全面振兴特别是特色产业发展,整合资源,培育能够在市场经济大海中搏击的各种乡村创业之星和技术能手,让他们在乡村振兴实践中成长,并发挥示范带动作用。

强,抓紧把乡村干部强化起来。乡村干部是最基层、最直接的乡村振兴组织者、指挥员、带头人,他们的素质、能力和实干精神越来越重要,一个优秀的村支部书记不仅带领一村发展,还会影响带动一方走上致富之路。乡村人才振兴,必须在强素质上下功夫,采取多种形式培养造就千千万万适应乡村振兴要求的乡村干部。应当根据乡村干部的实际情况,分片区、分层次、分类别,大规模组织乡村干部素质教育和能力培训;鼓励支持年轻乡村干部参加学历教育,学习专业知识,成为乡村发展的行家里手。更重要的是,制定激励政策、完善考评机制,鼓励乡村干部大胆实践,在乡村振兴的大舞台上积累经验,增长才干,大显身手。

招,抓紧把新乡贤们招引回来。过去,一批又一批年轻人,通过上学、参军、打工、经商等多种途径离开农村,成为公务员、教师、医生、研究人员、管理人员、商界成功人士。近年来,一部分已经陆续退休。他们带着家乡情怀,关心家乡建设,或出谋献策,或协助治理,或参与项目,发挥了特殊作用,引起社会关注,人们称他们新乡贤。蓬溪县常乐镇拱市村支部书记蒋乙嘉,就是一个典型代表。他们有新知识、新技能、新视野、新境界,在村民眼里是自己人,在党委政府眼中又是明白人。应想方设法把他们招回来,鼓励支持他们传播新思想、新文化、新知识,以各种方式参与家乡建设和治理,在乡村振兴中发挥引领作用。

请,抓紧把城市精英邀请进来。城市凭借其商业发达、科技进步、文化繁荣等优势,聚集着各路精英,科学家、企业家、作家、艺术家集中在城里。但是,城市也有其弊端,人口拥挤、交通堵塞、空气污染等等,人们称之为"城市病"。乡村则因田园风光、诗意山水、乡土文化、民俗风情、农家美食,在经济、生态、社会、文化等方面有着城市不可替代的独特价值。随着城市化发展和乡村复兴,会有相当一批有识之士和各界精英愿意到乡村去创新创业,分享田园生活,实现人生价值。应在充分发挥农民主体作用的同时,制定规则,打开通道,把有志于乡村振兴的城市精英请到乡村来,让他们与村民共建共享,带动村民共同发展。

借,抓紧把专家大脑借过来。高等院校、科研单位人才济济、成果累累,是乡村振兴的智慧之源、科学之源、技术之源、人才之源。近年来,农业的和涉农的高等院校、科研单位主动下乡,积极支持农村建设发展,创造了巨大的经济效益和社会效益,深受地方党委政府、乡村干部和农民群众的欢迎。应根据乡村振兴的实际需要,在法律允许的范围内,放宽政策,鼓励支持高校和科研单位发挥知识、技术、人才优势,组织各相关专业的专家学者,采取灵活多样的形式,开展决策咨询、规划设计、技术攻关、业务指导和人才培训,把智慧、知识、技术推广应用到乡村去,转化为乡村振兴的精神财富和技术资本,推动乡村振兴。

艺术化，乡村的未来[1]

　　和在座专家学者不一样，我是搞实际工作的。我搞了十来年的新农村建设，经常遇到一些问题，逼着我去思考。这次，我正是带着问题、带着期盼来的。

　　我带来的问题是，乡村艺术化有没有可能？去年以来，我反复琢磨这个问题。总感觉，艺术化是乡村的未来，乡村振兴需要插上艺术的翅膀，建设富有诗情画意、各美其美的美丽乡村，让乡村有韵味、有品位、有魅力。

（一）

　　这个问题，严格讲，是在乡村振兴中提出来的，尽管以前曾经思考过。实施乡村振兴战略是民族伟大复兴的重要任务，目标是农业农村现代化，要实现农业强、农村美、农民富，这是真善美的统一。习近平提出，打造各具特色的现代版"富春山居图"。

---

①　本文是 2019 年 3 月 24 日在中国艺术研究院"2019 中国艺术乡村建设论坛"上的发言，编入《艺术化，乡村的未来》（董进智著，四川大学出版社，2020 年 5 月）和《艺术介入乡村建设：人类学家与艺术家对话录之三》（方李莉主编，文化艺术出版社，2022 年 6 月）。
　　　　我从 2012 年起开始思考乡村艺术化问题，2018 年 3 月初写成《为乡村插上艺术的翅膀——关于乡村艺术化问题的初步思考》，原四川省委农工委《三农要情》2018 年第 4 期印发，《农民日报》2018 年 3 月 28 日第 3 版发表缩写稿。到 2022 年 3 月，已在《农民日报》《中国文化报》《四川日报》《农村工作通讯》《乡村振兴》等省级以上报刊杂志发表相关文章 20 篇以上，在论坛、研讨会、学术年会、读书班、培训班等作主旨演讲、会议发言、专题报告等 30 次以上，应邀为《中国乡村振兴发展指数蓝皮书（2018）》（贾晋等著，西南财经大学出版社，2018 年）、《四川蓝皮书·四川农业发展报告（2019 年）》（郭晓鸣主编，社会科学文献出版社，2019 年）、《乡村振兴专家深度解读》（张孝德主编，东方出版社，2021 年）撰写了《推进乡村艺术化发展研究》《打造各具特色的现代版富春山居图——关于乡村艺术化的若干思考》《探索乡村艺术化之路建设现代版"富春山居图"》等专题、章、节，出版了《艺术化，乡村的未来》（四川大学出版社，2020 年）和《诗意乡村，新时代的乡村艺术化》（与胡艾萍合著，四川大学出版社，2021 年）。

"富春山居图"，有山有水有村庄。拿今天的话来说，是艺术家以浙江富春江为背景，描绘的美丽乡村。由这一代表中国文化的艺术杰作，提出对乡村振兴的要求，我理解，是要在乡村全面振兴中，把艺术和乡村融合起来，建设艺术化的美丽乡村，让美丽乡村成为现代化强国的标志、成为美丽中国的底色，在全球化的大格局中形成中国美丽乡村的独特画卷。

其实，习近平早就对美丽乡村做过充满诗情画意的描绘。2015年初在云南省视察时讲的"农村特点""乡土味道""乡村风貌""青山绿水""乡愁"，化成形象，正好是诗一般的美丽乡村。

（二）

这绝不是天方夜谭；或许可以说，艺术化追求是在工业化过程中形成的。18世纪60年代，英国就兴起了造园热潮。19世纪80年代，英国又掀起艺术与手工艺运动。20世纪80年代，人们发现日常生活正在审美化。进入21世纪，"品味的问题涉及整个工业文明的前途和命运"。

在我国，人们对美好生活的需要日益增长。与解决温饱问题不同，美好生活追求是多样化、个性化、艺术化的，更加注重日常生活的审美性、体验性。随着人们对美好生活需要的增长，艺术这样的精神产品，将由富贵人家的奢侈品转化为寻常百姓的必需品。建设美丽中国，正是对人们美好生活需要的回应。

事实上，乡村艺术化已经走在路上。四川汉源县以"农情四季、百里画廊"为主题，规划了乡村之画、历史之画、自然之画、田园之画、家园之画"五幅画卷"，建设"花海果乡"，形成了"春天是花园、夏天是林园、秋天是果园、冬天是庄园"的四季农业景观。许村、青田、景迈山、石节子，更是让我们看到艺术化腐朽为神奇的力量。

往深层次看，艺术是人的精神需要。按照需要层次理论，当生理、安全、社交、尊重等基本需要满足以后，人们就会产生自我实现的需要，包括审美的、艺术的需要。哲学家、美学家、艺术家、心理学家告诉我们，艺术化是人生的崇高境界。

谈乡村艺术化，自然不能回避"空心化"现象。但是，从世界各国看，在现代化进程中,乡村必然要经历一场痛苦的蜕变和重生。以欧盟为例,二战以来乡村都走向了复兴,目前那里居住在乡村和城乡接合地区的人口,约占总人口的58%。我国城市化已达60%左右,乡村正在蜕变和重生中。

(三)

研究乡村艺术化,既要了解艺术,又要懂得乡村。艺术,不只在博物馆、艺术馆、收藏家那里;它早就进入了人们的饮食起居当中,成为我们精神的家园。今天的艺术更是千姿百态、千奇百怪;以至于,面对现代艺术,人们越来越迷茫。

话还得说回来,正如一位教授所说:"艺术是什么? 或许,这是一个艺术理论永恒的难题。但是艺术与我们同在!"的确,没有哪一个社会不与某种形式的艺术相关联。就乡村艺术化来讲,我们在乎的是艺术的存在、艺术世界的开放性和多样性、艺术对我们的意义,以及怎么让艺术满足我们对美好生活的需要。

这里还涉及美和艺术的关系问题。在西方,艺术源于原始巫术。古希腊,美成为"造型艺术的最高法律"。中世纪,艺术又成为宗教的奴仆。近代,美学成了艺术哲学。跨入现代门槛,"不美之物可以是艺术是20世纪伟大的哲学贡献";当然,实用艺术继续着美的追求。乡村艺术化实践应当去追求美、展示美,用艺术化来营造美好新家园,让乡村靓起来,有"意味"!

为着乡村艺术化,我们必须重新审视乡村。乡村振兴战略的实施,让人们意识到,乡村是具有自然、社会、经济特征的地域综合体,兼具生产、生活、生态、文化等多重功能,与城镇互促互进、共生共存,共同构成人类活动的主要空间。

今天,人们已经看到乡村独特的存在价值。比如:生产上,同鲜活的动植物打交道,呈现出多样性、微妙性和随机性;生活上,相对宁静,富有诗意,给人以浪漫的体验;生态上,贴近自然,友好自然,融入自然,天人合一;文化上,淳朴、互助、和谐,带着浓浓的乡愁。随着经济社会发展,乡村价值将日益凸显。

可以想象,当艺术与乡村相遇,就会激发出新的活力。乡村艺术化正是要用艺术来"化"乡村，以此增加农民的幸福感，满足市民的多样化需要，为美丽中国增光添彩。

（四）

当然，要说清楚乡村艺术化，对我来说，是非常难的。我想，它应该是从乡村"长出来"的，一定源于乡村的山水、田园、生产、生活、民俗、文化，彰显乡村价值。这，肯定离不开艺术家们的深度介入。

也就是说，乡村艺术化应当从乡村里面去挖掘独特的价值、寻找淳朴的品质、发现多样的美、剖析深刻的矛盾，进行多种形式的艺术再造，形成乡土的绘画、雕塑、建筑、音乐、舞蹈、文学等丰富多彩、雅俗共赏的艺术形式，建设富有诗情画意、各美其美的美丽乡村。当乡土艺术涵盖乡村经济、政治、文化、社会、生态各个方面，成为乡村发展的重要动因的时候，乡村就基本实现艺术化了。

这样的乡村艺术化，自然带着浓浓乡愁，烙上农耕记忆，体现着农家情趣，充满着乡土气息，承载着乡村价值，寄托着田园梦想，才是真正有着乡村独特"意味"的形式。可以描述为"自然山水，艺术田园，农耕体验，诗意栖居"。

自然山水。山水林田湖草有着内在的和谐。要牢固树立尊重自然、顺应自然、保护自然的理念，在生态的治理和恢复上下功夫，保护乡村优美的自然环境，保护乡村的生物多样性，并优化结构，让乡村天蓝地绿、山清水碧、风清气爽、鸢飞鱼跃、蛙鸣鸟叫，逐步还乡村的自然之魅。这是乡村艺术化的天然底色。

艺术田园。田园也有意味。要保护和建设基本农田，因地制宜发展种养业，注重种养循环，并融入文化、艺术元素搞好创意设计，推行精耕细作，发展现代创意农业、精致农业，把农业产业建成田园景观系统，让田园景色随区域、季节而变幻，让美丽田园成为乡村独特的风景线。这是乡村艺术化的鲜明特色。

农耕体验。农耕不仅有趣，而且积淀了深厚的文化。要发展现代农业，让人们与动植物生命过程打交道，把农业劳动变成农事体验，从参与、体验中品味人生乐趣;同时,保护农耕文明,挖掘传统手工艺,培育民间艺人,提升特色产业,让人们分享乡村美食等活生生的农耕文化。这是乡村艺术化的文化标识。

诗意栖居。村落都多少有几分姿色。要保护乡村肌理,弘扬传统文化,科学规划村落,着力改善乡村基础设施,优化民居功能,多样化、个性化展示村落民居风貌,配套好公共服务和商业服务,组织好特色民间文化艺术活动,优化乡村人居环境,让人们"诗意地栖居在这片大地上"。这是乡村艺术化的综合体现。

不管怎么理解乡村艺术化,都须注意,在工业化、城市化过程中,乡村一定要留住淳朴,留住传统,留住美丽,留住乡愁;千万不能以艺术化的名义,把乡村变成城市的垃圾场。

(五)

乡村艺术化重在实践。我国乡村千差万别,其自然、经济、文化、社会等条件各具特色,推进乡村艺术化必须以多样化美,打造各具特色的现代版"富春山居图",让乡村各美其美。

以四川为例,山川秀丽,文化深厚,村庄多样,可建水墨乡村。"水",山水,代表自然;"墨",书写,代表文化,特别是以都江堰、川西林盘为代表的农耕文化。"水""墨"融合起来便是国画、便是艺术、便是艺术化的乡村。平原、丘陵、山区、民族地区多姿多彩的水墨乡村,从空中鸟瞰,正是一幅具有鲜明四川特色的现代版"富春山居图"。

水墨乡村已有雏形。都江堰市柳街镇被誉为"七里诗乡",蒲江县甘溪镇明月村成了"国际陶艺村",康定市新都桥镇是"光与影的世界"……他们的共同点是,辩证处理乡村与城市、艺术与自然、艺术与经济、艺术与科技、艺术与文化、艺术与审美、艺术与时代等诸多关系,用艺术彰显乡村价值,让乡村有韵味、有品位。

当然,作为一个崭新的课题,乡村艺术化必然会遇到许多新的问题。反思美丽乡村建设中的问题,对搞好乡村艺术化是有益的。曾经,一些地方热衷于大拆大建，破坏了生态，捣毁了文化，浪费了资源，背上了债务，还造成千村一面。吸取类似的教训，应当防止城市景观化、文化断裂、千村一面、中看不中用、建设性破坏和化妆运动。

乡村艺术化显然是一个长期的过程。眼下，应当以美丽乡村建设为载体，做好六件事：一是把它纳入乡村振兴规划并注重艺术设计，二是与农村人居环境综合整治相结合，三是与现代农业园区建设相结合，四是弘扬优秀的农耕文化，五是总结实践经验，六是开展艺术启蒙和加快艺术人才培养。

60年前，毛泽东说："农村是一个广阔的天地，在那里是可以大有作为的。"今天，面向未来，我们可以接着说：乡村将是诗意栖居之地，在那里能够实现您的梦想。愿更多艺术家走进乡村，伸出化腐朽为神奇的双手，拥抱美好的明天！

印象,方向,建议^①

乡村振兴是一篇大文章。这里,站在成渝地区双城经济圈高质量发展的角度,谈一谈乡村艺术化问题。只讲三句话:印象,方向,建议。

第一句话,印象

用一句话来说:渠县的乡村是美丽的。

乡村振兴总目标是农业农村现代化,要实现农业强、农村美、农民富,简单说,就是要建设美丽乡村。美丽乡村,在四川我们叫它幸福美丽新村,形象地讲,是要做到"业兴、家富、人和、村美"。

从幸福美丽新村建设角度看,渠县是有代表性的。我搞了多年幸福美丽新村建设,是幸福美丽新村建设的活字典。我的印象里,渠县的幸福美丽新村建设在同类地区中走到了前列,不仅干出了亮点、干出了特色,还创造了新鲜的可复制的经验,得到了省里的肯定。

这就是我印象中的渠县乡村,它是美丽的。几年没来过了,这次发现,又有了很多新的变化。

第二句话,方向

简单说,就是要美上加美。这正是我要谈的乡村艺术化。

乡村艺术化问题的提出源于幸福美丽新村建设实践,真正的研究是在党的十九大提出实施乡村振兴战略之后。现在,这个问题已经引起了广泛关注,

---

① 本文是 2020 年 9 月 16 日在渠县农业"7＋3"沙龙活动的主题演讲,原标题为《探索乡村艺术化发展之路——对渠县乡村振兴的一点建议》。曾编入《诗意乡村,新时代的乡村艺术化》,四川大学出版社 2021 年 6 月出版。

可以说艺术化是乡村发展的未来。

乡村艺术化，我的理解是：站在推动乡村全面振兴的高度，唤醒和激发农民的主体意识、内在情感和创造天性，把乡村的山水、田园、生产、生活作为艺术之源和创作主题，鼓励人人创作，形成带着乡情、乡趣、乡愁、乡味的绘画、诗歌、音乐、雕塑、建筑等艺术形式，把生活艺术化，建设诗情画意、各美其美的美丽乡村。

这样的乡村艺术化，可以用四句话来描述：自然山水，艺术田园，农耕体验，诗意栖居。

第三句话，建议

如果认同乡村艺术化发展方向，那么，就行动起来吧！

渠县地处成渝地区双城经济圈的"万达开"示范区，是中国农业大县，也是中国汉阙之乡、黄花之乡、竹编艺术之乡、诗歌之乡、诗词之乡、民间文化艺术之乡，幸福美丽新村建设基础又比较好，乡村艺术化可以先行，可以干出特色。

首先涉及一个目标定位问题。我曾针对成渝地区双城经济圈，提出打造巴蜀水墨乡村构想。渠县是成渝地区双城经济圈的成员，这个构想可供参考。

实际工作中，要彰显乡村价值，展示乡村的山水之美、田园之美、淳朴之美；要保护和传承底蕴深厚的农耕文化，记得住乡愁；要体现地域、产业、文化、生态等特色，各美其美；要规划先行，注重艺术设计，一张蓝图绘到底；要激活资源，变艺术为资本，发展美丽经济；要从实际出发，因地制宜，分类指导，有序推进。

基于以上考虑，提五点建议：一是纳入发展规划；二是深挖实人故事；三是弘扬传统艺术；四是做好黄花文章；五是激发村民创造。

这里只谈一谈如何做好黄花这篇文章。渠县是中国黄花之乡。渠县黄花不仅品质好，而且"身材好、品相好、花期长"、颜值高、有艺术感，大有文章可做。建议借鉴汉源县花海果乡和日本越后妻有大地艺术节的经验，办好四件实事：

1.植入创意。从田间到餐桌，在黄花的全产业链发展创意农业，展示黄花之美。

2.开发美食。传承美食文化,开发特色鲜明的黄花美食系列,把诗意留在舌尖上。

3.鼓励创作。以黄花为主题,进行书法、绘画、摄影、诗词、音乐、舞蹈、手工艺创作,营造艺术氛围。

4.创办黄花艺术节。在发展创意农业、开发特色美食、组织艺术创作的基础上,每年举办一次黄花艺术节。

最后我想说,渠县在幸福美丽新村建设中走到了前列,探索乡村艺术化发展一定能走出一条新的路子!

生态价值转化要研究好四个问题①

蒲江县生态环境好,讨论生态价值转化问题很有必要。这个问题既有现实性、紧迫性,又有前瞻性、战略性,无论从实践上还是从理论上,都非常值得研究。目前至少要解决好四个问题:

第一个问题,什么是生态价值以及它表现在哪些方面? 记得 20 世纪七八十年代,环境污染就同核战争、人口爆炸等一起,成为全世界共同关注的问题,当时的报纸、电视、广播都在报道和讨论生态环境问题,茶余饭后也能听到人们的议论。我是 1980 年上大学的,专业是农业经济,当时有一门课叫"生态学基础知识",听起来很新鲜。从那时起,我就对生态问题产生了浓厚的兴趣,《寂静的春天》《增长的极限》《只有一个地球》《回到现实》等与生态问题有关的书籍都给我留下了很深的印象,让我深感生态问题事关人类的生存和发展。这正是生态的根本价值所在。那么,生态价值又怎么体现呢? 20 多年前,我在雅安市委机关从事政务服务工作,曾经用"天蓝、地绿、山青、水碧、气爽、宜人"来描述雅安的生态,这六句话十二个字就应该属于生态价值的具体表现。当然,还有人们常说的鸟语花香、鸢飞鱼跃等等。其核心,我认为,在于生物多样性,可以形象地称之为"绿水青山"。现在强调留住绿水青山、保护生物多样性,正是要从根本上守住生态价值。

第二个问题,生态价值可以转化成哪些价值以及不同价值之间如何相互转化? 提起生态价值转化,通常人们最关心的自然是经济价值,由此想到碳汇、碳交易,然后算一算某个地方的生态能值多少钱,想一想怎么把它们变现。这是可以理解的。有一个做规划的朋友告诉我,他们给一个村做建设规划,可

---

① 本文是 2022 年 2 月 18 日在蒲江县生态价值转化专题研讨会上的即兴发言,会后整理成文,在四川省生态文明促进会内刊《四川生态文明》2022 年 6 月号(总第 31 期)刊登。

村集体没有收入，拿不出规划费，他们就帮村上做碳交易，一笔就成交了几十万元。除了转化成经济价值，生态价值还可以转化成社会价值、文化价值、审美价值、艺术价值等多种价值，而且这些价值之间可以相互转化、相互放大，产生乘数效应。比如艺术价值，我曾经听原农业部的一位朋友在专题报告中讲一个苹果卖到 500 元的故事，其奥秘就在于艺术的融入，普通苹果变成了创意苹果，艺术价值对经济价值产生了乘数效应。其实，这样的乘数效应在蒲江县已经看到了，明月村就是活生生的案例，因为艺术的融入，那里的一草一木都有了新的价值。最近，我在从乡村振兴角度研究明月村案例的时候，就关注了它的经济价值、社会价值、生态价值和品牌价值。

第三个问题，生态价值转化成多种价值的具体路径是什么？生态价值要转化为经济价值、社会价值、文化价值、审美价值、艺术价值等多种价值，有多种路径，比如产业化、艺术化、品版化、再生态化等等。你们在田园生态商务区建设构想中提到了"产业生态化、生态产业化"，这是近几年比较流行的说法，说的正是生态价值向经济价值转化的现实路径。2000 年，我在起草雅安市第一次党代会报告的时候，就写进了"生态化"。我曾经用三句话来解释"生态化"，即"再造秀美山川，把生态融入经济发展之中，塑造生态文明"。"生态化"当然不只是经济的生态化，还有政治的、文化的、社会的、日常生活的等等。具体到经济的生态化，我提出了"产业生态化、生态产业化"的主张，前者首先是对传统产业的改造，改造不了的就或关或停或并或转；后者是要变生态资源为生态资本，发展生态农业、生态旅游等生态经济，把生态价值转化为经济价值。近几年为研究乡村艺术化，又涉及了生态价值向艺术价值转化的问题。对其他转化路径的研究，好像还没有开始。

第四个问题，用什么办法来推动和实现生态价值的转化？推动生态价值的转化，简单说来，就是要处理好政府与市场的关系，也就是既要充分发挥市场的决定性作用，又要更好发挥党委政府的引导作用。首先，地方党委、政府要高度重视。就是要像蒲江县委、县政府这样，把生态价值转化摆上重要议事日程，进行专题研究，充分听取各方面意见，集思广益。其次，制定专项规划或纳入经济社会发展规划。"田园生态商务区"建设构想就是规划的前期工作，很有创意。通过科学规划,明确生态价值转化的指导思想、目标任务、工作重点,并拿出相应的配套措施,一张蓝图绘到底。再次,创新推进工作的机制。其出发点和落脚点,在于利用市场经济的办法来协调好不同主体的利益关系,把各方面的积极性、主动性和创造性调动起来。这是问题的关键。从某种意义上说,成在机制,败也在机制,往往建立起一套行之有效的推进机制,问题就至少解决了一半。同时,还需要利用各种媒体,营造出有利于生态价值转化的舆论氛围,尽快在全社会形成共识,凝聚力量。

未来乡村是充满希望的田野①

乡村振兴是一篇大文章,里面有很多话题,这里只想讨论乡村能不能振兴。可能大家会认为这是马后炮,其实不然,人们仍然有不少疑惑,包括"未来乡村是什么样?"

未来的乡村究竟是什么样?这个问题看起来简单,却很难回答。2013年5月我提出"业兴、家富、人和、村美"的理念,被四川省委、省政府采纳,至今也没过时,但不能说这就是对未来乡村的描述。现在浙江正在进行未来乡村试验,我看过一些报道,确实有不少新的理念,但从中也看不出未来乡村的样子,顺着他们的思路去想,也想象不出未来乡村的样儿。

可能有人会说,看看发达国家的乡村不就得了。过去我们曾经是这个思维,那时我们讲现代化就常说发达国家的今天就是我们的明天。但是现在有问题了。顺着原来的思维,我们今天一些乡村已经像欧洲了,我们要看的是欧洲乡村的未来,而这点连他们自己也说不明白。即使能说明白,也回答不了我们的问题。中国式现代化不只是要有一点中国特色,还要走出一条路子,创造一种模式,提供一个样本,绝非亦步亦趋。

看来我们能做的,只能是分析乡村演变的趋势。对此,习近平总书记做过精辟论述。他告诉我们,新时代,农村是充满希望的田野,是干事创业的广阔舞台。他还说,农业将成为有奔头的产业,农民将成为有吸引力的职业,农村将成为农民幸福生活的美丽家园。"是"是判断、是肯定,"将"表明内在逻辑、客观必然。

这就是答案,我深信不疑。

---

① 本文是 2022 年 11 月 16 日第四届四川生态旅游博览会乡村振兴峰会的演讲。

说到这里，难免让人想到农村的"空心化"现象，想到留守老人、留守妇女、留守儿童、土地撂荒。有资料显示，2000 年至 2010 年十年间，我国平均每天消失的自然村落达到 200 来个。中国科学院研究员刘颜随在对山东等地的农村"空心化"现象进行长达八年的观察和分析之后，认为"农村衰落是一个全球性问题"，他称之为"乡村病"。

那么"乡村病""农村衰落"又会怎么演变呢？人们在茶余饭后有过种种分析和猜测。曾经在网上流传的"回乡记""下乡记"认为，乡村将越来越凋敝，似乎看不到一点希望；在另一端，画家、著名乡建人孙君先生在几年前就预言，未来 30 年，我国的乡村将成为奢侈品。也许有多少人谈论，就有多少种猜测。

我也曾经谈过自己的看法。2016 年 3 月，我在汉源县梨花节开幕式上说过：当我们走在汉源乡间的小路上，用生态文明和文化多样性的眼光看，时时处处看到的，都是希望的田野。

这里，简要给大家分享一下我个人的分析。

首先看新时代我国广大农村发生了什么样的变化？是在发展还是在衰退？脱贫攻坚的胜利、小康社会的全面建成表明，我国农村发展取得了历史性成就：消灭了绝对贫穷，缩小了城乡差距，农村同步进入了小康社会，市民下乡正在成为时尚。农村不再"像非洲"，安吉县的余村、彭州市宝山村、丹巴县中路藏寨，看上去比欧洲的很多乡村还漂亮。

当然不排除这是特定条件下的暂时现象，一种"回光返照"。要看清楚事情的真相，需要看乡村在整个城市化进程中的演变，毕竟这些现象发生在城市化当中。那我们就去看看早已完成城市化的欧美发达国家吧，看他们的乡村在城市化中是怎么演变的。放眼望去，你会发现发达国家的乡村在城市化进程中也曾经普遍衰落，但并没有被城市"化"掉，而是经历了一段衰落之后都先后复兴起来，走向了繁荣。

2014 年我在分析乡村演变规律的时候，就注意到乡村这样一个由衰落到复兴的过程：大约在城市化率达到 50% 左右的时候，乡村陆续走向复兴。如今，世界强国都有强大的农业和繁荣的乡村。美国是这样，西欧是这样，日本是这样，新西兰、以色列也是这样。据说，"在乡村生活，在城镇就业"成为欧洲人的时尚。以欧盟为例,居住在农村和城乡接合地区的人口占总人口的58%左右。所以,"三农"领域的权威人士陈锡文说,发达国家的农村仍然是一派兴旺景象。

这颠覆了我们的传统思维,我们需要重新审视乡村。城市化之初人们往往用工业文明眼光看乡村,后来因拥挤、交通堵塞等"城市病"而转向生态文明和文化多样性视角。西方也经历过同样的认识转变。现在,尽管美国、英国、日本的学者们从经济、社会、文化、生态等不同角度分析之后感到"发现'乡村'的通用定义越来越难",但是他们却看到了"农村地区拥有多种功能与价值""城与乡,同等重要",甚至认为"乡村即未来"。

在我国,随着乡村振兴战略的实施,人们已经看到乡村是一个地域综合体,有着经济、生态、社会、文化等多元价值和粮食安全、生态屏障、文化传承等特有功能,与城市一起共同构成人类活动的主要空间。这意味着乡村有它内在的多元价值和多种功能。这样的认识,意义非同小可。

关于乡村价值,2017年2月我在华蓥市宋家垭村农民夜校,曾经从生产、生活、生态、文化上做过初步分析。当时我说:生产上,农业直接或间接同动植物、微生物打交道,多样性、鲜活性、微妙性、随机性,其乐无穷。生活上,宁静,诗意,浪漫,就是人们说的田园牧歌。生态上,以自然为底色,贴近自然,友好自然,融入自然,天人合一。文化上,淳朴,互助,和谐,浓浓的乡愁。当然,这些价值要在城市化进入相当水平且城市病充分暴露之后,才能逐步展现。

我认为这些价值是乡村独特的,是城市替代不了的。正是这些价值让乡村在城市化的一定阶段走向复兴,与之相伴的是"逆城市化",富人、贵族"逃离"城市。

这样我们可以得出结论:未来乡村是充满希望的田野。其实,习近平总书记五年前就说了,从世界各国看,在现代化过程中,乡村必然要经历一场痛苦的蜕变和重生。这样看来,目前我国乡村正在蜕变和重生中走向复兴。毋庸置疑,到新中国成立一百周年的时候,我国将成为世界农业强国,农业强、农村美、农民富将同整个中国梦一起变成现实。

进一步看,新中国成立以来我们的农业农村现代化至少经历了三个阶段。

20世纪60年代集中于机械化、电气化、化学化、水利化,80年代强调专业化、社会化、商品化,进入新时代又出现了新的趋势,如生态化、融合化、数字化、组织化、艺术化。这里仅就艺术化问题谈一点看法,以结束我的发言。

乡村艺术化是在农业农村现代化中,融入艺术元素,营造艺术氛围,展示乡村自身的田园生态、传统故事、有机生长、家园情感等内在之美,建设诗情画意、各美其美的美丽乡村,打造各具特色的现代版"富春山居图"。它涵盖乡村各个方面,包括人居环境、产业体系、劳动过程、生活方式和乡村治理的艺术化。

简单说来,乡村艺术化就是要把乡村建成艺术,把乡村生活过成艺术。我坚信这是乡村的未来,未来的乡村将因艺术化成为人们的诗意栖居之地!

短文

核心提示

●辛辛苦苦地劳动,好不容易才盼来这连续两年的大丰收啊……种田人不曾想到,丰收之后竟陷入了忧愁……许多社员不得不盘算:农业税、提留款、子女读书、买种买肥,哪里来那么多钱?

●生物质能给了我们一个梦,但我们不能有非分之想,当务之要在变废为宝……在一个"饥饿的世界",用粮食换燃油,可能比石油危机更可怕。

●互动律要求城乡之间的人口、资源和生产生活要素双向自由流动。在这种流动过程中,村庄普遍经历着衰落与复兴的历史性变迁。一般而言,城镇化 50% 是衰落与复兴的节点,越过这个节点,村庄会陆续开始复兴。

●有的,一夜之间就把风风雨雨数百年的传统村落,连着它的林盘、祠堂、民居、小桥、老井,通通夷为平地。祖祖辈辈辛辛苦苦积淀、传承下来的农耕文化,随着它的载体、符号的消失,一去不复返。

●随着工业化的演进和后工业社会的到来,随着生态文明和文化多样性的发展,随着人们消费水平的升级和生活品位的提升,手工艺因其不可替代的文化、艺术价值和创造的就业机会,将逐步走向复兴。

●为什么说村民是乡村艺术化的主体呢? 因为……那里的山山水水都布满了他们的足迹,一草一木都融入了他们的情感,一砖一瓦都洒满了他们的热血,一声一响都牵动他们的心灵。

●乡村是朴实的,只需要生长,不需要打造。只要给它水,给它空气,给它阳光,给它时间,给它任性的机会,它就会给您一片生机,给您一个心灵的天堂。

●走进明月村,很难看到由艺家创作的公共艺术作品,但是,人们却能强烈感觉到它浓郁的艺术气息。其奥秘在于把艺术融入日常生产生活,逐步实现了艺术生活化、生活艺术化,让寻常生活充满诗意。

粮价下跌以后①

粮食价格下跌是今年一个普遍现象,对群众种粮的积极性有何影响? 带着这个问题,我在芦山县坝区做了一些调查,也间接了解了一些山区的情况。

一、市场粮价和群众反映

10 月 11 日上午,我专门去芦阳镇西街农贸市场了解粮食市场动态,看市场上的价格变动情况。当时,市场上交易的粮食主要是小麦和大米。

——小麦。卖主喊价在 0.40~0.45 元/斤之间,实际成交价格在 0.38~0.42 元/斤之间,大量的在 0.40 元/斤的线上。

——大米。喊价在 0.50~0.56 元/斤之间,实际成交价格在 0.47~0.52 元/斤之间,大量的在 0.50 元/斤的线上。

卖主卖的都是自己生产的粮食,买主则基本上是个体贩子。贩子设点收购。当日有三个收购点,都集中在一个地方。至中午 12 时,个体收购的数量,大约 1 万斤左右。这时,未成交的粮食还有 3000 斤以上。

---

① 本文写于 1990 年 10 月 16 日,原雅安地委政研室《调研情况》1990 年第 17 期印发。

1986 年 6 月—1991 年 5 月,我在原雅安地委政研室从事调查研究工作,写过多篇在当地有一定影响的文稿。我的第一篇个人署名文稿《有效开发现有人才 为振兴雅安经济服务》便得到地委书记批示,原雅安地委政研室《学习与探索》1986 年第 7 期印发。全文共四个部分,分别是:"多渠道发掘人才""科学的考核人才""有效地起用现有人才""建立人才开发中心"。文中呼吁"创造一个充满机会并富有挑战性和竞争性的社会环境","对创新、开拓、改革中有失误的人才要保护,并给予积极的关怀,帮助总结经验教训",相应提出了 30 多条具体建议,引起了一些反响。另外,1989 年 1 月 14 日写的《历史的悲剧——荥经"五九"事件始末》,被编入《四川省农业合作经济史料》,四川科学技术出版社 1989 年 12 月出版,内部发行;1990年 6 月 29 日撰写的《试谈研究和对待农民负担需要注意的几个问题》,被四川省委政研室《调查与决策》1990 年第 8 期刊用,云南省政府《参阅资料》1990 年第 3 期转载;1991 年初撰写的调研报告《成功之路——通工汽车厂搞活企业的情况调查》,被四川省委政研室《调查与决策》1991 年第 5 期印发。

据卖主和买主介绍：大米，在国庆前实际成交价格，低的在 0.44～0.45 元/斤左右，一般在 0.47～0.48 元/斤徘徊，国庆节后才回升的。玉米，近期成交单价在 0.28～0.30 元/斤之间。

今后一段时间会怎样？卖主仍然担忧，感到升降未卜；买主则在繁忙中透露出乐观的神采，估计现在的价格会稳定一段时间。

对目前这样的粮价水平，群众有一个基本的对比估计。他们认为：从表面上看，似乎高于 1983、1984 两年的水平；但从实际意义上看，已经滑到了 1983、1984 年之下。

看到粮价下跌，想起日用工业品和农用生产资料的涨价，群众感到寒心。在拥挤的人群中，到处都能听到"种庄稼划不来"的叹息。买粮人也有类似的感慨。

即使是稳定的农业税，有人也发现不稳了。一个卖米的妇女说："前两年交农业税，卖一两百斤粮就够了。今年不行了，要卖两三百斤。"

是呵，辛辛苦苦地劳动，好不容易才盼来这连续两年的大丰收啊！可迎来的是什么呢？种田人不曾想到，丰收之后竟陷入了忧愁："本来，是想多卖几个钱的，可不值钱了。"许多社员不得不盘算：农业税、提留款、子女读书、买种买肥……哪里来那么多钱？

二、粮价、收入与明年粮食生产

"谷贱伤农"，粮价下跌后对群众种粮的积极性肯定有影响。眼下重要的是，究竟有多大影响？

据我了解，现阶段在农民种粮积极性上，有两种不同的作用力：

一种作用力驱使农民继续种好粮食。这种作用力主要有两个来源：一是历史的习惯。由于历史的原因，许多社员都把农民同种粮等同起来，"农民嘛，就是种庄稼。不把粮食种好，吃啥子？"二是现实的压力。种粮划不来，但"话又说转来，农民不靠种粮又靠什么呢？你说出去找钱，前几年还马马虎虎，去年以来就越来越不行了。就说前几年，找得到门路的也还只是少数。"这是群众普遍的一种感受。另外，1984 年以后的教训也还记忆犹新。

　　另一种是消极的作用力。农民在习惯和现实选择面前,不得不向粮食生产增加投入,问题是钱从哪里来? 就普通农户而言,钱仍然主要是来自粮猪型经济。而今年粮食生产和生猪发展方面的情况,一般的看法是增产不增收。我在调查了解中感到,准确的概括应当是:增产"增收"不增钱。增产,无论是粮食生产还是生猪出栏,都是明摆着的;"增收",也能说出"一二三",关键看你怎么算;增钱,不管怎么算,大账是算不得的。升隆乡的同志算了几笔账,结果是:增产的49多万斤粮食全被价格这张伸缩的嘴吞掉了;生猪增加500来头,取消直接对农民的扶持政策后,也所增无几;另外,劳务方面,同去年相比,只能大体持平。如果考虑到日用工业品和农用生产资料价格的居高不下,农民手中可支配的现金收入实际上是在减少。农民再投入能力不足,无疑是制约粮食生产的一个重要因素。

　　可见,当前农民是在两种力量的困扰之中。结果会对明年粮食生产产生怎样的影响呢?

　　从当前正面临的小春生产来看,山区和坝区情况不大一样。在坝区,面积上,人多地少,往年就已经种满种尽,社员一般不会让地空着。种子上,群众已经看到了它的重要性,估计不会有大的问题。潜伏的问题可能在肥料投入上。不过,小春用肥量小,播种又正好在秋收之后,因此,只要做好工作,问题是可以克服的。在山区,地广,产量低,面积上的弹性大,能否稳住和扩大面积,可能是问题的焦点。不过,山区小麦投入和商品率都低,适当扩大种植面积还是可能的。

　　看来,明年粮食生产上突出的问题不在小春,需要提前做好准备的是大春。一则因为大春面积广,单位投入又高;一则因为春耕前后收入来源少,主要是靠今年积蓄。

从政策中获得自由[①]

"政策和策略是党的生命"。一个地区、一个部门、一个企业,能否创造性执行各级党委和政府的政策,关系极大。思想解放的关键问题之一,就是要正确对待政策。

一、对待政策应有的态度

如何对待政策,如何执行政策,大体有三种情况:

一是"上有政策,下有对策"。往往把局部利益看得高于全局利益,片面强调实际需要,我行我素,有令不行,有禁不止,甚至同政策正面碰撞。

二是"当传声筒,当收发室"。通常用全局否定局部,过分强调服从,脱离实际,上面怎么说,下面怎么唱;不问实际情况如何,一切照抄照转照搬。

三是"说普通话,带地方味"。本着局部与全局相统一的原则,坚持"三个有利于",把政策同实际结合起来,寻找最佳结合点,创造性地工作。

第一种是错误的,应当反对;第二种是不负责任的,应当克服;第三种才是正确的,应当大力提倡。

---

① 本文是在雅安地委党校学习的结业论文原题为《创造性执行政策之我见》,写成于 1995 年 11 月 13 日,源于 1989 年下半年被单位枪毙的一篇短文《如何从政策中获得自由》,发表在《理论与改革》1997 年第 11 期。河南省《领导科学》1997 年第 9 期摘发,题目改为《如何创造性执行政策》,《新华文摘》1998 年第 1 期摘登。

2012 年前,我主要从事"公文"写作,只向报刊杂志投过十来次稿。我发表文章主要是 2012 年以后的事,前后发表了 100 来篇。这些文字都与工作相关,篇幅一般都不长,还有自己的个性。比如,我习惯于借题发挥、小题大作,就人们关心的问题,找一个切入点发表自己的观点;追求比专家快、比官员深,通常专家学者们正在研究或还没有考虑的时候,我就把文章抛出来了,另一方面又比官样文章有新意和深度;而且尽量做到六经注我、自圆其说,广泛运用平时积累的相关资料来支撑自己的观点,若干年后回头看还感觉有点道理。因此,往往能引起各方面人士的关注,多篇文稿获省部级以上领导包括中央领导批示。如果把我的个人署名文章同我起草的公文对比起来看,会看到很多共同的地方。

提倡创造性执行政策,源于政策的规范性、条件的差异性和实践的动态性。

政策,简言之,是实现某一目标的行为准则和谋略,它具有指导性、强制性、规范性等特点。这就决定它一般只能就普遍的情况或某一类问题作出决定,而不可能也不必要对每一个具体的地区、具体的问题提出适应各种变化的具体答案。从这个意义上讲,政策框定的是一个活动空间,规定的是一个自由度,可以也应当根据不同情况进行定位,作出适当的选择。

不同地区、不同县市、不同乡镇的地理位置、自然条件、经济条件、社会文化、发展程度等各个方面是不同的,不同产业、不同行业、不同单位,情况更是千差万别。这就决定了不可能有绝对适合不同地区、不同行业、不同单位、不同问题的政策规定。每个地区、每个单位都必须根据不同情况,针对不同问题,采取不同措施,把上面的政策具体化。

任何社会实践都是一个不断发展演变的过程,经常要遇到新情况、新问题。而政策首先是过去实践的总结,不可能完全预料到实践中的各种可能。要适应实践中的新情况,解决实践中的新问题,必须在实践中不断探索,不断创造,不断完善。

所以任何一项政策的实施,都必须同实际相结合,在实践中发挥主动性,创造新经验。

二、吃透"三情",把握态、势、时

吃透上情、下情、外情,是创造性执行政策的前提。

吃透上情,就是吃透政策,把握政策的层次、规定、空间和时效。政策可以分为总政策、基本政策、具体政策和具体的政策规定,总政策、基本政策要统帅具体政策和具体的政策规定,而具体政策和具体的政策规定要服从于总政策和基本政策,把握不同层次的政策就是要把握它们之间的相互关系。政策都有它的要求和规定,如提倡什么,鼓励什么,允许什么,禁止什么,必须怎样,不能哪样,不这样又怎样,等等,把握政策的规定,就是要弄清这些界限。政策都是在一定范围,针对某一时期的某些情况和问题而制定的,没有超时空的政策。掌握了政策的层次、规定、空间和时效,就掌握了政策框定的自由度。

熟悉外情,主要是熟悉外地、外单位执行政策的情况。外情是创造性执行政策的重要参照系。同样的政策,先进地区、同类地区、毗邻地区或先进单位、同类单位、毗邻单位是怎样结合实际的,有什么经验值得借鉴,有哪些问题应引起注意,这就是需要了解的外情。了解外情、掌握外情、借鉴外情,可以找到捷径,少走一些弯路。

下情也叫实际,它包括地理位置、自然条件、经济条件、社会文化、发展程度各方面的共性和个性,包括优势和劣势、经验和问题,等等。下情是事物发展的内因,掌握下情是从实际出发的依据。认识和掌握下情要注意选择角度,划分类型,把握特征,弄清问题,抓住主要矛盾以及矛盾的主要方面,避免实践的盲目性。

吃透"三情",要善于从中把握事物发展的态、势、时;只有把握了态、势、时,才能制定有效方略,创造性地执行政策。所谓态,指事物发展的状态、状况,包括情况、特征和问题。所谓势,指事物发展的趋势、走势,它预示着发展的方向和路线。所谓时,即时机、时宜,是事物在发展中遇到的各种机遇或转机。

事物都有自己的态、势、时。凡事,吃透"三情",弄清状况,把握趋势,找准矛盾,抓住时机,才能制定相应的策略和措施,争取主动和自由,最终取得成功。因此,在执行政策的时候,必须进行多维分析,把"三情"结合起来,把态、势、时联结起来,确定出活动的空间和自由度,找准政策同实际的结合点和着力点。

三、抓住关键,大胆起用开拓型人才

创造性执行政策,关键在于用人,在于大胆起用开拓务实的领导人才。

从创造性执行政策的角度主张大胆起用开拓务实的领导人才,有两个方面的理由:

一方面,政治路线确定之后,要靠组织路线来保证。从这个意义上讲,政策制定以后,要靠各级干部特别是领导干部来掌握和组织实施;没有人组织实

施,再好的政策也是一纸空文,更谈不上在实践中创造。

另一方面,开拓务实的领导人才具备创造性执行政策的基本素质。他们有知识,有经验,有洞察力,有预见性,敏锐性强;有危机感,有风险意识,敢闯,敢试,敢冒;有责任感,有使命感,办事果断,决策迅速,勇于承担责任;懂经济,会管理,求实务实,善于驾驭矛盾。这就决定了他们通常不会违背政策蛮干,不会脱离实际盲从,不会固执地排斥他人的经验,能够较好地把政策同实际有机结合起来。

大胆起用开拓务实的领导人才,从创造性执行政策的意义上讲,应当解决好四个问题:

第一,及时发现和起用,委之以重任。现实生活中,人才难得,开拓务实的领导人才尤其难得。凡符合"四化"方针和德才兼备原则的开拓务实型人才,应及时放到重要岗位,委之以重任,压之以重担。

第二,重视年轻干部的培养和锻炼。年轻干部文化水平较高,专业知识较多,兴趣爱好广泛,对新生事物接受较快,有闯劲,可塑性强,精力也旺盛,更能开拓进取。应发挥他们的优势,及早发现好苗子,抓紧培养锻炼。

第三,敢用有棱角、有锋芒的人。人才贵在有棱有角有锋芒,领导人才也如此。锋芒通常意味着鲜明的个性、饱满的激情、非凡的才华、突出的专长,也意味着对事业的执着追求。锋芒毕露的人可能成就一番事业,平平庸庸的人往往一事无成。

第四,允许一定程度的失误。干何种事业,办什么事情,失误、失败在所难免;而且事情越多,失误、失败的概率越高,风险也越大。要让人大胆开拓,大胆创新,就必须允许一定程度的失误,甚至接受一定程度的失败。容不得半点差错,必然让人寸步难行。

四、尊重实践,尊重群众的首创精神

政策与实践是辩证统一的。一方面实践决定政策,有什么样的实践就会产生什么样的政策;另一方面,政策来源于实践,又回到实践中去指导实践,并在实践中不断得到检验和完善。可见,实践是第一位的,政策是第二位的。创造性执行政策,必须充分尊重实践,而不能不顾实践,更不允许背离实践。

尊重实践,在于认真总结实践经验,特别是总结政策实施中的经验和教训。每一项政策在实施的过程中,都会遇到一些新情况和新问题。研究新情况,解决新问题,可能产生一些新经验。总结其中的经验,吸取其中的教训,以便从实践中探索规律,研究创造性执行政策的措施和办法,从而发挥主动性和创造性。

在于坚持用实践来检验政策的实施。是否结合实际创造性地实施政策,应按照实践第一的观点,用"三个有利于"来检验和衡量。只有符合"三个有利于"标准的实施办法,才属于创造性执行政策的范畴。

在于具体分析实践过程中的不同情况。在政策的实施过程中可能出现很多意想不到的情况。对这些情况,应具体分析,区别对待,不能简单地给予肯定或否定。政策不明确,实践中行之有效的,大胆实践;政策不明确,实践结果也把握不准的,慎重行事;与政策不太吻合,但实践中行之有效的,应当肯定其合理性,允许在一定范围内试验,进一步积累经验。

尊重实践,说到底是尊重群众的首创精神。群众是实践的主体,任何行之有效的政策,最终都直接或间接地来源于群众的实践中的创造。因此,应当充分尊重群众的首创精神,鼓励群众大胆实践,大胆创造。

把时间作最宝贵资源经营[①]

最近我们就如何改进工作方式、提高工作效能问题进行了专题调研。先后到了石棉、汉源、荥经、天全,并深入部分乡镇,同县乡 50 多位同志进行了座谈;同时走访了 6 个市级部门,与部门负责同志进行了交谈;还借市上项目工作培训之机,听取了几位区县部门同志的意见。

总的来看,各级各部门讲政治,顾大局,抓落实,执行力明显增强。同时也深感传统的工作方式越来越不适应形势发展的需要,一些问题还比较突出,任其下去,势必影响雅安的发展。

一、问题及危害

一提起工作方式和效能问题,基层的同志就怨声载道。他们列举了很多现象,用习惯的用语来归纳,至少有"八多":

1. 大小会议多。许多同志感到,大事小事动不动就开会,一个电话就能办成的事也要开一个会。据了解,某综合部门去年会议室使用达 316 次之多。一位县级部门的负责同志回忆,他到任一个月,有半个月在开会,其中有 3 天连着开,一天 3 个会,3 天开了 9 个会。有一县上的部门,因对应的部门多,路途又远,有时到雅安开会,一住就是半个月。

---

① 本文写于 2004 年 9 月 29 日,原题为《把时间作最宝贵资源经营——对现行工作方式的调查与思考》,四川省委政研室《情况与建议》2004 年第 73 期印发。

　　1991 年 6 月调原雅安地委办公室从事文秘工作,做过大量调研。大部分成果直接写进指导意见、领导讲话等文稿中,另一部分以领导或集体名义提交,个别不便以领导名义的署我个人姓名。部分稿件被省级以上报刊杂志采用,其中 1 篇被新华社《国内动态清样》(1999年)采用、2 篇被四川省委《办公厅通报》(1993 年第 39 期、1994 年第 18 期)印发、10 多篇被四川省委办公厅《综合调研》《领导参阅》《四川通讯》《督查通报》等印发、若干篇在《经济日报》《四川日报》等省级以上报刊发表。

2.各种文件多。现在文件之多也成一机关公害。会上发了文,会后又行文;上面发了文,下面又照发;有些常规性的工作,年复一年的那样做,年复一年的那样行文,有的仅仅作了一些技术处理。今年1—7月,某县收到上级机关机要件、非机要件、密电达503件,县委、县委办发文147个;另一县政府、政府办发文189个;市级某局发文多达243个。

3.督促检查多。近年,各部门的检查达标活动少了,但是督促检查多了。普遍反映,现在各级强调抓落实是对的,问题是大会小会、大事小事都限期扯回销,而且时限很短。某县委办统计,今年1—7月,上报督查专报44期,办理批示件217件,下发督办通知15个、督办通报9期。部门和乡镇的负责同志都提心吊胆,生怕没有看到要扯回销的事。

4.领导小组多。部门同志反映,现在差不多强调一项工作,就会成立一个相应的领导小组,发一个通知,列上一串名字。有位同志从乡镇调到县级部门,粗略清理了一下,就有32个领导小组涉及他。据说,县上有的同志参加的领导小组竟多达到三十七八个。

5.务虚调研多。基层的同志发现,一方面,真正围绕市委工作重点、帮助基层解决实际问题的调研少;另一方面,“自娱自乐”、不着边际、不了了之的调研考察多,不仅不解决问题,还增加了基层的负担。

6.创新花样多。乡镇的同志对此感触颇多。他们对这样那样的“工程”“活动”“新名词”很反感,总觉得有很多东西不过是变换了一种说法而已,徒有其名。

7.一票否决多。计划生育、环境保护、安全生产、信访等等,都是一票否决。县乡的同志都说他们变成了“消防员”“灭火队”,怎能集中精力抓发展。目前县乡一些同志感到招架不住的是上访,只要有人越级上访,本来依法办理的事,一个电话就麻烦了。

8.迎来送往多。某县接待办今年上半年共接待138批次、4083人次,县委书记一天之内接待过8批客人。另一县抽样统计,今年1—7月,县级16个部门(不含四家班子办公室)接待上级部门的同志就达843批次、5071人次。其中,多的部门接待了230批次,1300人次,平均每天接待1.1批次、6.2人次。

"八多"加大了运行成本。某县级部门,每个月的文印费高达两三千元。"八多"更纠缠得基层干部精疲力竭。因为"八多",县乡同志都不得不用大量时间泡在会议室里、文件堆里、酒桌子上,不得不花大量精力去搞各种平衡。许多同志担心,这种状况不改善,怎样去抓第一要务,怎样去增强执行力。

当然,"上有政策,下有对策"。比如开会,某县一位部门负责同志说,他开了很多"业余会"。不得已,他只好采取一招:凡打他手机通知他开会的,他都根据会议的内容来"确定方位"。又比如看文件,乡上的同志说,凡上面来文都得看,一看哪里发的,二看有没有具体的,三看要不要扯回销。

二、思考和建议

问起"八多"的原因,基层干部的看法是:根子在上面,要害在体制和机制。治理"八多",必须适应全球化、市场化、信息化的新形势,站在提高执政能力的高度,从源头抓起。当务之急是,紧紧围绕建设高水平小康雅安这个目标,在优政上下功夫,改进工作方式,降低运行成本,提高工作效能。

1. 坚持有所为有所不为。基层的同志认为,很多工作都是一些单位脱离市委中心工作制造出来的。上面制造一件事,下面涉及一串人。因此,必须树立正确的政绩观,处理好有为和无为的关系,把精力集中到市委中心工作上来。市委确立的发展战略性思路把旅游产业发展放到了重要位置,明年又是旅游年,各级各部门都应服从于、服务于旅游开发,为旅游发展献计出力,为旅游发展营造氛围,为旅游发展排除一切障碍。

2. 完善目标管理体系。近年来有一种值得深思的现象:每部署一项工作,都要求纳入目标管理,动辄一票否决。结果,一方面目标越来越多,中心工作越来越冲淡;另一方面,上有考核,下有办法,使目标管理流于形式。既影响中心工作的开展,又助长不良风气。今后在研究制定目标和目标考核办法的时候,应当突出主要目标,强调结果导向,简化考核办法。凡可不纳入的内容,凡可精简的程序,一律取消。

3. 建立时间管理机制。"时间就是金钱。"可是在我们的行政运行中最不值钱的恰恰是时间。应当把时间作为最宝贵的资源来经营,当务之急是严格控制会议,提高会议质量。在山东挂过职的同志回忆说,某县级市开教育工作会只用了半个多小时,整顿作风的会只开了40多分钟。建议建立严格的会议审批制度,严格控制会议规格和规模,严格控制讲话、发言的人员和时间,严格控制会议经费,尽可能开电视电话会。

4.积极探索政务招标。工作的方式和效能问题与认识水平、思维层次和眼界阅历等密切相关。应把市场机制运用到政务工作中来,把那些超前策划、高水平包装等推出去,实行课题招标,借脑发展。建议每年年初,市级有关部门按照市委、市政府部署提出年度重点课题,经市委、市政府审定后,在全省乃至全国范围公开招标。市上的软科学研究也应当把选题限定在重点课题上,一般性调研应当大量精简。

5.下决心治理政务垃圾。现在一方面信息爆炸,另一方面电子垃圾成灾。公文泛滥就是其中一例,它直接影响我们的执政效率,必须进行治理:严格控制文件,可不发的不发,可不写的不写,一般文件可控制在1500字以内;整合信息资源,归口合并精简各部门简报,比如市委办、政府办的信息刊物就可以合并。

6.严格控制机构和编制。我市党政机关总体上是人浮于事,只要工作关系理顺,一些单位的工作,一半人员就足以应付。结果,无事生非:内生内耗,外生摩擦,下增负担。建议:暂时冻结全市各级机关进人;根据雅安实际调整机构设置和人员编制;对2001年机构改革以来调入机关的人员进行一次摸底;建立退出机制,鼓励机关工作人员走向社会。

7.加强干部队伍的轮训。改进工作方式必然会使机关人浮于事的矛盾凸显,这正是提高公务员队伍素质的有利时机。可每年选送一批年轻的业务骨干到高校深造,可对市县乡机关工作人员进行轮训,各单位每月可集中2—3天集中学习有关法律法规、方针政策和新理念、新知识,可让工作平庸的同志待岗自学。以此提高干部素质,增强执行力。

劳务输出是流动大学①

劳务输出是欠发达地区有效转移农村劳动力,增加农民收入,解决"三农"问题的重要举措。2004 年,我省劳务输出 1300 多万人,占农村劳动力的 35% 左右。相比之下,我市劳务输出不到 6.7 万人,只占农村劳动力的 9.2%,相差 25 个多百分点。看来,劳务输出已经成为雅安农村经济发展的主要差距之一,必须引起高度重视。

一、劳务输出是一所流动大学

提起劳务输出,我们在平时的调查研究中听得较多的是:雅安地广人稀,劳动力就地转移空间大,在一些地方、一些季节,不仅不需要输出,还有必要输入。的确,这是事实。记得 20 世纪 90 年代初期石材工业火爆的时候,我们许多矿山企业、加工企业到处是外地腔。现在一到采茶季节,我们的茶农二三十元一天还不易请到劳动力。城里擦皮鞋的人,也很难碰到一个本乡本土的。据"非典"期间统计,来雅安的外地民工 3.13 万人。

但是,我们也要看到另一方面的事实:汉源外派劳务 2400 人,每人每年汇回的款达到 2 万元;雨城区每年季节性外出打羽绒服的农民多达七八千人,收入一般在 1 万元以上,大兴镇年底打羽绒服民工汇回的款就有五六百万元;有的打工仔积累了巨资,成了走南闯北的老板;有的发财不忘家乡,大力支援家乡建设;有的积累了资本后又回乡创业,为当地农民创造了新的就业机会;现在雅安土生土长的老板,很少是没有出去闯荡过的。

---

① 本文写于 2005 年 6 月 8 日,原题为《换只眼睛看劳务输出——写在全市劳务工作会议前夕》,原雅安市委政研室简报印发,四川省劳动力资源开发研究会《川军足迹》2006 年第 2 期转载,题目改为《劳务输出,基层政府如何办?》。

写到这里,我想起了一次到县上调研时与县上的同志交流的三句话:第一句,农民外出打工是开眼界,学本事;第二句,劳务输出组织好了是一所流动的职业技术学校;第三句,同是在家乡创业,走出去再回来不一样。现在回想起来,仍然觉得有些道理。进一步讲,通过劳务输出,广大农民才能真正融入工业文明,才能真正融入城市文明,才能真正走向现代化。

二、农民为什么不愿离土离乡

在一些同志看来,雅安劳务输出不多的一个重要原因是农民思想保守,观念陈旧,怕吃苦,怕受累。不错,在我们接触的农民当中,不想离土离乡的大有人在。但我总觉得,问题的关键还在于为什么? 最好还是让我们听听农民的担忧:

去哪里? 很多人都苦于不知往哪里走,怎么去。目前全国外出务工的农民上亿,有调查说,出省就业的农民工只有 4% 是通过政府劳动服务部门找到工作的,绝大多数都是通过亲朋好友熟人介绍,或通过非法中介进行劳务交易的。雅安怎样? 估计也乐观不了多少。

干什么? 有的出去晃一圈就回来了,不是吃不下苦,而是没那本事,干不来。去年珠三角、长三角都出现"民工荒",专家们分析,那很大程度上是"技荒"。这是有道理的。走到我们的农村特别是山区农村去看看,好多汉子,除了肩挑背磨,眼下他们还能做些什么。

工钱呢? 还是在总理为民工讨工资之后,我有个朋友,经熟人介绍去新疆某地打工,几个月拿不到工资,家里人也很着急。老板说,他也没钱。后来好不容易兑现了,领到钱就往家里跑,发誓不再出远门了。类似的情况,媒体也报道过不少,怎么能不让人担心?

农民是弱势群体,他们的忧虑正好是对各级政府的求助。让我们都来想一想,农民在我们的工业化、城市化中奉献了多少? 今天,当农民需要我们的时候,我们又做了些什么? 锦涛同志精辟论述了"两个趋向",提出工业要反哺农业,城市要支持农村。在这当中,基层政府该做些什么呢?

三、一张民工服务路线图的启示

今年2月25日,湖北省宜昌市《宜昌日报》用一个整版的篇幅,刊登了《农民工进城务工服务路线图》,从农民进城打工首先到哪里找工作开始,围绕农民工最关注的19个问题,提供详细、具体、明确的服务信息,并绘制了湖北省在北京、上海等13个宜昌人较多的城市设立的劳务机构图,列出了联系人的地址、电话。互联网上一点,你就可以看出,此举反响热烈。

由此,我们可以想到很多。比如,政府的作为问题。我们可以看出,在组织劳务输出方面,政府是有作为的;可以看出,政府在为民工服务上,不一定都要花很多钱才成;可以看出,老百姓需要的是周到、具体的服务,而不是悦耳动听的口号;可以看出,对政府的服务,老百姓是欢迎的。说来说去,看来还是要有对农民的感情,要真正关注农村,关心农业,关爱农民。只要我们真正带着感情去做"三农"工作,真心实意为农民想出路,谋利益,办法总是会有的。

最近去农村调研,听说一位乡干部提出带农民出去打工。我想,这也许是个好主意。现在乡镇机构改革又一次拉开序幕,大家都在担心人往哪里去。实践出真知,群众是真正的英雄。只要有利于解决"三农"问题,许多办法都不妨去试试看。前些年听说湖北某市让机关干部外出打工,现在我们又有乡干部愿意带农民出去闯,把这两者联系起来,可否考虑给乡干部一些机会,让他们组织农民出去闯荡闯荡。

也谈生物质能发展问题^①

目前,生物质能发展问题正在成为一个普遍关注的热点,论说者众,众说纷纭,各持一端。前不久,在西南财大经济研究中心举办的关于生物质能发展的专题学术研讨会上,我就目睹了专家、学者们针锋相对的情景。当时,我有感而发,谈了三点粗浅的认识。我的基本看法是:生物质能给了我们一个梦,但我们不能有非分之想,当务之要在变废为宝。

所谓"给了我们一个梦",我的意思是,在能源危机的时代,生物质能开发至少从能源发展多元化角度给了我们一线希望,而且还是对可再生资源的利用;尽管它现在还是只萤火虫似的火点,但星星之火可以燎原,或许还可以燃烧出一个新的世界。不可否认,20世纪是石油的世纪,当今发达国家的繁荣景象,石油功不可没。但石油毕竟不可再生。中东接连不断的战火,原油价格的飙火焰升,公车运行的限制,把这一个又一个的信号串在一起,不难看出,问题来了。人们不禁要问,一旦石油枯竭了,拿什么东西去替代?太阳能?核能?水能?风能?短期内看不出哪一种能像石油这样左右着世界的命运,可期的是各种可资利用的能源,包括生物质能的多元化组合。有资料表明,全球每年形成的生物能相当于世界能量消耗总量的10倍。正因为如此,欧美发达国家纷纷拿出生物质能发展战略规划。2002年,美国《生物质技术路线图》提出,到2050年,美国生物质能源消耗要占当时能源总消耗量的50%左右。有学者断言,人类正在走向可再生能源时代,"'黑金'也许会被'绿金'所取代"。

关键在于怎样发展。用什么发展生物质能,怎么发展生物质能,这是当前

① 本文写于2008年7月15日,主要观点是在西南财大经济研究中心举办的关于生物质能发展的专题学术研讨会上的即兴发言中提出的,发表在原四川省委农办《农村建设》2008年第8期。

在发展生物质能问题上争论的焦点。对此,人们有不少遐想,也采取了一系列行动。我认为,有的举动至少在今后一个时期内是当慎之又慎的。现在首先要打掉的是在粮食转化上打主意的幻想。的确,玉米等粮食是生物质能的重要能源,几千年前人们就用高粱等粮食生产酒精。近年来,一些发达国家把越来越多的玉米拿去加工生物燃料乙醇。问题是,人类从来没有告别过饥饿,历史上曾发生过多次粮食危机。索马里等许多非洲国家的大量人口长期处于饥饿状态。去年以来,粮食危机再次袭来,目前全世界大约有 10 亿人营养不良,有 30 多个国家可能因粮食问题引起社会动荡。据有关专家分析,这次粮食危机就与发展生物质能有关。美国每年拿近 2000 万吨玉米去加工生物燃料乙醇,消耗了全世界 20% 的玉米,成为目前仍在蔓延的世界性粮食危机的重要原因。看来,在一个"饥饿的世界",用粮食换燃油,可能比石油危机更可怕。我国人多地少,粮食安全这个警钟要长鸣,发展生物质能千万不能与人争粮、与粮争地。

打掉幻想不等于无所作为。应当说,生物质能源是一个十分宽广的领域,可资利用的原料种类繁多。对我国来讲,当前最现实、最要紧的是充分利用农业废弃物,变废为宝。据权威部门分析测算,我国每年生产的农作物秸秆 6 亿吨,其中约 3 亿吨可作为能源使用,折合 1.5 亿吨标煤;每年产生的畜禽粪便约 30 亿吨,若有效利用可生产数量巨大的沼气;另外,稻壳、玉心芯、甘蔗渣等农产品加工副产品数量巨大,可大量转化为生物质能。目前变废为宝的有效途径是大力发展沼气和秸秆气化。以沼气为例,我国已累计发展户用沼气 2200 多万口,发展规模居世界前列,其技术居国际领先水平;大中型沼气工程技术日趋成熟,全国已建成规模化养殖场大中型沼气工程近 4000 处,初步具备产业化发展基础。在农村,我们看到,沼气产业的发展,不仅缓解了农村的能源问题,还在引起农村生产方式和生活方式的变革。也许,沼气、秸秆气化等技术创新正是一场新的产业革命的助推器。应当把以沼气为主的生物质能放到可持续发展的重要战略位置,加大支持力度,使之尽快成为能源家族的重要成员。

"微田园"彰显农村特色[①]

"微田园",顾名思义,是微型田园。这里,特指近年来在四川新农村建设实践中展现出的一种新景象。具体讲,在新型村庄(简称新村)的建设过程中,为相对集中的民居,规划出前庭后院,让老百姓在房前屋后和新村里面其他可利用空间,因地制宜、因时制宜,种植瓜果豆菜,这样形成的一个挨一个、一群又一群的"小菜园""小果园""小桑园"就叫"微田园"。在许多地方,一个"微田园",小的小到几厘地,大的一般也不过两三分。

"微田园"建设源于农民群众建设美好新家园的实践,是新村建设中的否定之否定。本来,新村建设一开始就强调农村特色、农家情趣,但建设当中,确有一个实践和认识的过程。最先,农民群众的梦想是,把乡下的家园建得像城市一样,让新村像城市小区一样"洋气"。结果,有的新村建成后,远看像楼盘,近看是城市的浓缩版,与农村生产、生活环境不相协调,甚至有些格格不入。于是,老百姓把"小花园"改成"小菜园",被命名为"微田园"。从2012年下半年起,四川总结实践经验,通过主流媒体、工作指南、宣传光盘,积极推广"微田园"建设的做法。现在,一群群"微田园"正在四川广大农村蓬勃兴起。

[①] 本文写于2013年3月8日,中农办《农村要情》2013年第11期印发,《农村工作通讯》2013年第7期转载,《人民日报》5月5日转载,题目改为《"微田园"让乡村添美丽》。我从2012年5月开始对"微田园"进行调研、总结、宣传。当年8月初,把"微田园"写进四川省委省政府新农村示范片现场会讲话。10月中旬,配合《四川日报》,四川电视台组织了一系列"微田园"专题报道,《四川日报》的专题报道都发在头版,其中第一篇发表在头条;下旬,配合《经济日报》四川记者站组织"微田园"专题采访,专题报道发表在《经济日报》头版头条。之后,先后配合《农民日报》、中央电视台、《农村工作通讯》、《人民日报》等,多次组织了相关报道。同时,经单位同意,组织录制了"微田园"专题片,用光盘放到给市州和省级相关部门。2014年8月,我在调研报告中将"微田园"纳入成都市的"小组生"新农村综合体规划理念。2015年5月,四川省幸福美丽新村建设推进工作会把"小组生"改为"小组微生",形成以小规模、组团社、"微田园"、生态化为特征的新农村建设模式。2018年3月,"微田园"成为中组部、中农办、国家行政学院举办的省部级干部乡村振兴专题研讨班教学案例。

　　"微田园"方便农民生活。随着城乡统筹和新农村建设步伐的加快，今天，越来越多的农村，一边是专业化、规模化、标准化、集约化的现代农业基地，一边是基础设施日益配套、公共服务日益完善的新村。想想看，如果新村里面都像城里面那样，在农房地基和公共建筑之外的空间塑造景观、建设公园，农民就真的像城里人一样，每天都不得不去农贸市场或超市买菜了，那显然很不方便，显然脱离农村实际，显然不符合农民的生产生活习惯。"微田园"建起来之后，房前屋后一两分地的"小菜园"，经营好了，一般就能满足一家三四口人日常生活中的部分蔬菜需求。而且，自家的菜园地，放心。我们看到，在丰收的季节，"微田园"当中的一些品种，主人家自食之外，多多少少还有点剩余。

　　"微田园"优化土地利用。如何节约、集约、合理、有效地利用农村土地，这是新农村建设特别是新村建设必须客观面对、认真解决的现实问题。"微田园"建设正好对这个问题的解决，找到了一条有效的路径，提供了一些积极的办法。目前，四川各地规划建设的新村中，就用地而言，我们看到的情况，大体上是三个三分之一：农房占三分之一左右，公共设施占三分之一左右，另外的三分之一左右正好是小巧玲珑的"微田园"。不难看出，就其生产功能而言，"微田园"相当于农民的自留地，它仍然是农用地，种植的农作物多是老百姓一日三餐少不了消费的，而且其种植方式更加精细，更加生态。如果各地的新村都这样去做的话，那么，新农村建设中挤出来的农用地，其总量一定相当可观。

　　"微田园"让乡村更美丽。党的十八大响亮提出，建设美丽中国。从四川新农村建设的鲜活实践来看，美丽中国最美在乡村。乡村之美，美在山水，美在田园，美在淳朴。"微田园"建设让"小菜园""小果园""小桑园"进入新村内部，建在老百姓的房前屋后，已经成为四川美丽乡村的新兴元素。如今，走进四川的广大新村，除了必需的房屋和基本的公共设施，人们能够看到的，普遍不再是乏味的钢筋混凝土，不再是娇柔的花花草草，而是千姿百态的葱葱蒜苗、萝卜白菜。随着春夏秋冬的交替，"微田园"呈现出不同的景象，让农村充满着生机和活力。现在，到新村观光、休闲、度假、体验的市民多起来，密起来了。人们常常会发出这样的惊叹："你看，这里的农村比城市还漂亮。"

　　实践证明，"微田园"彰显了农村的特色和功能，深受老百姓欢迎，无论农民还是市民。看来，"微田园"真的是个好东西，值得倡导，值得推广。

把握村庄演进规律①

随着经济社会发展,一些村落会集聚更多人口,一些自然村落会逐步消亡,这符合村庄演进规律。必须直面挑战,把握规律,以改革精神推动村庄建设。

一、村庄建设面临诸多挑战

从四川省的情况看,当前村庄建设面临的主要挑战是:

二元化。总体上看,各种新农村建设试点项目实施区,一年一个样,三年大变样。其他区域变化不大。同一个村,散居点与聚居点不一样。同样是农村,有的像欧洲,有的像非洲。

去农化。有的地方耕地农转非,甚至变相搞房地产开发。有的地方继续钢筋混凝土崇拜和城市景观崇拜,城市病传到农村,远看像楼盘,近看是城市的浓缩版,搞得城不城、村不村。

边缘化。有些地方,农民群众主体意识和主体作用弱化,在新农村建设上要么等靠要,要么成为旁观者。实际建设中,有的政府唱独角戏,有的工商资本强势进入,承包地也一租了事。

空心化。有位村支书形象地概括为"五多三缺":老人多,娃儿多,空房多,狗多,草多;缺劳力,缺技术,缺钱。一些地方农民新房一建起来就人去楼空,

---

① 本文是写于 2014 年 5 月 26 日的《把握村庄演进规律——学习习总书记重要讲话精神的体会》的缩写稿,第二部分曾以《科学把握村庄演进规律》为题发表在《农民日报》2014 年 7 月 26 日第三版,第三部分以《新农村建设要坚守底线》为题发表在《经济日报》2014 年 6 月 27 日第 5 版。

关于村庄庄演进规律,本文写了五条,2014 年 9 月在三台县永兴镇永征村蹲点调研又想了一条"自治律",主要从政府与乡村的角度揭示村庄演进的必然联系。2017 年 7 月,中农办召开座谈会,原四川省委农办将这六条"规律"写进交流材料,中农办主任在总结讲话时给与了肯定。

公共服务设施也成摆设。

荒漠化。这里指的是文化现象。一方面仿古建筑泛滥成风，另一方面传统民居不断捣毁。一方面知识水平提升，另一方面伦理道德滑坡。一方面文化下乡，另一方面封建迷信泛起。

这些挑战全国都存在。刘彦随研究员称之为"乡村病"，并概括出"四化"：农业生产要素高速非农化、农民社会主体过快老弱化、农村建设用地日益空废化和农村水土环境严重污损化。

进一步看，"乡村病"并非我国独有，发展中国家有，发达国家在城镇化一定阶段同样不同程度发生过。可以说，它是伴随城镇化的普遍现象，既在城镇化中发生，又在城镇化中解决。

二、村庄演进有规律可遵循

"乡村病"普遍存在，说明对村庄演进规律的认识尚未走出必然王国。我认为，村庄演进规律主要有五条：

互动律。主要指村庄与城镇互动，它要求城乡之间的人口、资源和生产生活要素双向自由流动。在这种流动过程中，村庄普遍经历着衰落与复兴的历史性变迁。一般而言，城镇化50%是衰落与复兴的重要节点，越过这个节点，村庄会陆续开始复兴。

融合律。主要指村庄与产业融合，它要求以村庄为载体、产业为支撑，产村一体、互动相融。与村庄复兴大体同步，农业逐步实行现代化和多功能化，村庄也成为乡村旅游的重要元素。没有产业支撑，村庄建设得再美，都逃不了"空心化"的宿命。

和谐律。主要指村庄与自然和谐，它要求村庄、农家、山水、林盘、农田和谐一体。传统村庄讲究风水，实际上是对自然山水的尊重；正是这种尊重，让村庄顺应了自然，源远流长。山水林田遭破坏，环境恶化，正是一些自然村消失的直接原因。

差异律。主要指村庄与村庄差异化，它要求每个村庄都体现出自己的地域、经济、社会、文化、生态特征。在不同的村庄，人们应当能够看到一张张活生生的面孔。正是这些不同面孔，形成一个个村落的脸谱。否则，千村一面，村庄就会失去魅力。

传承律。主要指历史文化传承，它要求保护好古老的院落、民居、林盘及各种乡土建筑，让老祖宗留下来的香火代代相传。现在，人们越来越认识到村庄是耕读文明的载体，传统文化的根在这里，我们的软实力在这里。这正体现了对传承律的认识。

村庄演进规律，是村庄建设的基本遵循。

三、用改革来推动村庄建设

推动村庄建设既要创新机制，又必须尊重规律，坚守底线，遵守规则。比如：

科学规划机制。规划水平决定建设水平。应当坚持规划先行，科学编制村庄建设规划。规划应把政府主张、专家意见和农民愿意有机统一起来，体现特色，体现农民群众的美好愿望。同时，应注重规划的实施，一张图纸绘到底；强调规划的督促检查，及时纠正违规行为。底线在于，不能克隆城市，赶农民进小区上高楼。

村落改造机制。传统村落改造是成败之举。政府应主导总体规划，负责基础设施和公共服务体系建设及古村落老民居保护。制定激励支持政策，引导农民按规划和标准，自主改旧、建新，改善居住条件。鼓励企业以各种投资方式参与农村生产生活设施建设。底线在于，不能剥夺农民的知情权、参与权、决策权和监督权。

产业培育机制。推行一村一品，支持培育特色产业。鼓励开拓农业多种功能，促进农旅结合、一三互动，发展乡村旅游。培养职业农民，提高农民的科学文化素质和职业技能。培育专业大户和家庭农场等新型农业经营主体，引导农民发展合作组织，推动农业产业化经营。底线在于，不能改变农地用途，不能捣毁基本农田。

利益协调机制。协调处理好农民、企业、社会组织等各类利益主体的关系，让各种合法利益都得到维护，调动激发各方参与村庄建设的积极性。关键和难点，集中在强势资本与弱势农民之间的平衡，这是政府义不容辞的责任。底线在于，不能侵害农民群众的土地承包权、宅基地使用权、集体收益分配权等合法权益。

美丽乡村建设的启示①

以"面向 2020 年的中国美丽乡村建设"为主题的中国美丽乡村(天府)论坛,将于 11 月 19 日至 20 日在成都举办。作为美丽乡村建设的参与者,难免思绪万千。

2008 年,浙江省安吉县率先开展美丽乡村创建工作。党的十八大提出建设美丽中国后,美丽乡村建设逐步形成共识,各地创建活动如火如荼,江西的美好乡村建设、安徽的和谐秀美乡村建设、四川的幸福美丽新村建设各具特色。从中,可以看到许多共同的东西,得出不少有益的启示。

启示之一,美丽乡村建设是新农村建设的必由之路,新农村建设必须融入生态文明的理念,还乡村绿水青山。实践表明,美丽乡村建设是新农村建设的升级版,乡村之美首先美在山水,美在田园,美在山水林田湖的有机统一。在一定意义上,新农村建设+生态文明=美丽乡村。

启示之二,美丽乡村不仅美在山水田园,也美在淳朴,美在文化,美丽乡村必须能读得出历史,记得住乡愁。许多乡村自然山水非常一般,可同样有活力有人气,其中的奥秘,就在于有故事,农耕文化底蕴深厚。这说明,文化是美丽乡村之魂、之韵,有了它就有了灵气和魅力。

启示之三,美丽乡村不只是看上去很美,中看还得中用,美丽还有着丰富的内涵,业兴家富人和村美才真美。各方推出的美丽乡村,除山水田园和历史文化外,当地老百姓都丰衣足食、安居乐业。看来,美丽乡村必有综合的内在素质,一些地方讲生态业态文态形态是有道理的。

———————————

① 本文写于 2015 年 11 月 13 日,原题为《美丽乡村建设的启示——写在中国美丽乡村(天府)论坛前夕》,以《美丽乡村建设要实现各美其美》为题发表于《农民日报》2015 年 11 月 18 日,发表时有删改。

启示之四,美丽乡村绝不可能只有一副面孔,她会有很多精彩的篇章,各具特色,各美其美,共绘美好蓝图。看看各地美丽乡村创建的经典案例,没有一个是仿造的,都有自己独特的个性特征,或地域的,或民族的,或文化的。复制品可以热闹一阵子,但最终都是死路一条。

启示之五,美丽乡村也不是要去替代城市,毕竟城市化是社会经济发展的大趋势,乡村和城市应当交相辉映。实践告诉我们,城市不是乡村的对立物,乡村不是落后的代名词,乡村和城市各有其存在价值,必须互动协调共荣。现代社会,没有城市或没有乡村,都是不可想象的。

这些都是美丽乡村建设的宝贵精神财富,应当形成共识,在今后的建设实践中好好珍惜,好好把握,好好运用。

大拆大建的问题与反思[①]

新农村建设一个值得反思的现象是，有的地方热衷于大拆大建，把一栋栋农房拆掉，把一片片村庄推倒，建起一个个聚居点、一处处欧式小区、一群群乡间高楼。

曾经，一些地方领导把它当作光鲜的政绩，四处宣扬；一些老板从中看到可观的商机，设法寻租；一些老农也圆了一辈子的梦想，洋盘了一阵子。有人断定，这就是农村城镇化、城乡一体化。有的地方进一步拿出宏伟蓝图，要让广大农村都这样翻天覆地。

然而，大拆大建带来的"好景"不长，一个个问题接踵而至，有的地方还引起了社会矛盾，主流媒体包括中央电视台焦点访谈也做过专题报道。

问题是，大拆大建总有它的诱惑。2015年下半年，我去某县调研。县里推荐的一个点，在比较边远的地方，是当地某成功人士回乡规划的，已经启动了几个项目，包括一栋数千平方的豪华大楼。业主的抱负是，把村里农房全拆了，集中建电梯公寓，让乡亲们住进不比城里差的高楼大厦，还可节约多少亩土地。

看来，大拆大建仍然阴魂不散，有必要对它进行深入剖析。反思农村的大拆大建现象及其造成的诸多问题，我认为，它至少有四宗罪：

其一，大破坏。有的，一夜之间就把风风雨雨数百年的传统村落，连着它的林盘、祠堂、民居、小桥、老井，通通夷为平地。祖祖辈辈辛辛苦苦积淀、传承下来的农耕文化，随着它的载体、符号的消失，一去不复返。有的，轻而易举地

---

① 本文写于 2016 年 1 月 10 日，是在同济大学培训结业时写的学习心得《尊重村庄演进规律建设幸福美丽新村——从一些地方的大拆大建现象谈起》的第一部分，以《反思农村大拆大建》为题发表《四川党的建设．农村版》，获 2016 年全国党刊优秀稿件一等奖和 2016 年四川新闻奖评论类一等奖。

把依山傍水的自然村庄拆掉,跑到公路两边、良田中间去,统规统建、统规联建,盖起楼房来。这样的大拆大建,对生态的破坏、对文化的践踏,简直不可低估。

其二,清一色。单就一栋房屋来看,空间布局、起居设计、外形风貌等等,都很讲究,似乎为您量身定做,让人心动。一旦走出去,您就会有受骗的感觉。家家如此,栋栋如此,而且,一字排开,兵营一样,无非房间有多有少、面积有大有小罢了。房屋这样,小区也是这样。您去有些地方,走过一村又一村,凡新建小区,满眼大马路、大广场、大花台、大洋房。千村一面,再美也让人疲劳。

其三,不持续。大拆大建,仅仅一个点,少说几百万,多则数千万,有的两三个亿也打不住。别说穷地方,就是百强县,三五年你能做几个?三年前,我曾经去某浅丘小县看过一个样板工程,号称要打造成世界一流。就在县道旁,50来户,全是新建,原本比较生态的小沟也砌起了坚固的堡坎。那时还不能交钥匙,已经投了3800多万。我问县里,这样的点能做多少?答曰:就这一个都很艰难。

其四,绊脚石。遭遇大拆大建,许多被拆掉的农房,本来修修补补就可以舒舒服服住上好些年;有的只建几年,还是半新半旧的。算算账,农民建房一般少不了一百五六十平方;统规统建,单价低的千把块,高的一千三四;加上装修,二三十万就没了。如果不被卷入大拆大建,靠积蓄在县城买百把平方的商品房,一般差不了多少。由此可见,大拆大建阻挠了农民进城,成为城镇化的绊脚石。

新农村建设要防止"五个替代"[①]

社会主义新农村建设经过十多年的实践探索,取得了历史性成效。但是,前进中也出现一些新问题。比如,"去农化",搞得城不像城、村不像村;"边缘化",地方政府大包大揽,或工商资本强势进入,农民成了旁观者。问题的原因是多方面的,有"五个替代"值得引起注意:

一、主观愿望替代事物本质。对新农村建设,各地有不同的理解和追求。一些地方基于城市建设和工业发展的需要,主要在农村土地特别是在集体建设用地上做文章,一心想把土地腾出来转化为城市建设或工业发展用地,不惜挤压农村建设空间,想办法让农民进小区、上高楼。一些单位因为不能辩证、客观认识城镇化过程中农村的"空心化"现象,简单把乡村同落后画上等号,把新农村建设同城镇化对立起来,甚至认为城市化就是要取代农村、消灭农村,对新农村建设的必要性、紧迫性和现实性存疑虑,工作中消极应对。

二、行政权力替代市场法则。市场已经成为经济生活的主要决定因素,凡市场能够调节的都应当交市场去决定。然而一些地方并没有完全这样做。产业发展上,有的主要靠行政权力去推动。比如,在土地流转中,政府出面动员、干预,为企业"摆平",有的还为企业承担相当部分生产设施投入和前三年的租赁费。在农房建设上,有的由政府出巨资为企业推广新型建筑材料。某市为帮助企业在农村推广新型建材,每平方米由政府补贴 1300 多元。仅此一项,市县政府至少投入了四五千万元。而农民自建房,每平方米建筑成本一般超不过一千元。

[①] 本文是调研报告《幸福美丽新村建设的问题和对策》第二部分(第一部分是"主要问题",第二部分是"成因分析",第三部分是"对策建议"),写于 2015 年 12 月 11 日,发表于《农民日报》2017 年 6 月 10 日第 3 版。2017 年 7 月,中农办召开座谈会,原四川省委农办将"五个替代"写进交流材料,中农办主任在总结讲话时给与了肯定。

三、政府意志替代建设规律。新农村建设有其自身的客观规律，一些地方并没有认真去研究和遵循。比如，在城乡关系上，没有充分考虑新型城镇化带来的人口转移因素，聚居点规划过多。在聚居点建设选址上，有的没有避让地质灾害，有的紧靠公路，有的没有充分考虑水源等条件，有的任意占用良田。在建设规模上，有的脱离农村生产生活实际，盲目搞大集中。在村与村的规划设计上，不注重差异性，一看就单调乏味。在文化传承上，简单搞"拼图"，实际是对传统文化、地域文化、民族文化的破坏。

四、领导热情替代农民意愿。新农村是农民自己的家园，理应由农民群众当家作主。实际建设中，一些领导同志急于为老百姓做好事、办实事，却忽略了农民群众的意愿，在事关农民切身利益的问题上想当然。比如，在规划设计上，当地领导凭兴趣、偏好，个人说了算，某市曾经提出把农村新建聚居点都搞成欧式建筑。结果，老百姓一搬进去，又不得不按照自己的意愿改造，既浪费了资源，又打乱了格局。在项目申报和实施上，老百姓还没有接受就组织实施，结果是"你栽你的树，我种我的地"，栽了毁、毁了栽，造成了来回反复和资源浪费。

五、理想蓝图替代现实选择。近两年，很多地方结合经济社会发展十三五规划编制新农村建设规划，或在农业农村经济发展规划中明确未来五年新农村建设的目标任务，关键是落实。但是，在一些地方，一是目标未分解，没有真正分解到年度，没有落实到乡村，还是"大数据"。二是任务不明确，没有找到工作的侧重点、突破口和切入点，停留于一般号召。三是工作不落实，没有落实到具体的建设项目上，缺乏载体和抓手。四是措施不具体，还是过去的老办法。五是宣传不到位，好的蓝图、好的项目得不到基层干部和农民群众的理解，实施困难。

这"五个替代"与体制改革和发展方式转变双重转型中的不适应有关，主要是在政府与市场、农民与企业、乡村与城市、规划与建设、建设与管理诸关系上没有拿捏好。因此，必须从思想深处下手，真正对症下药。

编制乡村振兴规划值得注意的四种倾向^①

乡村振兴，规划先行。随着乡村振兴战略的全面实施，各地对乡村规划工作越来越重视，正在陆续启动综合的或专项的规划编制工作。从过去新农村建设、美丽乡村建设的实践看，乡村规划不仅是一门综合性的科学，而且是一种需要平衡好各方关系的艺术，有必要总结实践中的经验教训，提升规划水平。近年来，笔者在走村串户的调研中发现，基层特别是村一级的规划编制，应当防止以下四种倾向：

一是长官意志。 在一些领导同志联系的村，规划往往是领导说了算；有的领导下车伊始，脑袋一拍就定了一个村发展的目标和任务。这样按照领导意图做出来的建设规划，往往脱离实际，盲目追求高大上；却有各个相关部门的项目资金随之跟上，而且会伴随三天两头的协调和督办。不少这样规划出来的村，要不了一年工夫，就会投下数千万甚至上亿元的资金。只要相关领导没有发生非正常变动，规划的实施就会带来一月一个样，三五个月大变样，眼看着翻天覆地。一旦领导出了状况，往往就会留下烂摊子，长期无人问津。这样的结果，既浪费了资源，又造成公共资源分配的不公平，容易引起群众不满。原某市一把手联系的一个村，当地聘请专业人士做了一个规划，后来被一把手推翻了。最后，完全按照那个一把手的意图，重新规划设计。笔者曾经去过该村建在距县道不远的一个新的聚集点，只有四五十户的聚居规模，还没建成就投了近4000万元。粗看像模像样，细看就会发现很多问题来。解决类似的问题，站在领导的角度，应当注重调查研究，尊重实践、尊重科学、尊重基层的智

---

① 本文写于2019年2月16日，发表在《农民日报》2019年2月16日第3版，有删改，题目改为《编制乡村振兴规划应注意四种倾向》，被推到"学习强国"，《农家致富顾问》2019年第5期转载；另一稿发表四川省委政策研究室《政研内参》2019年第3期。

235

慧,指导规划而不左右规划;站在基层的角度,既要准确领会领导指示的精神,更要坚持实事求是的原则,注重结合本地实际,在规划中落实而不盲从。

二是技术"专政"。不少地方在乡村建设中,简单依赖专业机构、专业人士编制规划,评审一过就了事。这种现象,通常出现在那些搞试点、争项目的地方。乡村的建设试点、建设项目强调规划先行是对的,问题在于不少地方并没有真正意识到规划的重要性,只是为了拿下试点、拿下项目、拿回资金而做规划。在此情况下,地方只为得到一个通得过的文本,规划单位则满足于规划的通过,项目竞争时只看文本怎么样。笔者曾实地注意到这类规划的两种情形:其一,水土不服。主攻城市规划的把城市小区规划模板搬到乡村来,长期在平原地区做规划的跑到山区去做项目,规划出来"四不像"。其二,消化不良。那些知名规划咨询机构、相关方面的知名专家承接了大批的规划项目,实际编制则由挂靠单位或实习生操刀,规划文本大多中看不中用。这样的规划,目的一达到,就束之高阁。笔者现场看过一个聚居点,规划单位的牌子不小,可只派过一个年轻人去现场,带些资料走。很快图纸就传到了当地,当然没法落地。应当看到,乡村规划既需要相关专业人士,运用专业知识,进行多角度比较分析,科学编制;又必须让各方面利益主体自觉参与规划的全过程,并协调处理好各种诉求的关系,求同存异,真正把规划变成共同的意志。

三是资本诱惑。这些年,不少工商资本、大老板,特别是房地产开展商,到乡村发展现代农业、开发乡村旅游业甚至建新村。为实现利益的最大化,他们精心开展了规划设计工作,做出看上去很美、很有诱惑力的规划蓝图。这种规划一般都在承包地流转和宅基地节约上做文章,搞集中开发和集中安置,有的还冒着政策和法律的风险,以种种名义变相搞起房地产开发,"大棚房"也是这样来的。当地老百姓则被安置在集中居住区,甚至被迫上高楼,腾出的集体建设用地就变成了企业的开发空间。规划的实施,一般都得到了当地政府及相关部门的支持。项目建成后,老百姓感觉亏了,有的就去找政府上访。一旦项目搞不下去,老板就跑了,当地政府又来捡摊子。笔者调查过某示范片内的一个聚居点。老板去之前,已经完成了规划设计。老板去了之后,对原规划进行重大调整,包括搞房地产开发,引起群众不满。加之房子卖不出去,老板骑虎难下，还经常找当地政府解决问题。对于这样的情况，一方面应牢记实施乡村振兴战略是全党全社会共同的行动，自然离不开资本下乡；另一方面，又必须承认工商资本逐利的天性，引导他们尊重农民在乡村振兴中的主体地位，与当地村组干部和村民充分沟通协商，共同制定共建共享的发展规划。

四是农民眼光。看到按领导意志做的规划、专业机构编的规划、工商资本搞的规划的种种弊端，一些地方村组干部、乡土能人就自己动手，凭经验编制产业发展或新村建设规划。有的是村组干部自己感觉有文化、有经验，专家能做的，他们也能做好；有的是当地返乡创业人员，因为去城里打过工，做过生意，搞过工程，相信有能力搞好家乡的规划。这样，便由村组干部或返乡能人牵头，自己动手编制本村的发展规划。这种规划一般没有规范的规划文本，有的甚至只是一些简单的草图。由于编制人员眼界不宽、缺少相关专业知识，大多手低眼也不高，规划的蓝图限制了他们的建设水平和发展空间。笔者在调研中发现，一些地方农民建房，要么到公路两边，路修到哪里，房屋就建到哪里；要么在良田中间，把原本依山傍水的老房子拆了，到好田好地当中去新建聚居点；建设项目、建筑风格，往往是盲目跟风赶时髦，简单复制别人的做法。深入了解便发现，那些规划正是村组干部、乡村能人带领大家做的。克服这种狭隘经验主义的做法，就是要在发挥农民积极性、主动性、创造性的同时，帮助他们打开眼界，看到自身经验的局限性，增强科学意识，通过各种方式借助相关专业机构、专业人士的知识，运用科学方法编制建设发展规划。

类似的问题，尽管是过去在新农村建设中出现的，但带有倾向性，对编制乡村振兴规划有一定的警示作用。

小手艺,大作为[①]

　　最近,我们深入成都市郫都区古城镇、安德镇、唐昌镇的部分村组,采取实地察看、随机走访、专题座谈等方式,调研乡村振兴战略实施情况。印象最深的是唐昌镇战旗乡村十八坊、古城镇指路"鸟笼村"和安德镇安龙村小微盆景园,展示了手工艺在乡村振兴中的作用。浓缩成两句话,就是:小手艺,大作为。

　　小手艺传承优秀文化。我国手工艺历史悠久、种类繁多,在战旗乡村十八坊,我们就目睹了蜀绣、郫县豆瓣、唐昌布鞋、竹编等 20 来种,其中有国家级、省级非物质文化遗产。最具代表性的要算有着 3000 多年历史的蜀绣,它以软缎和彩丝为主要原料,针法多达 12 大类 122 种。据介绍,蜀绣在汉末三国时已经驰名天下,清朝中叶以后逐渐形成行业,成为与苏绣、湘绣、粤绣齐名的中国四大名绣之一,被誉为"蜀中瑰宝",有很高的文化和艺术价值。2006 年 5 月,蜀绣被列入第一批国家级非物质文化遗产名录。十八坊里的蜀绣只是一个小小的窗口,题材也涉及熊猫、花鸟、人物等,品种包括绣屏、被面、枕套等等,既有巨幅条屏,又有袖珍小件,多是观赏性与实用性兼备的艺术精品。

　　小手艺提高生活品质。手工艺在工业化进程中一度走向衰落,面临着失传的危险。进入小康以后,人们对美好生活的需要日益增长,具有文化价值和艺术价值的工艺美术品重新受到消费者青睐,手工艺因此重现出生机。安龙村小微盆景的发展,正适应了由温饱、小康到美好生活的需求升级。当地小微盆景领头人安龙村村主任高修伦告诉我们,他以前是做花卉的,看到人们需求的多样化,便尝试做有艺术感的小微盆景。通过十多年的创意设计和精心培

[①]　本文写于 2019 年 7 月上旬,原题为《小手艺,大作为——成都市郫都区乡村振兴的启示》,四川省委农办《三农要情》2019 年第 10 期印发,《乡村振兴》2019 年第 8 期发表。

育,走出了路子,并带动了全村的发展。我们在那里所见的小微盆景,都体现出一定的艺术价值,成为"奢侈品",并通过电商等途径进入中高收入家庭。匠人们感到,小微盆景制作还美化了他们的家居环境,让生活充满诗意。

小手艺增加乡村就业。工业化、信息化和农业现代化,都伴随着劳动力需求的减少。近年来无人机、无人超市等"无人化"的发展,已经给就业带来了巨大压力,人们正担忧着今后劳动力何去何从。我们欣喜地看到,手工艺因其劳动密集性和产品个性化,将成为乡村创业就业的巨大空间。指路村原本不做鸟笼,据说是 1975 年由该村十组老篾匠王修其在为别人修鸟笼时自学来的。在他的带动下,鸟笼编制逐步发展成该村的支柱产业。目前,指路村 500 多户中已有 130 多户在做鸟笼,一般一户两人,仅此一项吸纳 260 多人就业。其中,指路十组做鸟笼的就有 35 户,占总户数的四分之三。有的手工艺还解决了特殊群体的就业问题。入驻十八坊的蓉锦蜀绣公司,80% 的绣娘为聋哑人。

小手艺富裕一方百姓。传统手工艺的附加值,与机械化、标准化、大批量生产的工业品不同,随现代化发展和社会的进步而彰显。较有代表性的如唐昌布鞋、古城鸟笼等,因其工艺精细,又有不同的文化价值和艺术价值,当地售价少的百把元,高的数十万元甚至上百万元。备受游客关注的唐昌布鞋,2018年被列入四川非物质文化遗产,产品迅速走俏,效益越来越看好。仅十来人的赖淑芳小店,2018 年就卖了上万双,价格一般在 160 元至 200 元之间,高的近千元,销售收入突破 200 万元。养鸟人钟爱的古城鸟笼,价格普遍在两三千元以上。指路村十组四川非遗传人王明文做的鸟笼,出手价不下万元,2017 年他的一只鸟笼,售价竟高达 30 多万元。据了解,2018 年该村鸟笼产业年收入近2000 万元。

小手艺还是绿色产业。手工艺主要以竹、木、草、棉布等可再生、可循环物为原料,靠双手、双脚制作,既生态环保,又能变绿水青山为金山银山。以手工编织为例,古城镇除鸟笼等竹编外,还有棕编和草编。从资料得知,古城棕编、草编传承自宋代,现在主要产品有鞋、帽、包、盒、扇等几十个花色品种。在十八坊,也有一家编织作坊设了展销窗口。在走访匠人的时候,我们得知,其原料来源于当地和附近县市乡间的竹林、林盘、田园。通过手工艺制作,农林产品及副产物都得到了综合利用,变成了附加值较高的艺术化商品。而且,其制作过程一般不会产生有害垃圾。这些编制品用过之后,即使放到自然环境中,也会经日晒雨淋得到分解。

由此推测,随着工业化的演进和后工业社会的到来,随着生态文明和文化多样性的发展,随着人们消费水平的升级和生活品位的提升,手工艺因其不可替代的文化、艺术价值和创造的就业机会,将逐步走向复兴。进一步看,手艺虽小,却可以成为大产业,与现代工业文明互促共进,交相辉映,相得益彰。

据此,建议把手工艺作为乡村振兴的一件实事来抓。一是全面调查摸底,制定专项规划;二是设立手工艺复兴工程,支持非遗保护和传承;三是把技能传授和素质提升结合起来,培养非遗传人和手工匠人;四是支持组建匠人协会,促进交流合作,加强行业管理;五是鼓励革新,支持采用新技术,开发新产品,开拓新市场;六是与庭院开发、林盘利用相结合,注重融合发展,发展文创经济。同时,要有底线思维,防止网络炒作和利益绑架,保护好文化传统和百姓利益。

让农民成为乡村艺术家^①

　　第三个中国农民丰收节就要到了。村民们将满怀喜悦,载歌载舞,庆祝农业丰收,展示美好生活,表现炙热情感,歌颂伟大新时代。这让笔者想起乡村艺术化来。乡村艺术化作为美丽乡村建设的实践探索,已经引起各界人士的关注,在一些地方、一些领域正在形成共识。紧接着,应当一个问题一个问题地进行研究。基于这一认识,本文集中讨论乡村艺术化的主体问题,进一步说,就是乡村艺术化的主体是政府、企业、市民、艺术家还是村民?

　　目前的焦点在于,乡村艺术化是艺术家的行为,还是村民们的实践? 有人以为,乡村艺术化是艺术下乡,是艺术家的群体行为,正是一批批画家、书法家、音乐家、雕塑师、设计师深入乡村,兴起了一个个艺术乡村建设项目,似乎离开艺术家们乡村艺术化就无从谈起。笔者认为,这样的认识是狭隘的。乡村艺术化需要多种角色参与,协同推进,但主角自然应当是当地的村民。正如著名美学家、中国社科院高建平教授所说:"乡村艺术化,并不是把乡村当成一张白纸,由艺术家在上面绘画。乡村之美要在既有的条件下,由当地的居民自己将它美化。这里的要点在于,当地的居民是主体……"

　　固然,当一群艺术家集聚到乡村,会"引爆"乡村,启动乡村艺术化,让乡村靓丽起来,山西省和顺县许村是这样,云南省澜沧拉祜自治县景迈山是这样,四川省蒲江县明月村也是这样。但是,在笔者看来,乡村艺术化本质上更主要的是村民们建设美丽乡村的自觉实践,无论创作主体还是接受主体,都主要是当地的村民。不管乡村艺术化是艺术家启动、企业家启动还是政府规划启动,都只有当村民们了解艺术,重新认识家乡、热爱家乡,怀着满腔热情,发挥他们

---

① 本文写于 2020 年 9 月 9 日,原题为《让农民成为乡村艺术家——写在第三个中国农民丰收节之际》,发表在《农村工作通讯》2020 年第 18 期,被推到"学习强国"。

的积极性、主动性和创造性,把乡村之美挖掘出来、展示出来,营造出诗意栖居的精神家园,才能真正实现乡村艺术化,乡村才会让人们更向往。

展示传统手工艺之美的四川省成都市郫都区战旗村乡村十八坊,就是战旗人靠自己的聪明才智创办的。走进乡村十八坊,琳琅满目的蜀绣、唐昌布鞋、郫县豆瓣等传统手工艺便会呈现在您的眼前,美不胜收。战旗村因此成为城里人的旅游打卡地,每天都要接待一批批远道而来的客人。2019 年 7 月,笔者去战旗村调研乡村振兴,就看到了那里的传统手工艺之美:第一,它美在传承了千年优秀文化;第二,它美在提高了人们的生活品质;第三,它美在增加了乡村的就业机会;第四,它美在富裕了一方百姓;第五,它还美在是绿色环保产业。这是生态之美、文化之美、生活之美,源于战旗人的心灵之美。

其实,艺术家的艺术乡建也不纯粹是艺术家们的自娱自乐。甘肃省秦安县石节子村的"石节子美术馆",就是石节子村籍艺术家、西北师范大学美术学院副教授靳勒同乡亲们一起开展的艺术乡村建设实践。大约从 2008 年开始,靳勒就邀请艺术界的朋友去石节子村与村民一对一结对子,一起进行各种艺术创作和艺术体验。为此,他们实施了"一起飞——石节子村艺术实践计划",把石节子的山水、田园、院落、农具等等都变成艺术的元素和符号,让乡亲们同艺术家一起创造,让城里人同原住民一起分享。如今的石节子村,男女老幼都是艺术创作主体,"杨阿姨"也成了网红的乡村"艺术家"。

为什么说村民是乡村艺术化的主体呢?因为乡村是他们生长、生活的家园,他们生于斯、长于斯、老于斯,最后还将在那里回归自然。那里的山山水水都布满了他们的足迹,一草一木都融入了他们的情感,一砖一瓦都洒满了他们的热血,一声一响都牵动他们的心灵。他们是乡村的主人,他们有着剪不断的乡土情结,他们与乡村同呼吸、共命运、心连心。随着城市化的发展,不少村民离开村庄,融入城市生活,也有一些市民走进乡村寻找心中的桃花源;但是土生土长的村民仍然是乡村的主体,在可以预见的将来,还没有哪个群体能够替代他们,村庄是属于他们的,乡村艺术化当然由他们说了算。

在艺术家与村民之间,明确村民在乡村艺术化中的主体地位,一点也不意味着低估艺术家的特殊作用。毫无疑问,艺术家是村民的艺术启蒙人,因为他们的介入,村民们才懂得艺术是什么、艺术又能为乡村做些什么,从而开始了艺术的觉醒,进而有了艺术创造的冲动,把生活变成艺术。艺术家更是化腐朽为神奇和点石成金的"魔术师",一些边远衰落的传统村落在他们的手下也焕发出生机和活力,已经发展起来的乡村则经他们的艺术点化而如虎添翼。艺术家还是乡村艺术化的示范引领者,正是一个个艺术家入驻乡村,影响带动了一批批、一片片艺术乡村的兴起。乡村艺术化,艺术家功不可没。

由艺术家与村民在乡村艺术化中的角色定位,可以类推出政府与村民、企业与村民、市民与村民在乡村艺术化中各自的地位和作用。他们各自的地位不同、作用不同、表现不同是无疑的,但不管角色怎么变化,有一点是确定的:村民,只有当地村民才是乡村艺术化的主体;政府、企业、市民的介入、参与,必须以尊重当地村民的主体地位为基本前提。政府可以也应该去调研、指导、规划、推动乡村艺术化发展,但不能替民作主,村里的事当由村民来定。企业、市民可以去也需要他们带着资本、技术、项目去乡村,采取多种合作方式和当地村民一起参与、共建、共享,但不能喧宾夺主,把村民边缘化。

发挥村民在乡村艺术化中的主体作用,首先是对他们进行艺术启蒙。这需要艺术家进村,采取讲故事、艺术创作、艺术体验等老百姓喜闻乐见的形式,让村民们懂得艺术是什么、他们身边有哪些艺术、艺术与他们的生产生活有什么关系、怎么利用艺术来建设美丽家园以及在乡村艺术化实践中应当注意什么问题。和顺县许村,正是当代艺术家、广东工业大学教授渠岩靠着艺术家的想象力和激情投入,同村民一起修复老房子、操办许村国际艺术节、开办国际艺术公社、建设幸福美丽新家园,点燃了村民的艺术梦想,村民们由此成为美好生活的艺术家。如今的许村,已经成为远近闻名的以艺术推动乡村复兴的样本。

发挥村民在乡村艺术化中的主体作用,关键是鼓励他们进行艺术创造。这需要政府看到乡村艺术化发展的客观必然性,自觉站在实施乡村振兴战略的高度进行谋划,并逐一分析辖区内村庄的自然条件、历史文化、个性特征、村民愿意,制定出分类指导、从容推进的发展规划、工作方案、激励政策,激发村民的创造性。四川省汉源县花海果乡,原本只是水果基地。正是县政府以"农情四季、百里画廊"为主题,规划出乡村之画、历史之画、自然之画、田园之画、家园之画"五幅画卷",并持续支持,才形成"春天是花园、夏天是林园、秋天是果园、冬天是庄园"的四季农业景观,展示出田园之美。

发挥村民在乡村艺术化中的主体作用,最终要让他们走上共创共享之路。乡村艺术化是开放的,离不开各界人士的参与,共建共享才有生命力。四川省都江堰市原柳街镇是中国农民诗歌之乡和中国田园诗歌小镇。八百多年前,南宋著名诗人陆游的《夜宿布金寺》,点燃了当地农民诗情的火种。三百多年前,这里又兴起了现编现唱、老少皆宜、口口相传的"薅秧歌"。进入新世纪,他们弘扬诗歌文化传统,又成立了全国第一个农民诗社"柳风诗社"。正是农民的诗歌创作、交流,吸引来艺术家和企业家共创,成功打造了农耕文明与地方特色有机结合和生态、业态、文态、形态"四态"合一的"七里诗乡"。

总之,村民是乡村艺术化不可替代的主体,推进乡村艺术化必须唤醒并激发他们的创造性;他们觉醒了,他们行动了,他们人人都成了自觉展示乡村之美的乡村艺术家,乡村艺术化发展就大有希望。

二十四节气是乡村艺术化不竭的主题①

乡村艺术化是我近年来反复琢磨的问题,我从 2020 年 12 月上旬起,断断续续提笔撰写"乡村艺术化随想"。今天,正当我苦苦思考农耕文化与乡村艺术化的关系时,收到了北京师范大学教授萧放和杭州师范大学副教授袁瑾的新作《二十四节气在江南》,真是及时雨。

二十四节气是我国传统社会的生产生活的常识和指南,我们的先人们以歌谣等通俗易懂好记的方式,使之代代相传。《二十四节气歌》云:"春雨惊春清谷天,夏满芒夏暑相连。秋处露秋寒霜降,冬雪雪冬小大寒。每月两节不变更,最多相差一两天。上半年来六、廿一,下半年是八、廿三。"儿时,每到一个节气来临的时候,往往会看到长辈们一边背诵二十四节气的顺口溜,一边掰着手指数节气,谋划农事,安排生活。跟现在不一样,那时温饱还是个问题,青黄不接是最头疼的事。

二十四节气更是中华民族重要的文化遗产,也是对世界文明的重要贡献。据相关资料介绍,早在 3000 多年前的周代,先民们已经精确地测定了夏至、冬至、春分、秋分四个节气;西汉时期已经完成了对二十四个节气的测定,并把每个节气分成三个物候,用以指导农业生产。至今,二十四节气都与我国老百姓的日常生活息息相关。2006 年 5 月 20 日,二十四节气被国务院批准纳入首批国家非物质文化遗产名录;2016 年 11 月 30 日,二十四节气被纳入联合国教科文组织的人类非物质文化遗产名录。

我国幅员辽阔,二十四节气有着鲜明的地域特征,体现出我国农耕文化的丰富多彩。比如在祖国的江南,《二十四节气在江南》告诉我们:江南,自古以

---

① 本文写于 2021 年 1 月 6 日,摘自董进智、胡艾萍《诗意乡村:新时代的乡村艺术化》,四川大学出版社 2021 年 6 月出版。

来承载着人们对"诗情画意"的美好想象,成了一个自然地理、财赋、风土、方言、气候、文学等诸多意象的集合。不同视角下的江南,自成一派风景。"江南二十四节气"承载着江南地区山川日月所孕育与映射的地域特色和人文气息,呈现出江南一地民众的生活理念、自然观念以及当地丰富的文化形态。

文化是艺术的灵魂,艺术是文化的形象表达。古往今来,二十四节气,越来越蕴含着艺术创作的丰富主题,不知激发了多少诗人、画家等艺术家的创作灵感。写这一段的时候,刚过了小寒,我们正好从微信朋友圈中看到中国人民大学教授孔祥智写的《今天是小寒》,后面就附了十多首历代文人写小寒的诗和数十条民间关于小寒的谚语。如北宋文学家、书画家苏轼的《清远舟中寄耘老》云:"小寒初渡梅花岭,万壑千岩背人境。清远聊为泛宅行,一梦分明堕乡井。觉来满眼是湖山,鸭绿波摇凤凰影……"

二十四节气,已经成为普通老百姓生活艺术化的动因,人们往往借题发挥,抒发情感。每到一个节气,民间尤其是在乡村,都会有相应的传统文化艺术活动,诗书画、歌舞、农耕仪式、美食……应有尽有。而且,不同的地域、不同的民族,在同一个节气都有着各自特殊的表达。以美食为例,在四川,每年冬至,不管城里还是下乡,亲朋好友就会邀约起来,美美地吃上一顿羊肉汤。为了传承优秀农耕文化,丰富农民群众的精神生活,我国还把每年的秋分定为中国农民丰收节,让农民群众,载歌载舞,欢庆丰收。

不用说,就研究、推动乡村艺术化发展而言,在二十四节气上,我们还没有开始破题,后面大有文章可做。我们可以采取各种雅俗共赏的艺术形式,抓住循环往复的立春、雨水、惊蛰、春分等每一个节气,把几千年积淀下来的农耕文化挖掘和表达出来,让乡村之美更丰富、更厚重、更有意味。

微信里的乡村艺术化碎片①

2016 年

去年初,我在汉源总结他们一个产业就是一个田园景观系观……之后我又提出对农业和农村要有审美的眼光……美丽乡村建设的方向之一,我理解,是乡村现代化与乡村生态化、人文化、艺术化的统一与融合……(2016.10.29)

看来,农业,在填饱肚子之后,便成了艺术,成了文化,成了体验。与之相应,农村也成了与城市互动、相依的田园生活、精神"疗养"空间。(2016.11.20)

2017 年

这里是三位一体的三新村,一个政府的,一个老板的,一个农民的。政府的,气派;老板的,豪华;农民的,朴实。(2017.7.16)

2018 年

……未来的乡村还少不了几分艺术,田园的艺术化、乡村的艺术化应是一种带普遍性的趋势。这样看来,搞乡村振兴,还得听听艺术的故事。(2018.1.21)

……如果乡村振兴就是去拿那些远离百姓的大奖,如果林盘改造就是往上面贴一个一个的大奖,我不知道究竟是什么取向。还是希望,乡村成为寻常

---

① 本文是若干关于乡村艺术化的微信评论,2021 年 1 月 6 日选编,摘自《诗意乡村,新时代的乡村艺术化》,四川大学出版社 2021 年 6 月出版。

　　我从 2015 年下半年开始使用微信,经常在微信朋友圈中发表评论和随想,其中一部分讨论地的正是乡村艺术化问题。这里摘录的不到四分之一。

百姓的家园。就是乡村的艺术化,我理解,应该在山水、田园、林盘间,在老百姓日常的生产生活中。(2018.5.20)

……人这玩意儿真是有点怪,很多时候,执着、投入、体验,比什么都重要。(2018.7.7)

乡村是朴实的,只需要生长,不需要打造。只要给它水,给它空气,给它阳光,给它时间,给它任性的机会,它就会给您一片生机,给您一个心灵的天堂。(2018.9.8)

……的确有"猪圈咖啡""牛栏咖啡"火了,国外还有"艺术家的大便"炒上百万美元。问题是,第一个,或许有点艺术;第二个,是赝品;第三个,对不起,可能就是垃圾了。乡村艺术化,是乡村的,是地域的……都离不开个性、独创。东抄西抄、千篇一律,就丢了艺术的精神,只剩下毫无意味的躯壳。

柳街是农民诗歌之乡,当地农民作了上万首诗,可否一墙一诗一画,一树一诗一牌,一田一诗一塑?……(2018.10.6)

同样是小火车,为什么相对偏远的犍为小火车总是那么旺?因为它是从早期工业文明的遗产中自然长出来的,不是仿造,不是伪造,更不是抄袭。同样重要的是,在那里坐着小火车,您不仅可以体验传统工业文明,还能分享乡村美景和农耕文明……(2018.10.7)

在一定意义上讲,人是故事性动物。我们听着故事来,听着故事成长,带着故事离开,一生就是听故事、演故事、讲故事,故事的感染力是无形的,更是无穷的。记得一个美国人讲过,一场演讲结束之后,人们留下的,通常可用两个字来回答:故事。(2018.10.25)

大约在 1981 年的时候,我曾在纸片上写下五个字:理性的迷雾。30 多年来,这五个字偶尔会在脑海里闪一闪……有时候,我甚至顺着它们这样想:几千年的人类文明,是不是让我们,脑子里面装得越多,实际知道的反而越少?(2018.10.28)

2019 年

我理解的乡村艺术化,不是追求高大上,不是艺术家的专利,不是精英的垄断,也不是供领导参观的,而是老百姓一起来营造诗意栖居的空间。它是一个长期的过程,不是一时的政绩工程、形象工程。

汉源的花海果乡……是老百姓生产生活的艺术……(2019.1.5)

别以为杜尚给蒙娜丽莎画上胡子才叫艺术,鸟儿在多肉那动人的脸上啄几个孔呢? 也许,现代艺术就是给美的东西过不去。是挑战,还是妒忌?

完美不只意味着不可及,它更秒杀我们活下去的那点自尊。所以,人们往往觉得残缺才是一种美。(2019.1.5)

……无疑,艺术将同科技一起,成为乡村腾飞的翅膀。这里,艺术设计至关重要。几个月前,我曾建议某县搞一个乡村艺术化活动。我还提出了活动的主题:设计,为乡村插上艺术的翅膀。(2019.1.8)

……建千奇百怪的"奶奶庙"和"全世界最大的王八建筑",这是值得反思的……乡村艺术化急不得,必须首先来一次审美、艺术的启蒙。(2019.2.10)

……乡村美化运动中,石头的厄运是被拆,砖的不幸是被涂。换只眼睛看,"糙"也是一种美,也更有意味。(2019.2.23)

有艺术家说"……艺术在农村不能当饭吃"。的确"艺术不能当饭吃",但是,人不是吃了饭就完事的。就是吃饭,艺术也是"下饭菜",它让人嚼出不同

的味道来。再说,乡村振兴是战略任务,不能只死盯着眼前的事,还当抬头看看。(2019.4.28)

……自从有了人类,山水就受到了人的干预,甚至遭到破坏,生物多样性减少,大自然失去了内在的和谐。人们重新认识人与自然的关系,带着艺术的追求,修复自然,让蛙鸣鸟叫、鸢飞鱼跃,还自然之魅,不亦艺术?(2019.7.16)

太阳是伟大的艺术家,每时每刻都创造出新的作品。(2019.7.26)

2015年,我曾分析过新城乡差别:城里人梦想着回归自然,乡下人则拼命挣脱自然,这是因为在发展中的站位不同所致……(2019.8.13)

风也是艺术家。乡间建筑日久风化,也就有了"意味"。(2019.9.23)

乡村是朴实的,也是奢侈的。它的奢侈不是因为"洋气",恰好是它的朴实……(2019.10.10)

美到极致其实是返璞归真。(2019.10.28)

在坐错的地铁上突发奇想:科技是给我们穿上衣服,艺术则把纽扣给我们解开。(2019.10.28)

艺术化是经济社会发展的必然趋势。如果说二次现代化里面有个生态化的话,那么,三次现代化来临的时候,人们将看到艺术化。艺术化,不只是乡村的未来。(2019.11.11)

艺术化,不只在乡村。只是,乡村艺术化不能与城市艺术化一个样,乡村必须有乡村味,必须彰显乡村价值。(2019.12.9)

我感觉,李子柒的成功,在于:在工业化、城市化的焦虑中,用诗意讲述了中国乡村的诗意。(2019.12.14)

2020 年

虽不懂书法,可一见这个就傻了。我猜,让人一见就傻、一听就傻、一念就傻的,就该算是艺术吧?(2020.2.22)

任何事,比如一日三餐,只要倾注了情感,全身心地投入;那么,从头到尾,在整个过程中,都可以进入"心流"状态,甚至获得马斯洛说的"高峰体验"。这也算得上一种"艺味"吧?……(2020.5.10)

艺术,或许原本就在生活中,未必高于生活。只要倾注着情感,用心去创造、去体验,一菜、一汤皆艺术。那色,那香,那味儿……(2020.6.6)

由奇葩设计得到的启示:创意,时时、事事、处处都可发生,人人都可成为创意设计师! 乡村艺术化,由创意出发。(2020.6.24)

……撑着小伞儿,独自漫步夏日的毛毛细雨中,听着轻轻的雨打声,看着小雨滴一滴一滴散在马路上,时间都会停下来等着您。(2020.7.7)

城市有城市的颜值,乡村有乡村的色调。乡村艺术化与城市艺术化,可以也应该相互借鉴;但是,不可相互复制,乡村艺术化必须彰显乡村山水、田园、农耕文明的独特价值。城市呢? 让城市去疯狂吧!(2020.8.6)

……如果说古典艺术是轻轻抚摸你的话,那么现代艺术则是当头猛力给你一拳。人并不总是需要抚摸,有时候真的需要挨挨捧。(2020.8.14)

去年参加首尔食品博览会，我有感而发，在微信里写了这样一句话：让麻辣川味把诗意留在舌尖上。其实可以改成两句：让川菜走向全世界，把诗意留在舌尖上。（2020.8.15）

诗意的劳动，这正是乡村艺术化追求的境界。当劳动普遍变得有诗意了，那乡村就人人都能创造、人人都成为“艺术家”了。到那时，乡村艺术化不就在“当下”吗？（2020.8.29）

……人人都有创意……把博伊斯说艺术的话套过来，可以说人人都是创意师。愿创意、设计进入生活，让日常生活充满诗意。这也正是我们致力的乡村艺术化的追求……（2020.8.31）

当你静下来用心观看的时候……小路上，你会看出一砄石子、一棵小草、一只小虫的味道。你会停下脚步，然后，时间也会跟着你停下来……（2020.9.10）

……乡村艺术化正是要展示乡村的内在之美。反思现实生活中的种种怪象，真担心乡村之美毁在城市设计师手里……（2020.11.19）

有人说，“现代艺术更多地关乎理念”……

让城市去玩观念吧！乡村艺术化还是要老老实实去发现、展示和彰显乡村的内在之美，这就是高建平教授讲的田园生态之美、传统故事之美、有机生长之美、家园情感之美。（2020.12.25）

关于公园城市建设的两点思考与建议[①]

公园城市是城市建设发展的新理念,为城市现代化指明了新的方向。成都要率先探索,其他城市也要学习借鉴,共同探索生态文明背景下中国特色社会主义城市现代化的新路子,为未来城市的可持续发展提供中国智慧和中国方案。

探索建设公园城市,作为一个前沿性的战略问题,应该把视野拓宽一点、把眼光放远一点、把问题想深一点,进行理念创新、思维创新、方法创新和模式创新。这里提出两点具体建议:

一、融入"艺"的元素,推动城市建设的艺术化

2021年4月19日,习近平总书记在清华大学考察时要求,把更多美术元素、艺术元素应用到城乡规划建设中,增强城乡审美韵味、文化品位,把美术成果更好地服务于人民群众的高品质生活需求。我认为这是对城乡发展、对现代化建设特别是城市现代化建设,提出了艺术化的新要求,让艺术同科技一起成为高质量发展的翅膀。笔者近几年主要研究乡村艺术化,同时也思考过城市艺术化问题。城市艺术化当然不同于乡村艺术化,但是两者也有相通之处,可以相互借鉴。具体讲,城市艺术化应该是把艺术融入城市现代化的全过程中,建设诗情画意、各美其美的美丽城市。这涉及城市建设的各个方面,包括基础设施建设的艺术化、人居环境的艺术化、产业体系的艺术化、工作过程的艺术化、日常生活的艺术化和社区治理的艺术化。同时,要注重城市艺术化与城市生态化、数字化、智能化的融合。应当说,成都市在城市艺术化方面已经

---

① 本文是一条微信评论,写于2021年12月27日,四川省生态文明促进会《生态文明内参》2022年第1期印发,《四川农村日报》2022年3月17日第5版发表。

有了一些实践探索,大街小巷都有了意味,这正是很好的基础。需要的是总结提升,系统设计,有序推进。

二、融入"农"的元素,拓展城乡融合的新空间

习近平总书记提出并反复强调推进城乡融合发展。我认为,城乡融合发展不只是对乡村提出的要求,也对城市提出了要求,要求城市也要融合乡村的元素。近几年成都市在乡村振兴中对城乡融合发展有了不少理论研究和实践探索,在城郊地区还创造和积累了不少成功的经验,在许多方面走到了前列。但是,在城市发展中怎么落实城乡融合发展的要求,还需要引起重视,并在城市建设实践中摸索。可以说,这里面还是大有文章可做的。比如在城市公园和公共绿地,可以种植瓜果蔬菜,发展创意农业。在城区的河、湖、塘、池,可以适量放养鸭、鹅等水禽。在市民的阳台和屋顶,种植番茄、辣椒等蔬菜作物。城市里的这些作物意义上的"农",可以兼顾食用,但更重要的是其景观效果,需要从艺术上进行布局和结构的优化组合,也要充分应用新品种、新技术,展示农业的未来发展方向。其实成都市大街小巷的银杏树就是这样,市民一般并不在乎它的果实。把"农"设计好了,也呈现出"艺"的意味,成为城市艺术化的有机元素。

乡村振兴几个问题的观察与思考①

最近,有幸在四川电视台全媒体新闻中心同阿坝州汶川县映秀镇党委书记欧旨勇、成都市郫都区战旗村党委书记高德敏和凉山州昭觉县三河村的支部书记某色比日,就乡村振兴话题进行了交流讨论,让我深受启发。

一、关于农民增收问题

增加农民收入是三农工作的中心任务。近年来,通过脱贫攻坚和实施乡村振兴战略,映秀镇、战旗村、三河村的农村居民可支配收入都大幅增长。2020 年,分别达到 2.4 万元、3.5 万元、1.1 万元,比 2019 年增长 12％、13％、29％,也缩小了与城市居民的收入差距。这在四川省乃至全国都有一定的代表性。

进一步看,这三个镇、村的农民增收呈现出新的亮点。我注意到了这样六个现象:一是绿水青山变金山银山。青山绿水、鸟语花香吸引着城里人,乡村旅游成为重要增长点,映秀镇有的村农民收入的六七成来自旅游业。二是特色产业带动小农户增收致富。要不了几年,三河村一户人一二十亩水果、蔬菜,一年就可能有几万元甚至几十万元的现金收入。三是小手艺有大作为。战旗村一双唐昌布鞋,一般卖到两三百元,档次高的要千把元。四是电商把小产品带到了大市场。距离战旗村不远的安龙村,一名村干部每晚十点开始直播,把产品卖到了全国各地,拳头大一个盆景也要卖一两万元。五是艺术正在赋能乡村。一双唐昌布鞋能卖上千元,在于它不仅有实用价值,还有艺术价

---

① 本文写于 2021 年 12 月 25 日,四川省委农办《三农要情》2022 年第 4 期印发,《农村工作通讯》2022 年第 3 期发表,题目改为《高质量推进乡村振兴的路径——以四川省映秀镇、战旗村、三河村为例》。

值,能给人以美的体验。六是集体经济带动共同富裕。战旗村每位村民,每年从集体经济中得到的收入就是一两千元,60 岁以上的老人每月还能得到一份特别的福利。

这些现象背后,应该有一些带规律性的东西,抓住了其中隐藏的客观规律,就能建立健全农民持续稳定增收的长效机制,就能缩小城乡之间、东西部之间的收入差距,逐步实现共同富裕目标。当然,持续增收不是一件容易的事,必须年年都要有新办法、新起色。

二、关于集体经济问题

发展农村集体经济,是当前的一个热门话题。可以说,新中国成立以来,农村集体经济发展经历了一个曲折的实践探索过程,人们对集体经济也有一个认识和再认识的过程。在脱贫攻坚和乡村振兴中,人们对集体经济的认识正在达到一个新的高度,集体经济发展也呈现出新的良好态势。在映秀镇、战旗村和三河村,村村都有集体经济项目,人人都分享着集体经济收益。

2020 年,战旗村集体资产近亿元,集体经济收入达到 600 多万元。从战旗村这里,我感觉农村集体经济有许多不可替代的作用,至少有两个不可低估:一是集体经济能增强农村基层党组织的凝聚力和战斗力,更好地把村民组织起来,发挥他们在乡村振兴中的主体作用,这是推动乡村振兴的一个关键;二是集体经济能惠及集体经济组织的每一个成员,不管他有没有劳动能力、是不是住在村子里,这样就能更好地实现共同富裕,这正是走中国特色社会主义乡村振兴道路的重要价值取向。应当说,农村集体经济发展不止这两个作用,而且有些作用可能我们现在还没有认识到。不过,凭这两大作用,就有足够的理由把发展农村集体经济提上实施乡村振兴战略的重要议事日程,坚定不移地抓下去。

当然,发展农村集体经济绝不是要走回头路,更不是要回到人民公社时代的"一大二公""一平二调"。今天我们要发展的,是在家庭承包经营、统分结合的双层经营体制基础上,充分应用市场经济法则的、形式多种多样的新型农村集体经济,因此必须坚持改革创新,充分激活农村的各种资源和要素,提高发展的质量和效益。

三、关于乡村特点问题

我们讨论的话题都涉及乡村的特征、功能、价值问题。过去,人们习惯于把城乡对立起来,总觉得城市才有希望,乡村则成为落后的代名词。进入新时代以来,我们对乡村有了新的认识。

今天,站在生态文明和文化多样性的高度,我们看到乡村,包括映秀镇、战旗村、三河村,都是具有自然、社会、经济特征的地域综合体。与城市相比,它具有粮食安全、生态屏障、文化传承等特有功能,这些功能都是城市替代不了的。城里当然能够种出水稻来,只是在下种之前你要先想一想,城里的地皮有多贵? 一亩地能产出多少? 每一斤的成本有多高? 城里种水稻又能不能养活城里人? 反过来,乡下也不能像城里那样修高楼大厦、搞大规模房地产开发。

我们还看到,新时代的乡村越来越成为人们养生养老、创新创业、生活居住的新空间,田园变公园、农房变客房、劳作将变体验正在逐步变成现实,乡村优美环境、绿水青山、良好生态将越来越成为稀缺资源,乡村独特的经济价值、生态价值、社会价值、文化价值日益凸显。难怪连美国城市社会学大师芒福德也不得不承认,城与乡同等重要,自然环境比人工环境更重要。这正是城市化发展到一定阶段,乡村由衰落走向复兴的重要原因吧?

所以,我们都感到,乡村与城镇互促互进、共生共存,共同构成人类活动的主要空间。因此,乡村振兴要在城乡协调发展中,干好乡村该干的事。以乡村建设为例,绝不能像城市那样修高楼、建大马路、种大草坪。一定要体现农村特点,注意乡土味道,保留乡村风貌,留得住青山绿水,记得住乡愁。

四、关于乡村未来问题

最后,我们聊到了打造各具特色的现代版"富春山居图"。我理解,这是要我们把艺术运用到乡村规划建设和生产生活中,推进乡村艺术化发展。

所谓乡村艺术化,从映秀镇、战旗村和三河村看,就是要把乡村建成艺术,把乡村生活过成艺术,建设诗情画意、各美其美的美丽乡村。它涵盖农业农村的各个方面,包括人居环境艺术化、产业体系艺术化、劳动过程艺术化、生活方式艺术化和乡村治理艺术化,主要表现为自然山水、艺术田园、农耕体验和诗意栖居,就像《在希望的田野上》唱的那样。

这应该是未来乡村的新境界。的确,进入新时代,日常生活呈现出审美化趋势,人们向往着田园风光、诗意山水、乡土文化,追求与自然和谐相处的乡村慢生活成为时尚。同时,城市化发展到今天,乡村内在的田园生态之美、传统故事之美、有机生长之美、家园情感之美逐步彰显,与城市的高科技、高楼大厦交相辉映。在这样的背景下,艺术乡村建设蓬勃兴起,映秀镇、战旗村和三河村都有了不同程度的艺术气息。

那么,怎么推进乡村艺术化呢?我想,应该做到五个必须:一是必须以发展为前提,紧紧围绕乡村振兴来进行;二是必须重新认识艺术,让艺术回归日常生活;三是必须重新审视乡村,展示乡村内在之美;四是必须彰显独特个性,做到村与村之间各美其美;五是必须坚持农民主体,发挥他们的主动性和创造性。

这样,不远的将来,我国的大江南北将形成一幅幅特色鲜明的现代版"富春山居图"。到那个时候,广大乡村将成为人们的诗意栖居之地。

山区乡村振兴要念好"山水经"①

　　荥经县龙苍沟镇发展村,地处山区,优势在山,潜力在山,希望在山。过去靠山吃山,砍树子、开小煤窑、办小水电。那条路,早就走不下去了。现在是不是不能"吃"山了?当然不是,还得继续靠山吃山。但是,"吃"的方式要转变,要来一次革命,念好"山水经"。

　　20多年前,我曾提出雅安地区在西部大开发中要念好"山水经",做好山和水的文章,讲的正是发展理念、发展方式的转变。今天从乡村振兴来看,我认为,念"山水经"关键在打好"双色牌",一个是绿色,另一个是特色。

　　"绿色",是要牢固树立生态文明的理念,尊重自然,顺应自然,保护自然,发展绿色、低碳经济。发展村多年来对国宝大熊猫和中国鸽子树的保护就做得很好。但是,我们不只是要保护大熊猫和中国鸽子树,还要保护一虫一鸟、一树一草,也就是保护生物多样性。因为山水林田湖草是生命共同体,所以,如果物种一个一个地绝灭了,那么总有一天人类也没法继续生存下去。这绝不是危言耸听,气候变暖已经给我们敲响了警钟。因此,乡村的一个十分重要的功能就是保护好生态环境,比如在乡村建设中要慎砍树、禁挖山、不填湖、少拆房。当天蓝了、地绿了、水净了、空气清新了,又可以发展生态农业、生态旅游、美丽经济,绿水青山就变成了金山银山。现在发展村已经办起了几十家民宿,一家民宿一年的收入就是十几万元、几十万元,要不了几年还会上百万元。这就是绿色经济,完全得益于坚持不懈的生态保护。

　　"特色",是要发展特色产业。农业都是与一定的土壤、气候联系在一起的,有很强的地域性,这就是"一方水土养一方人"。所以,要弄清村情,突出地

---

① 本文是2022年1月9日在荥经县龙苍沟镇发展村考察时写的,原题为《记住乡愁与乡村振兴》,发表在《乡村振兴》2022年第2期。

域特点,发挥独特优势,大力发展特色产业。竹业就是发展村的一大特色,20世纪80年代,这里的金山组就因卖竹子而成为当时响当当的专业组。现在我们发现,竹业还大有文章可做。竹笋可以卖鲜笋,可以做干笋,还能办竹笋宴。竹子,除了像过去一样砍(竹与树不同,每年都需要砍,砍得好才发得好)去卖,还可以做建筑装饰、做日常生产生活用具,还可以搞竹雕、竹编,做成手工艺品,既实用,又有审美价值。而且,通过直播带货,又可卖到全国各地。这样,就延长了产业链、价值链、供应链。同时,发展特色产业必须带动家家户户发展,还要注重发展农村新型集体经济,这才能实现共同富裕。共同富裕是实施乡村振兴战略的重要目标。

打好"双色牌"还不够,还要进一步"绘好一张图",这张图是"富春山居图"。要搞好人居环境的整治提升,继续搞好垃圾治理、污水治理、厕所革命,注重村容村貌的提升和环境的美化,而且可以来一场"屋顶革命",建设美丽宜居乡村。同时,逐步把艺术融入到规划建设和生产生活中去。老百姓开始在墙上画画了,这只是其中的一个元素,但确实是一个良好的开端。接下来要注重艺术设计,通过各种艺术实践来营造艺术氛围,让生活充满诗意。当我们的人居环境、产业体系、劳动过程、日常生活和乡村治理都艺术化了,我们的乡村便成了诗意乡村,远处一看,将是一幅活生生的现代版"富春山居图"。这是最有意味的乡愁。

明月国际陶艺村建设的做法和启示^①

进入新时代,在西部地区崛起一个被艺术"点亮"的乡村,它就是成都市蒲江县甘溪镇明月村。如今的明月村处处有诗意,是名副其实的艺术村,新村民、原住民过着有滋有味有诗意的新生活,源源不断的游客也在那里沉浸式体验着田园慢生活。

明月村的建设和发展有许多值得总结的经验,可以从不同方面去挖掘。其中最突出的也是人们最关注的,是艺术赋能乡村,助推乡村振兴。

(一)创意为王:打造"明月国际陶艺村"

明月村有烧制陶瓷的传统,至今仍保留着 4 口老窑。明月窑属"邛窑",始建于清康熙年间,沿用唐代工艺,300 年来一直经过师徒手口传授,是不可多得的文化遗产。2012 年底,民间陶艺师李敏从景德镇来到明月村,对邛窑进行了实地考察,形成《邛窑修复报告》。《报告》认为明月村的老窑是四川为数不多的"活着的邛窑",有较高的文化价值和艺术价值,建议进行修复,保存文脉。

据此,明月村策划启动了"明月国际陶艺村"项目。计划用 5 年时间,依托本土陶艺文化,以陶艺手工艺文创区为核心,引进知名陶艺家、艺术家、手工艺收藏家等,形成以"陶艺"为特色的艺术家集群、文化创意集群和"明月窑""扫云轩"等陶瓷创意品牌,打造西部第一、国内外知名的陶艺村。同时,以旅游合作社为主体,以文创产业为支撑,以乡村旅游为载体,实现文化传承、生态保护、美丽乡村建设的和谐统一,建成成都市新型知名乡村旅游目的地和美丽乡

---

① 本文是 2021 年 12 月应中央党校教授张孝德之约撰写的典型案例《农民与艺术家共建诗意乡村——四川省蒲江县明月村的艺术化发展之路》的第一部分的"做法"和"小结",写于 2022 年 1 月 20 日。全文分"文本""人物""解读"三部分,编入《乡村振兴探索创新典型案例》,东方出版社 2022 年 5 月出版,《中华民居》2022 年 7 月—8 月号转载。

村建设示范。

"明月国际陶艺村"的打造分三期进行。第一期,2014—2015年,完成蜀山窑、远远的阳光房、谌塝塝微村落等项目,成立乡村旅游合作社,首期5个示范项目建成运营。第二期,2016—2017年,完成5—8个艺术类项目,陶艺手工艺文创区初具规模,形成明月国际陶艺村品牌;旅游合作经营项目扩大15—20处。第三期,2018年,完成7—8个艺术类项目,陶艺村项目全面完成。

难能可贵的是,在打造"明月国际陶艺村"的过程中,他们始终坚持"三个不任性",权力不任性、资本不任性、村民不任性。几年来,不因领导意志而改变图纸,不因资本强势而放宽条件,不因村民私情而降低标准。曾经有一位身家数亿的大老板,因与"明月国际陶艺村"无缘,被明月村委婉谢绝。

(二)关键在人:让村民成为乡村艺术家

"明月国际陶艺村"的打造,得力于"外引+内培"的人才战略,引进了一大批新村民,带动了老村民素质的提升,让人人参与到艺术乡村建设中来,成为艺术乡村建设的行家里手。

"外引"新村民。用情怀、资源和政策吸引人,引进了国家一级注册建筑师赵晓钧、中国工美行业艺术大师李清、美国注册建筑师施国平、服装设计师宁远等来自北京、上海、深圳、成都等地的100多位艺术家、建筑规划师、服装设计师、工艺美术师、作家,形成了一个充满创造力的生机勃勃的新村民群体,成为"明月国际陶艺村"建设的先锋和示范。陈奇,四川大学旅游学硕士,参与过成都市西来古镇、西岭雪山等项目,有丰富的文创经验。2014年12月来到明月村,成为"明月国际陶艺村"操盘手,被称为"奇村长"。宁远,曾经是四川卫视新闻主持人,获得过金话筒奖。2015年1月进入明月村,先后创办了"远远的阳光房·草木染工房""远家·文创综合体"。

"内培"原住民。搭建明月书馆、明月讲堂等培训载体,定期举办公益培训讲座。明月讲堂自2015年11月开班以来,已举办主题宣讲、专题讲座、交流分享会等55期,受众10万余人(含直播),北京大学艺术学院教授向勇、日本福知山大学地域经营学部教授涉谷节子、浮云牧场创始人余勇等国内外相关专家、学者、实践者登台演讲、交流。同时,以李清、宁远、李南书为代表的新村民,实行一年一张计划表、一人一个培训班、一月一场专业课,免费为老村民开展陶艺、书法、绘画、篆刻、草木染等培训。李清是蜀山窑创始人,把蜀山窑带动明月村,一边研发产品,一边开展陶艺培训,2016 年以来已完成培训 200 多期,有 1000 多人次参与了学习,成功孵化培育了 4 家陶艺体验工坊。

创造返乡创业机会。孵化了"明月天成果园""青黛""门前椿宿"等返乡大学生创业项目,吸引了返乡大学生江维、罗丹等 150 多名村民返乡创业就业,带动全村 1200 多户、4000 多人共同参与明月村的发展。有国际贸易专业背景的江维,2015 年参加新型职业农民培训,成为中级农业职业经理人。他流转经营 40 亩生态柑橘,将艺术元素融入农业生产过程,把农产品做变成了精美的礼品。

(三)融入日常:艺术生活化生活艺术化

走进明月村,很难看到由艺家创作的公共艺术作品,但是,人们却能强烈感觉到它浓郁的艺术气息。其奥秘在于把艺术融入日常生产生活,逐步实现了艺术生活化、生活艺术化,让寻常生活充满诗意。

营造艺术氛围。他们美化人居环境。保护茶山、竹海、松林等生态本底,推进景观梳理、绿道建设、风貌整治以及院落美化,绿水青山成为"明月国际陶艺村"的底色。传承传统工艺。保护"明月窑",引入蜀山窑、蓝染手工艺等文创项目 51 个,形成了多元化的文创产业集群。组织文艺活动。举办春笋艺术节、"月是故乡明"中秋诗歌音乐会、竖琴田园音乐会等明月村特色文化品牌活动,打造了《明月新村新面貌》《茶山情》等原创歌舞,孵化培育了明月村放牛班合唱团等特色队伍,参加了国内外文化展示和交流。中秋诗歌音乐会已连续举办 6 届,新老村民欢聚在明月湖畔,载歌载舞欢庆中秋佳节。注重艺术设计。设计覆盖了环境、建筑、产品和日常生活。施国平设计的旅游接待中心,像"散落在田间的七朵花",被住建部评为"第二批田园建筑优秀实例",成为明月村的标志性建筑。浓郁的艺术气息把人们导入田园慢生活场景,获得沉浸式体验。

改变生活方式。艺术融入改变着老村民的思想和行为,他们尝试创意产业、改造林盘院落、设计生活空间、转变生活方式。成立了旅游合作社,以"茶山·竹海·明月窑"为名片,推出自然教育、制陶和草木染体验等项目,打造出集家庭农场、林盘民宿、农事体验、研学课堂于一体的旅游新业态。开起了9家手工作坊,彭双英传承草木染传统工艺,创办"岚染工坊",开发了体验、服装等4类、"海上生明月"等100多种产品,成为成都纺织专科学校的教学基地。办起了12家民宿,杨彦菱和她的公公婆婆一起开的特色民宿"竹里·拾家",11间客房,因设计精美、布置温馨、服务贴心而赢得消费者的好评。家家户户都梳理环境、美化院落,土生土长的原住民杨安全,整治环境、改造老屋,让生活有滋有味,还招来了客人。他深有体会地说:村里的环境美起来了,不是那种刻意的景观,而是自然形成的,看着花开的幸福感是花钱也买不来的。

(四)政府给力:从规划定向到特批用地

明月国际陶艺村的打造,离不开县、镇党委政府的领导。蒲江县委县政府一开始就从蒲江县未来的发展构局中把明月村定位为"西部第一、国内外知名的陶艺村",列入议事日程,从各方面给予了大力的支持。

蒲江县委政府成立县长为组长、县政协主席为顾问的"蒲江县明月国际陶艺村项目工作领导小组",负责项目策划、规划、招商、推广和管理。时任县政协主席徐耘,作为领导小组顾问实际为项目负责人,他不仅有满腔热情,还有着丰富的人生经历和工作经验,为明月村建设呕心沥血,从策划到实施,每一个环节、每一个方面都有他的心血。一开始他就强调"农事为先、农民为主",这两句话成了明月村艺术乡村建设的基本原则。在规划实施过程中,他坚持"没有投资,没有一个人可以进入明月村",新村民也必须带着资本去。进入明月村的艺术家、规划师、设计师、作家不仅有自己的看家本领,还有自己的投资项目,如李清的"蜀山窑工坊"、赵晓钧的特色民宿"呆住·明月",宁远的"远家·文创综合体"。

特批国有建设用地,支持"明月国际陶艺村"陶艺手工艺文创区建设。项目开始的时候,遇上"4·20"芦山大地震,蒲江县属于地震灾区。蒲江县政府利用灾后重建政策,特批明月村187亩国有建设用地指标,为新村民的入驻创业提供了发展空间。目前,"明月窑""乐毛家""晓得""云里""呆住·明月""明月·樱园""善本小筑""明月·远家"8个项目已建成开放,"篱下""青木"等项目即将完成。共入驻新村民40余人,开发了陶艺、草木染等文创产品,解决了本地80余人的就业问题。"呆住·明月",以"呆禅"为灵魂,占地6.1亩,建筑面积1624平方米,成为集艺术品商店、展厅、图书馆、餐厅、客房于一体的小型精品艺术酒店。它通过独特的伴随式管家服务,营造了一个适合发呆的空间。

(五)重要启示:艺术化是乡村发展的未来

明月村的艺术乡村建设,可以给我们很多有益的启示。它告诉我们:

艺术能够点亮乡村。正是与农耕生活紧密相连的陶艺、草木染等文创和贴近生活的文娱活动,赋予了明月村发展的新动能,激发了明月村的生机和活力。

文化是艺术乡村的灵魂。明月村的蜕变在于重新认识被誉为"活着的邛窑"的"明月窑",深度破解其文化密码,着力打造特色鲜明的"明月国际陶艺村",没有文化人李敏对明月窑的发现和一群文化人对地域文化的挖掘,就很难想象明月村今天的景象。

艺术乡建贵在共建共享。人们在明月村看到的是新村民、原住民的和谐共生,原住民对新村民很友善,新村民主动带动原住民发展。

乡村艺术化只有进行时,没有完成时。明月村从"明月国际陶艺村"项目启动开始,一直在创新、演变,现在他们正在谋划陶艺作坊家庭化、陶艺与农耕的深度融合、与景德镇等地的交流与合作。

这些都是弥足珍贵的精神财富,让我们看到了乡村的希望、乡村的未来以及通向未来的路。

当然,明月村也面临新的压力。如何防止资本诱惑、如何保留乡村风貌、如何保持创新活力、如何做好合村后的"后半篇文章",都是当前值得研究的问题。相信明月村能够找到适合自己的解决办法,为全面推进乡村振兴贡献智慧和经验。

明月村回答了什么①

　　蒲江县明月村是近年来艺术振兴乡村的成功案例。分析明月村的艺术化实践，对更好地推动乡村全面振兴有一定的借鉴意义。

一、明月村的探索展示了乡村发展的未来

　　明月村是进入新时代以来，在美丽乡村建设中走上艺术化发展路子的。像这样的艺术村，在乡村振兴中已经不是个别现象，比如北京北沟村、浙江葛家村、广东青田村、河南大南坡村、云南帕连村等等。放眼去看，国际上的艺术乡村建设，早在 20 世纪五六十年代就开始了，如芬兰菲斯卡村、波兰萨利派村、日本越后妻有大地艺术节、韩国甘川洞文化村。透过明月村和各种形式的艺术乡村建设，我们发现乡村艺术化就是要把乡村建成艺术，把乡村生活过成艺术，建设诗情画意、各美其美的美丽乡村。它涵盖农业农村发展的各个方面，包括人居环境艺术化、产业体系艺术化、劳动过程艺术化、生活方式艺术化和乡村治理艺术化，主要表现为自然山水、艺术田园、农耕体验和诗意栖居。这应该是未来乡村的新境界。当然，明月村的乡村艺术化发展刚刚上路，目前又面临一些新的挑战。尽管如此，我们依然从中看到了一种希望。全国各地的艺术乡村建设，只要继续一步一步走下去，不远的将来，大江南北将呈现一幅幅各具特色的现代版"富春山居图"。到那个时候，广大乡村将逐步成为人们的诗意栖居之地。

---

① 本文是应中央党校教授张孝德之约撰写的典型案例《农民与艺术家共建诗意乡村——四川省蒲江县明月村的艺术化发展之路》的第三部分，写于 2022 年 1 月 20 日。

二、明月村突出的亮点在于新村民带原住民

目前,艺术乡村建设蓬勃兴起,有地方政府打造的、有艺术家介入的、有工商资本开发的、有当地村民自己搞起来的。"明月国际陶艺村"的打造,既有政府的影子,又有艺术家的引领、当地村民的自觉,还有工商资本的力量。与许多地方的艺术乡村建设相比,它的一个突出亮点在于,吸引了施国平、李清、宁远、陈奇等一批来自北京、上海、深圳、成都等地的100多位艺术家、规划师、设计师、操盘手等创意人才,形成了一个生机勃勃的新村民群体。更可贵的是,这些新村民没有替代、排斥明月村的原住民,形成一个比较独立的"艺术王国",而是携手原住民,共创共建共享。他们或示范、或合作、或培训,与原住民一起,兴起了陶艺、扎染、美食、民宿等50多个文创项目,培育了明月之花歌舞队、明月村放牛班合唱团、明月古琴社、明月诗社等村民组织,还定期举办春笋艺术节、"月是故乡明"中秋诗歌音乐会、上巳节诗会、"醉月流觞—端午古琴诗会"、竖琴田园音乐会等特色文化品牌活动。就这样,新老村民一起一天天把明月村建成了中国乡村旅游创客示范基地、中国传统村落活化最佳案例。

三、要区别明月村可复制和不可复制的东西

明月村在探索乡村艺术化发展的实践中,创造了许多可复制的经验和做法。比如,重视创意策划,一经确定下来便坚定不移推动实施,一张蓝图绘到底,不让权力任性、资本任性,也不让村民任性;又比如,通过文创活动营造出艺术氛围,引导村民把艺术融入特色产业和日常生活,建设幸福生活的美好家园,让劳动过程充满乐趣,让乡村生活有滋有味富有诗意。同时也要看到,明月村的一些做法是在特定条件下,利用特殊政策形成的。比如,蒲江县政府特批明月村的187亩国有建设用地指标,就是"4·20"芦山大地震灾后恢复重建的特殊政策,只有在芦山大地震灾区、属于灾后重建项目,且不错过政策确定的有效期,才可以争取得到,否则,三个条件中缺少一个便是不现实的。再有,明月村目前出现的个别地产化、去农化等苗头,也不能误认为是发展的方向,否则就会在盲目的复制中付出代价。也就是说,分析研究明月村艺术乡村建

设案例的时候,既要看到它可复制的经验,也要注意它不可复制的做法和需要辨别的现象,把功夫用在可复制的方面和带倾向性的问题上,找出其中代表规律性、趋势性的东西。

课 件

核心提示

●要提倡商量办事。第一,要平等相待,相互尊重;第二,要坦诚相见,敞开胸怀;第三,要求同存异,有些问题先搁置;第四,要设身处地,不强人所难。

●应当明确三点:第一,为谁而建? 新农村综合体可以吸引市民来休闲、分享,但它从根本上讲是农民的家园。第二,由谁来建? 政府理当支持新农村综合体建设……但是最终还得靠农民的智慧和汗水。第三,让谁来管? 一经形成社区,还得靠社区自治……

●乡村独特的价值:生产上,农业直接或间接同动植物、微生物打交道,多样性、鲜活性、微妙性、随机性,其乐无穷。生活上,宁静,诗意,浪漫,就是人们说的田园牧歌。生态上,以自然为底色,贴近自然,友好自然,融入自然。文化上,淳朴,互助,和谐,浓浓的乡愁。当然,这些价值要在城市病充分暴露之后,才能逐步展现。

●乡村艺术化要用绘画、音乐等艺术,打破日常的平庸,营造艺术氛围,把人们导入艺术场景,让人们发现乡村的意味,沉浸其中,共同创造与体验,使生活充满诗意。

●乡村之美是质朴的、厚重的,甚至可以说是奢侈的。质朴,在于它根植于自然;厚重,在于它深厚的文化底蕴;奢侈,是因为我们难以返璞归真……乡村艺术化当然需要钱,但绝不是钱砸出来的,有的村子正是被钱毁掉的。

●乡村艺术化包括人居环境艺术化、产业体系艺术化、劳动过程艺术化、生活方式艺术化和乡村治理艺术化。简单说,就是把乡村建成艺术,把乡村生活过成艺术……

●如果回到生活,我们就会发现,艺术是多样的、开放的、包容的,并且不能与日常经验截然分开。只要人们带着情感、用心做事,就会从中获得乐趣,把每一件事都做成艺术。

漫谈办公室主任之道①

　　绕来绕去,无非是想绕过"怎样当办公室主任"这个问题。但绕了一大圈,还是绕回来了。

(一)"领导说的都对"

　　有个顺口溜,最后一句就是:"领导说的都对。"这对办公室主任来说,绝不是讽刺,这是由办公室主任的角色决定的。

　　当然,谁都清楚领导也是人,再伟大的人也有犯错误的时候。关键在于当领导"说错"的时候怎么办?

　　作为办公室主任,对领导非原则性的错误,我认为:第一,切忌乱讲,要维护领导的形象;第二,别忘了,适当的时候、适当的场合提个醒;第三,在办理过程中完善,也就是"不对的要做对"。

　　不用担心,领导是想听真话的,是会采纳合理化建议的。办公室主任作为领导的左右手,应当敢讲真话,善讲真话,多讲真话。不敢在领导面前讲真话

---

① 本文是 2003 年 5 月 21 日在芦山县委组织部举办的部门和乡镇办公室主任培训班上的讲课要点的第四部分。我还经常讲"两个化":其一,简单问题复杂化,即接到任务的时候尽可能考虑周全;其二,复杂问题简单化,则是报告结果的时候尽可能简明扼要。

　　我从 1999 年开始讲课,先是讲公文写作体会和雅安发展战略,2007 年以后主要讲农业农村发展相关专题。2012 年—2022 年,在四川大学、西南财经大学、湖南农业大学、四川省委党校、成都村政学院、宝山庄村发展学院、市县读书班等,为全国各地的学员讲了三四百次,其中 2018 年一年讲了 130 多次。前后讲了农业现代化、新农村建设、乡村振兴、公文写作等方面的专题二三十个。主要讲实践问题,也有理论上的思考。有的专题,我在全省甚至全国都是较早开始讲的,并且产生了一定影响。比如,2017 年 2 月下旬开始讲田园综合体,当年被评为四川省干部培训好课程;2017 年 11 月 3 日开始讲乡村振兴战略,第一次讲课的要点就发表在《农村工作通讯》2017 年第 22 期;2018 年 3 月开始讲乡村艺术化,2019 年也被评为四川省干部培训好课程。即使同一个专题,内容也不断更新。每次都毫无保留把课件留给学员。部分讲课要点发表在《农民日报》《中国文化报》《农村工作通讯》《乡村振兴》等省级以上报刊杂志和内部刊物,有的获省部级以上领导包括中央领导批示。

的办公室主任是不称职的。

(二)"杂乱"未必无章

办公室主任既要参与政务,又要管理事务。大到重大决策的出谋划策,小到吃喝拉撒的每一个细节,都需要办公室主任参与、协调、过问。粗看起来的确杂乱无章,只能疲于被动应付。

其实并不尽然。应当说,杂中有序,乱中有章,被动中亦可求得主动。怎么去求主动? 第一,牢记"三个服务";第二,把握四大职能;第三,"关起门来当领导";第四,以活生生的教训为师。

(三)办好了是小事,干砸了是大事

我们经常听到这样的说法:"办公室无小事。"但是,我总觉得,办公室工作,办好了都是小事,干砸了才是大事。

说办好了是小事,是因为我们从事的都是服务性的工作,领导才是办大事的,我们只不过是为领导办大事服务罢了。不信你看,哪一件大事是你拍板定的?

说干砸了是大事,是因为我们的工作小到打一个电话、处一个标点,都可能影响到领导的决策。有人说"错了我负责",可是,谁让你负责? 你负得起吗?

(四)打开两个空间

一个是思维空间,另一个是网络空间。

我们给领导当参谋谋不到点子上,当助手助不到关键处,问题往往出在这两个空间上:要么思维没有活跃起来,要么对大千世界知之甚少甚至一无所知,最糟糕的是把两个空间都锁起来。

打开思维空间就是要用新思想、新理念来冲击我们的大脑,激活内源。这一靠学习,二靠碰撞,三靠深思。

打开网络空间就是要学会使用电脑,经常上网,进入新天地、新境界。见多才能思广,思广才能推陈出新。

(五)两个枉自说

我刚当办公室副主任的时候,有同志经常找我谈话。我在同他的交流中,谈了两个枉自说:你把工作干好了,别人说啥也枉自说;但是,反过来,如果工作没有干好,那你说啥也枉自说。

我们对下面的同志是"两个枉自说",其实,领导对我们也是"两个枉自说"。就是说,当办公室主任要谋事不谋人,或者多谋事、少谋人。"谋人"的时候,对上要维护好领导班子和领导同志之间的团结;对下要着力调动大家的积极性、主动性和创造性,共同把"三个服务"搞好。

(六)提倡商量办事

由于办公室是核心要害部门,由于办公室主任大小也是个"官",更由于很多时候办公室主任是领导的代言人,因此,在办事当中,特别在同部门和基层的交往中,稍不注意就让人误解。所以,有必要提倡商量办事。第一,要平等相待,相互尊重;第二,要坦诚相见,敞开胸怀;第三,要求同存异,有些问题先搁置;第四,要设身处地,不强人所难。

当然,商量办事不是不讲原则,更不是拿原则做交易,而是要把原则性与灵活性、艺术性统一起来,把事情办好。当二者冲突的时候,绝不能以牺牲原则为代价。

(七)众人拾柴火焰高

这涉及两个问题:一个是授权问题,另一个是培育团队精神问题。

在授权问题上,要相信办公室同志的觉悟、能力和水平,凡下属能办好的,都交给下属办。这样,别人得到的不只是信任,还有一种成就感。别小看这种感觉,它能激励下属更主动地干事,并把事情干得更好。

至于团队精神,这在办公室这个战斗集体中,越来越显得重要。对此,不应当有疑问。团队的核心,我理解,在于团结和协作。培育团队精神,打造学习型团队,一个有效的途径,就是开展生动活泼的活动,创造宽松和谐、奋发向上的环境。

(八)别小看个人修养

前年我在同刚考进办公室从事文秘工作的同志的交谈中,谈了四点体会:一是办公室是培养干部的摇篮,但进了办公室不等于就进了保险箱;二是办公室工作有它的乐趣,但进办公室首先要耐得住清苦,守得住寂寞,要跑得、累得,还要受得;三是办公室工作很挑人,但没有哪个能说办公室离了谁就不行;四是进办公室难,但在一定意义上讲,出办公室更难。

这实际上是提出了一个综合素质的修养问题。曾听说某县一把手在大会上作了一场精彩报告,有人就问县委办公室主任报告是谁写的,这位主任毫不谦虚地揽了一功。不久,他就被调走了。

新农村建设规划编制难在哪里①

《四川省社会主义新农村建设规划纲要》编制最难的是如何确立新农村建设的指导思想、基本原则和发展目标,难就难在怎样提出既符合中央要求、又具有四川特色,既鼓舞人心、又理性科学的东西。《纲要》在第二章做了一些尝试,比较有特色的内容可以概括为"一五三六"。

"一"就是"一个跨越"

《纲要》最先在指导思想中提出"加快传统农业向现代农业跨越、传统农村向现代农村跨越、传统农民向新型农民跨越、农业大省向农业强省跨越""四个跨越"。去年10月下旬,省政府分管领导向省政协通报规划编制情况时,专门讲到了这"四个跨越",反响非常好。应当说"四个跨越"遵循了经济发展的客观规律,体现了农业现代化和建设农业强省的要求,具有明显的四川特色。

后来在定稿前删除了后三个跨越。既然《纲要》提出的"四个跨越"具有明显的四川特色,为什么又要删去后三个跨越呢? 这主要有三个考虑:

其一,省委提出了推进传统农业向现代农业跨越、工业大省向工业强省跨越、旅游资源大省向旅游经济强省跨越、文化资源大省向文化强省跨越的"四个跨越";不删除《纲要》提出的后三个跨越,很容易引起混淆。

其二,从广义上讲,传统农业向现代农业的跨越本身就包含了传统农村向

---

① 本文是 2007 年 8 月 31 日在宜宾市委组织部与四川大学联合举办的中青年干部培训班上的专题报告《关于新农村建设规划的几个问题》的第三部分"指导思想、基本原则和发展目标"。全文发表在四川"三农"新闻网。

我是《四川省社会主义新农村建设规划纲要(草案)(2006 年—2020 年)》的主要编写人员,从编写提纲到最后定稿都凝结了我的心血,起草说明也是我写的。后来我又承担了四川省"十二五"农业农村经济发展规划,指导了四川省幸福美丽新建设等规划的编制工作。

发达农村跨越和传统农民向新型农民跨越,中间两个跨越可以不单列出来。

其三,四川是农业大省,只要实现传统农业向现代农业跨越,自然就建成了农业强省,两者之间具有内在的必然联系,完全可以不把因果都同时写出来。

几个跨越提出来的时候也是有争议的。经过多次讨论,才逐步形成共识……

"五"就是"五条原则"

关于新农村建设的原则,中央提出必须坚持以经济建设为中心,必须坚持农村的基本制度,必须坚持以人为本,必须坚持从实际出发,必须坚持调动各方面的积极性。这五个必须是我们建设新农村务必牢牢把握、认真贯彻落实的。

《纲要》在编制当中,对原则的表述曾经历了一个反复研究、不断深化的过程。虽然每一稿都提五条,但具体内容变了多次,有一稿提的是坚持以人为本、坚持以农民增收为核心、坚持以政府为主导、坚持以农民为主体、坚持因地制宜。经比较研究,最后提出的"五个坚持"是:坚持以实现农民群众的根本利益为出发点和落脚点,坚持以发展农村经济为中心,坚持加大政府投入力度,坚持以农民为主体,坚持从实际出发。

这既符合中央要求,又反映了四川实际,有较强的针对性。比如,去年上半年在对1号文件的宣传督查中,我们发现各地在开展新农村建设时有一些值得注意的倾向和苗头,概括起来是四个字:"急、偏、冒、同。"就是急于求成、以偏概全、盲目冒进、建设雷同。有一个发展水平不高的山区小县,在规划中提出,到2010年,全县80%以上的村建成新农村。有的地方还把一些倾向编成顺口溜,说"领导急得团团转,机关干部帮着干,农民群众一边看"。强调这"五条原则",就是要纠正和防止实践中的偏差,确保我省新农村建设健康有序扎实地推进。

我们看了一些省市的规划,他们提出的原则总体上同中央提的是一致的,但具体内容各有不同。如黑龙江提出五条:坚持以发展农村经济为中心,坚持从实际出发,坚持以人为本,坚持科学规划、试点先行、因地制宜、分类指导,坚持发挥各方面积极性。福建提出六条:围绕中心,加快发展;融入全局,整体推进;立足多予,统筹协调;科学规划,注重运作;以人为本,重在实效;农民主体,社会参与。北京也是六条:城乡统筹,区域协调,规划先行,集约发展,创新机制,以人为本。对比起来,《纲要》的"五个坚持"也是有特色的。

"三"就是"三步推进"

《纲要》在总体目标中提出:"我省社会主义新农村建设按照探索起步(2006年～2010年)、加速建设(2011年～2020年)和基本建成(2021年～2050年)三个阶段分步推进。到2010年,10％左右的村初步达到社会主义新农村建设的总体要求;到2020年,30％以上的村达到社会主义新农村建设的总体要求;到2050年,基本建成社会主义新农村。"

这实际上是一种战略步骤。第一步与"十一五"相衔接,第二步与全面建成小康社会相衔接,第三步与实现现代化相衔接。从当时了解的情况看,兄弟省市还没有类似的提法。在国外,比如韩国,据有关专家介绍,它的新村运动也是有阶段性特征的,到目前,已经经历了基础建设(1971～1973年)、运动扩散(1974～1976年)、充实和提高(1977～1980年)、转变为国民自发运动(1981～1988年)和自我发展(1988年以后)五个阶段,现在仍在深化。我们提出"三步推进",不仅仅是从总体上把握全省新农村建设的进程,更是要给广大农民群众一个可望可及的愿景,以振奋人心,鼓舞士气。

"三步推进"中,"10％""30％""基本"的主要理由是:

第一,新农村建设是一个动态的历史进程,中央只有总体要求,没有明确标准。而作为新农村建设的总体规划,又不能回避对不同阶段实现程度的总体描述。

第二,四川新农村建设在不同阶段对不同类型的地区应当有不同的要求和标准。目前市州和省级部门有试点村2000多个,占总村数的5％左右。到2010年,试点村实际上就是不同类型新农村建设的代表。

第三,试点村将带动影响一部分村加快推进新农村建设步伐,其直接带动面不会低于试点村的数量。试点村和带动村之和,将占全省总村数的 10%左右。

第四,由"十一五"简单类推,每五年扩大 10%,到 2020 年将达到 30%,到 2050 年将达到 70%。实际上,随着"反哺"能力增强和新农村建设的整体推进,2010 年以后的步子将进一步加快。同时,今后二三十年还将有部分村因不宜人居而实行生态移民。这样,到 2050 年,将会有 90%左右的村建成新农村,这就是"基本"的含义。

"六"就是"六新"目标

中央提出,新农村建设首先要在产业发展上形成新格局;其次,农民生活要实现新提高;第三,乡风民俗要倡导新风尚;第四,乡村面貌要呈现新变化;第五,乡村治理要健全新机制。根据中央精神,省委在去年的 1 号文件中提出"六新":农村经济有新发展,农民生活有新改善,农村社会事业有新进步,农村文明程度有新提高,村容村貌有新变化,基层民主政治建设有新进展。

"六新"符合中央精神,符合四川实际,也与一些专家和一些地方提出的五新、六新、七新甚至十新不一样。江西赣州,早在 2004 年就作出关于加强新农村建设工作的决定,提出"五新一好":建设新村镇、发展新产业、培育新农民、组建新经济组织、塑造新风貌、创建好班子。农业部农村经济研究中心主任柯炳生教授,在十六届五中全会后的一个研讨会上也提出"五新":新房舍,新设施,新环境,新农民,新风尚。这些提法,一看就与我们的"六新"有别。

《纲要》对"六新"既作了定性描述,又进行了定量预测。定量的指标只有12 个,分别是农业增加值年增长率、农业劳动生产率、农民人均纯收入年增长率、基本农田面积、解决农村饮水安全人数、乡通村道路通达率、适宜农户沼气普及率、农民平均受教育年限、新型农村合作医疗覆盖率、农村居民最低生活保障覆盖率、农村人口出生率、农民对村党支部和村委会的满意度。这些指标涵盖了"生产发展、生活宽裕、乡风文明、村容整洁、管理民主"五个方面。

在编制过程中,我们感到指标设置也是比较难的问题。编制小组的一个专家曾经承担国家课题,研究提出过一套农村全面小康的指标体系,他的主要任务就是研究我省新农村建设的指标问题。经过反复比较,他提出了一个体系,有 20 来个具体指标。我们本着少而精的原则,曾经减少到六七个。吸纳各方面意见,编制组提了 10 个。后来在省政府常务会上作了一些调整,增加到现在的 12 个。

据了解,外省定的指标一般在 20 个左右,一些地方还搞了指标体系,具体指标有的超过 50 个。也有和我们差不多的,如北京,他们提了 4 个方面、12 项指标,包括远郊区县地区生产总值、农村居住质量指数、大型规模养殖场粪便处理率等。虽然指标和我们一样多,但内容不一样,体现了地区差异。

探索农业农村现代化新路子①

我在今年1月初完成的《探索农业现代化新路　建设特色农业强省——四川农业农村经济发展研究》中,从六个方面对我省农业农村现代化路子作了初步的理解。

1. 走联动发展路子。就是要更加注重"三化"联动,把农业现代化融入"两化"互动同步发展。"三化"联动发展,核心在新型工业化,依托在新型城镇化,基础是农业现代化。必须强化统筹城乡发展理念,在新型工业化与新型城镇化互动发展的同时,联动加快农业农村现代化步伐。要加快建设西部农产品精深加工基地,突出抓好新村建设,积极探索建设新农村综合体,大力培育新型农民。

2. 走内涵发展路子。就是要更加注重农业科技创新,把农业农村的发展切实转变到依靠科技进步和提高劳动者素质的轨道上来。农业发展面临着资源与市场的双重约束、经济增长与环境保护的双重压力,根本出路在科技。要大力推动农业科技创新,加快科技成果的转化与推广,切实提高农业发展的质量和效益。

3. 走特色发展路子。就是要更加注重优化农业结构,推进特色效益农业加快发展。特色出效益,特色出竞争力。我省地形地貌复杂多样、资源气候复杂多样、农业物产丰富多样,必须在特色上做文章,发展壮大特色效益农业。要进一步调整优化农业经济结构,进一步推动现代农业基地建设,进一步促进现代畜牧业提质扩面,进一步开拓农产品市场,提升四川农产品市场竞争力。

---

① 本文是2012年5月30日在安岳县为县乡领导干部作的专题报告《把握新形势　探索新路子　建设新农村》第二部分"探索农业农村现代化的新路子"的第一点。
　　2009年5月至2012年10月期间,我多次在四川省委党校等地讲农业现代化专题,部分内容曾以《也谈农业现代化》的题目发表在《农村工作通讯》2012年第3期。

4. **走绿色发展路子。**就是要更加注重生态建设和环境保护,推进农业农村经济发展生态化。绿色发展是时代潮流和历史必然,更是西部地区的重大机遇和后发优势,我们必须打好生态牌,坚定不移走绿色发展之路。要加快建设生态四川,推进生态化发展。把生态建设产业化、产业发展生态化作为重要取向,大力发展生态农业、循环农业和低碳农业,增强绿色竞争力。

5. **走民本发展路子。**就是要更加注重发挥农民的主体作用,让农民成为农业现代化的主人翁、主力军和最大受益者。农民是发展现代农业、建设新农村的主体,推进农业农村现代化必须发挥农民的主体作用。要充分尊重农民意愿,始终维护农民权益,更加注重农村民生,促进农村和谐稳定。

6. **走跨越发展路子。**就是要更加注重农业综合生产能力建设,力争每五年跃上一个新的发展台阶。建设农业强省任务艰巨。今后相当一个时期,必须加快发展、跨越发展,在现代农业建设、新农村建设特别是新村建设、连片扶贫开发等方面不断取得新的突破,使全省农业农村经济发展再上一个新的更大的台阶。

新农村建设面临的新问题①

从各地的情况看,新农村建设都面临不少新情况、新问题。比如:"空心化"问题,边缘化问题。

(一)农村"空心化"怎么看、怎么办?

现象:"386199","三留守"。

问题:谁来建设? 谁来种地?

对策:优化村庄布局,建设新型农村社区,搞好农村社会化服务。

(二)工商资本进村怎么看、怎么办?

现象:"两个热衷于"。

问题:农民边缘化。

对策:规范工商资本进入,培育新型农民,引导农民走向新型合作化。

(三)农村融资难怎么看、怎么办?

现象:农民贷款难,农村融资难。

问题:种粮不如"种房",双重风险。

对策:优化"三农"投入,发展新型农村金融机构,建立政策性担保体系。

---

① 2012年3月至2013年6月,我先后作过30多次新农村建设专题讲授。本文是2012年10月30日在一个干部培训班的授课提纲,曾于2012年9月14日以《当前四川新农村建设问题》为题在四川农业大学经济学院作过专题报告。此处删除了前三个问题"现代化进程中的重大历史任务""四川新农村建设的成效和经验""新阶段四川新农村建设的主要任务"。

（四）"两化"互动怎么看、怎么办？

现象：农业现代化"缺位"。

问题：表面上理解"两化"。

对策：主动融入"两化"，形成"三化"联动、"双轮"驱动新格局。

新农村综合体建设值得研究的几个问题^①

新农村综合体作为一个新生事物,无论在理论上,还是在实践上,都还没有现成的东西可资借鉴,只能在实践中探索。从总体上看,目前各地开展的新农村综合体建设试点是有序的,并且在规划、建设、管理上各具特色。但是,也有不少问题值得研究。这里简要谈四个具体问题:

(一)规划问题

探索建设新农村综合体,科学规划是龙头。从我们了解的情况看,有的规划复制照搬城市,有的规划粗制滥造,有的有了规划却不严格依照规划建设。这里,我们应当把握好这样几点:一是牢固树立规划理念。一定要像灾后重建那样,坚持先规后建,没有规划就不准建,防止出现新的乱建。二是坚持高标准规划。规划一定要充分体现"全域、全程、全面小康""三打破三提高"的要求和产村相融理念,而且不仅要高标准搞好总体规划,更要高标准搞好控制性详规。三是一定要富有特色。就是要注重农村特色、地域特色和民族特色,特别要体现好田园风光,不能克隆城市。四是重在组织实施。新农村综合体建设规划一经出台,就必须严格照图施工。当然可以分步实施;但是,绝不能去降格以求。

---

① 本文是 2012 年 8 月 30 日在绵竹市委党校的讲稿《新农村综合体建设若干问题的思考》的第四部分。前三个部分分别是:新农村综合体提出的背景,新农村综合体建设的认识,新农村综合体建设的实践。

　　新农村综合体是四川省于 2010 年上半年借鉴城市综合体提出的新概念,旨在推进城乡一体化发展,建设新型农村社区。提出之后便着手试点探索,到 2012 年上半年,已有一批新农村综合体引起社会关注。

　　我从 2012 年 3 月下旬开始讲新农村综合体,第一、二次是为原四川省城乡住房建设厅的培训班讲,后来多次为市县中心组、高校干部培训班讲。2012 年 4 月 12 日的讲稿被发到互联网,成为研究新农村综合体的主要参考资料。

（二）规模问题

一个新农村综合体究竟应该聚居多少农户、可以聚居多少农户，这是普遍关心的问题。从各地规划、建设的情况看，有的几十户就说已经建成了新农村综合体，有的则上千户还嫌不足。这里，我们应当注意以下三点：第一，不宜过小。一定要下决心把三五十户的新村都建成新农村综合体，当然那也不是完全没有可能；但是，硬那样去做，肯定是不经济、不划算的。赔本的买卖不能做。第二，不能太大。把七八百户农民集中在一起，当然有利于基础设施和公共服务的配套；但是，那样一来，生产就不方便了，要保持农村特色也比较困难。第三，不可一刀切。这正是我们讲了很多年的因地制宜，分类指导。如果对平原、丘陵、山区、民族地区都一个要求、一个标准，必然会带来许多困难和问题。

（三）主体问题

充分发挥农民群众的主体作用，这是新农村综合体建设必须牢牢把握的原则问题。在新农村综合体建设中，有的把眼光转向城里人，有的把希望寄托在老板身上，有的大事小事政府都去插手。针对这些情况，至少应当明确三点：第一，为谁而建？新农村综合体可以吸引市民来休闲、分享，但它从根本上讲是农民的家园。第二，由谁来建？政府理当支持新农村综合体建设，特别是在基础设施和公共服务方面，但是最终还得靠农民的智慧和汗水。第三，让谁来管？一经形成社区，还得靠社区自治，靠社区里的农民自主决策、自主管理、自主服务。总之，新农村综合体建设，从规划、设计，到建设、管理，政府应当去引导；但是，主体是农民，必须发挥农民的主体作用，维护农民的合法权益。

（四）政策问题

从试点的情况看，新农村综合体建设最需要的是在土地和投入两个方面的支持。这两个方面在建设中是紧密相关的。据了解，一个新农村综合体，其占地少不了几十亩；其投入，少则一两千万，多的上亿。钱从何来？地怎么办？

需要很好地研究政策,应用政策。搞得好的地方,都在这两个问题上有自己的招数;推进难的,大多困于这两个问题或其中一个问题。我们已经看到,目前建设得比较成功的新农村综合体,要么利用灾后重建和重大移民搬迁工程政策,要么利用增减挂钩试点和土地整理等政策,都离不开政策的支持。水利村就是依靠增减挂钩建起来的。今后,最有效的办法还是在于用好相关政策,搞好项目资金的整合。只要研究好、应用好现行政策,新农村综合体建设是大有可为的。

未来乡村是啥样①

一度，"回乡记""下乡记"在网络流行，引发了对乡村前景的热议，有人说乡村越来越衰败，有人则说未来三十年中国的乡村是奢侈品。未来乡村是故园还是家园？当然需要实践来回答。但是，为增强"四好村"创建的自觉，做一些分析是必要的。

顺着历史向前看，看看农村有哪些变化。进入新世纪以来，统筹城乡发展，农村发生了新的变化。城乡差距在缩小，以收入为例，四川由 3.3：1 缩小到了 2.5：1，城乡一体化是大势所趋。区域特色在凸显，藏民新居、彝家新寨、巴山新居、乌蒙新村，各美其美。美丽乡村越走越近。中央农办来川调研后，对我们乡村建设的理念、做法给予了高度评价。他们在调研报告中写道：隐隐感到这或许就是城镇化发展到一定程度之后的一种"返璞归真"，可能就是今后新村建设的一个"理想模样"。

设身国外往回看，看看未来乡村怎么样。发达国家的乡村，在城市化进程中，大体经历了衰落到复兴的过程。就说他们在城市化基本完成以后的情况吧。现在，很多人羡慕英国的乡村，的确英国的乡村，无论环境、产业，还是民居、文化，美不胜收，以至于有人说"英国的灵魂在乡村"。德国的乡村也非常美，它的基础设施、垃圾污水治理尤其引人注目。我们的邻国日本，其乡村亦不逊色。把镜头收回来，我们看到，我们的农业农村现代化建设，正在融入发

---

① 本文 2017 年 2 月 23 日在华蓥市宋家垭村农民夜校的讲课要点《关于"四好村"创建的几点思考》的第一部分。全文曾从 2017 年 3 月 8 日起在《四川农村日报》第 1 版连续 5 天作为系列评论发表，发表时有删改。本文是系列评论的第一篇，题目改为《未来乡村啥模样？》。

以此为基础，多次为各级党委组织部、四川省直机关工委、贵州等省的干部培训班讲授相关专题，当年 6 月为中央组织部培训班讲授的视频和课件，均挂在中央组织部"共产党员"网。

达国家的理念,走向未来。

为什么在城市化中乡村还会发展呢? 这取决于乡村存在的独特价值。看到城市化加速,有人断定乡村终将被消灭。这是因为不了解乡村独特的价值。比如,生产上,农业直接或间接同动植物、微生物打交道,多样性、鲜活性、微妙性、随机性,其乐无穷。生活上,宁静,诗意,浪漫,就是人们说的田园牧歌。生态上,以自然为底色,贴近自然,友好自然,融入自然,天人合一。文化上,淳朴,互助,和谐,浓浓的乡愁。当然,这些价值要在城市化进入相当水平且城市病充分暴露之后,才能逐步展现。

由上,我们推测、遐想:未来乡村不是地狱,也不是天堂。断言乡村没未来,缺乏依据;说未来 30 年乡村将成为奢侈品,言之过早。我们认为,未来的乡村应该是农民幸福生活的美好家园,市民休闲度假的理想乐园。那里有:新村民,除了传统意义的农民,还将有由城里来创业的、养老的、度假的;新业态,包括休闲农业、观光农业、体验农业、民宿经济;新模式,如今年中央一号文件提出的田园综合体,我们创造的"小组微生",就是新的建设模式;新生活,体验式的、田园牧歌式的,人们衣食无忧之后就会梦想回归乡野。

注意,这里谈的乡村是城市化当中的乡村,不能脱离城市化轨道;这里绘的乡村未来,不是所有村庄的未来,一些村庄会走向消失。这符合乡村演进规律。

建设诗意乡村要做到五个必须[①]

乡村艺术化问题,简单说,就是把乡村建成艺术,把乡村生活过成艺术,让广阔的乡村有品位、有韵味、有魅力,成为人们的诗意栖居之地。推进乡村艺术化发展,建设诗意乡村,就共性而言,应当做到五个必须:

第一个必须:探索乡村艺术化发展之路,必须以发展为前提

经济社会的发展不一定马上带来艺术的繁荣,艺术的繁荣也可能发生在经济发展停滞、社会动荡不安的年代。但是,作为艺术与乡村融合的乡村艺术化却是农村经济社会发展到一定阶段的必然趋势,只有当农民群众越过温饱、进入小康、向农业农村现代化迈进的时候,乡村艺术化才会逐步形成发展的浪潮。

就是说,乡村艺术化必须以推进农业农村现代化为前提和基础,在农业农村现代化进程中逐步实现乡村艺术化。否则,为艺术而艺术,就会本末倒置。过去,一些地方以穿靴戴帽为手段的化妆运动,教训是深刻的。

当前,应当紧紧围绕乡村全面振兴做好五件事:一是把艺术应用到乡村规划中,注重艺术设计,让艺术赋能乡村。二是把艺术融入现代农业发展,助推产业提升。比如用艺术优化品种、提升品质和打响品牌,特别是提升农产品的感性品质和营造农产品消费的艺术氛围。三是把艺术与乡村建设结合起来,增强乡村的审美韵味和文化品位,营造有意味的美丽家园。四是用艺术激活农耕文化资源,复兴传统手工艺,增强乡村的活力和核心竞争力。五是变乡村

[①] 本文是 2021 年 12 月 6 日在线上为文化和旅游部"2021 年全国乡村文化和旅游人才培训班"授课的要点《诗意乡村——兼谈乡村艺术化与乡村旅游的关系》的部分内容。主要观点形成于 2020 年 9 月前后,曾以《积极探索新时代乡村艺术化发展新路子》为题发表在《农村工作通讯》2021 年第 1 期。

艺术为乡村资本,培育新产业新业态,发展美丽经济。

第二个必须:探索乡村艺术化发展之路,必须重新认识艺术

现代意义的艺术概念,是18世纪40年代在西方形成的,但绝不意味着之前没有艺术,也不意味着只有西方才有艺术。艺术从远古一路走来,越来越呈现出多样性、开放性和包容性,连小便池也变成了《泉》。

在艺术演变过程中,人们的认识也产生了越来越大的分歧,西方历史上关于艺术的有效定义就有一千多个。有人干脆说艺术没有共同的本质,只有家族相似,无法定义。于是,有人站出来说,一物是不是艺术,只能让艺术界来裁定。但是,不管怎么说,艺术的确存在,并且与生活息息相关。为什么不回到生活来认识艺术?角度一换就会发现,艺术其实就在生活中。日本艺术家北川富朗说:生活中包含了艺术的一切,艺术掩埋在生活中。

从这个意义上看,只要农民群众带着情感、用心做事、沉浸其中,以至于忘了我是谁、在做什么、为了什么,达到了物我同一、心流、高峰体验这样的状态,就有了审美的、艺术的体验,就能把每一件事做成艺术。正如美国哲学家杜威所说:聪明的技工投入到他的工作中,尽力将他的手工作品做好,并从中感到乐趣,对他的材料和工具具有真正的感情,这就是一种艺术的投入。

有着开放性、多样性和包容性的艺术,能够激活乡村资源,重塑美丽乡村形象,提高乡村生活品质,点燃人们的梦想和激情,成为乡村腾飞的翅膀,将与科技一起,助推乡村的全面振兴。乡村艺术化要树立新理念,用绘画、音乐等艺术,打破日常的平庸,营造艺术氛围,把人们导入艺术场景,让人们发现乡村的意味,沉浸其中,共同创造与体验,使生活充满诗意。

第三个必须:探索乡村艺术化发展之路,必须重新审视乡村

中国艺术研究院研究员牛克诚指出:艺术与乡村有着天然的联系,艺术源于乡村,后来成为城市的专利,现在要回归乡村。问题是,长期以来我们习惯于把城市与乡村对立起来,认为城市才是人类文明的象征,乡村则是愚昧落后的代名词。显然,要让艺术真正回归乡村,探索乡村艺术化之路,就必须打破

传统工业化、城市化中形成的思维定式,重新认识乡村。

从生态文明和文化多样性的角度看,乡村却是另一番景象。其实,在工业化国家,人们早就看到了乡村的生态价值和文化价值,并且越来越关注到乡村的景观特征。我们在新农村建设中也有一些体会,我曾呼吁,对农业和农村要有审美的眼光。角度一换,我们便会看到乡村独特的美。九年前在学习党的十八大报告时,我就认为,美丽中国,最美在乡村,"乡村之美,美在山水,美在田园,美在淳朴。"

关于乡村之美,高建平教授讲得更到位。他说乡村的内在之美有四层意思,即田园生态之美、传统故事之美、有机生长之美和家园情感之美。我认为,这样的乡村之美是质朴的、厚重的,甚至可以说是奢侈的。质朴,在于它根植于自然;厚重,在于它深厚的文化底蕴;奢侈,是因为我们难以返璞归真。乡村艺术化就是要展示乡村的内在之美,让乡村更有品位和韵味。这样,乡村艺术化就不是"植入"的,而是从乡村"长出来的"。

所以我经常说,乡村艺术化当然需要钱,但绝不是钱砸出来的,有的村子正是被钱毁掉的。比如,在良田里面建观景台、修绿道,既毁坏良田,又大煞风景。

第四个必须:探索乡村艺术化发展之路,必须彰显独特个性

过去在美丽乡村建设中,往往一个地打造出来了,其他地方便会蜂拥而至,去考察学习,甚至把别人的做法原模原样地搬回去。有的地方还抄到了国外,搞起所谓的"欧洲风情小镇"。

借鉴是有益的;但复制却是乡村艺术化的大忌。不管你复制谁,复制得怎样,一时引起了多大的轰动,都是长不了的、不可取的。所以,中国艺术研究院研究员方李莉强调,艺术乡村建设只有立场和观点,没有模式和样板。

必须看到,不同的地方,其自然条件、历史演变、经济基础、文化底蕴、社会生活是各不相同的,各有各的优势和特点,必须突出个性,绝不能千村一面。另一方面,人们的审美情趣更是千差万别,需求多样化日益显著。而个性正是艺术不可缺少的重要品质。一般说来,没有个性就没有艺术,艺术水平的高低

往往与是否有鲜明的个性直接相关。凡是没有个性的所谓"艺术",不管出自谁之手,都注定不会有生命力。

乡村艺术化发展,不管从哪个方面入手,侧重于哪一种样式的艺术,都必须扬长避短,发挥各自的优势,突出各自的特色,彰显各自独一无二的个性。即使是同在一个地方、各方面情况也都差不多的村庄,也应该通过艺术设计和丰富的文创活动,挖掘好历史文化资源,赋予各自鲜明的个性,展示艺术化的魅力。只有特色鲜明、各美其美,乡村艺术化才有活力和持久的生命力。

第五个必须:探索乡村艺术化发展之路,必须坚持农民主体

有人以为,艺术乡村建设、乡村艺术化发展是艺术下乡,是艺术家的行为;离开了艺术家,乡村艺术化根本就无从谈起。似乎普通老百姓在艺术问题上就没有话语权,农民只是艺术乡村建设的旁观者和被动接受者。许多地方的实践证明,这样的认识是狭隘的。

自然,乡村艺术化需要政府、艺术家、企业家等多种角色参与,协同推进;但是,其主角,无疑是当地的村民。乡村艺术化,本质上更主要的是广大农民群众建设美丽乡村的自觉实践,无论创作主体还是接受主体,都离不开土生土长的村民。

强调农民是乡村艺术化的主体,是因为乡村是他们生长、生活的家园。那里的山山水水都布满了他们的足迹,一草一木都融入了他们的情感,一砖一瓦都撒满了他们的热血,一声一响都牵动着他们的心灵。村庄自然是属于他们的,乡村艺术化当然由他们说了算。只有当农民群众了解艺术,重新认识家乡、热爱家乡,以主人翁的身份,怀着满腔热情,发挥他们的积极性、主动性和创造性,把乡村之美挖掘出来、展示出来,营造出诗意栖居的精神家园,才能真正实现乡村艺术化,乡村才会让人们更向往。

当然,强调农民主体并不排斥各方面的参与。事实上,乡村艺术化要有艺术家的启蒙,艺术家进村能让村民们懂得艺术是什么、艺术与他们有什么关系、怎么利用艺术来建设美丽家园;要有政府的鼓励,好的政策能够广泛动员农民,激发他们的创造性;要有市民共创共建共享,市民们来了,乡村才更有生

机和活力。

　　"五个必须"是乡村艺术化的基本问题。第一个强调处理好乡村艺术化同乡村振兴的关系,防止为艺术而艺术;第二个是绕开让人眼花缭乱的理论分歧,说明艺术与乡村的联系;第三个在于分析乡村自身的审美价值,强调展示其内在之美;第四个要回答乡村艺术化有没有样本的问题,反对相互复制;第五个的关键是要看到农民群众的艺术潜能,发挥他们的主动性和创造性。

打造各具特色的现代版"富春山居图"①

近几年,"网红"成为一个社会热点,丁真的世界一夜间刷屏了微信朋友圈。

人们发现,很多"网红",像丁真的世界、李子柒视频,把市民的目光聚焦到乡村,去乡村休闲度假成为一种时尚。这背后,正是我们这个专题讨论的主题:打造各具特色的现代版"富春山居图"。

让我们先来学习一段习近平总书记的相关重要指示。2021年4月19日,他在清华大学考察时指出:要发挥美术在服务经济社会发展中的重要作用,把更多美术元素、艺术元素应用到城乡规划建设中,增强城乡审美韵味、文化品位,把美术成果更好地服务于人民群众的高品质生活需求。

我理解,这对现代化建设提出了更高的要求。具体到乡村,是要推进乡村艺术化发展,打造各具特色的现代版"富春山居图"。

这里,打算围绕"推进乡村艺术化发展,打造各具特色的现代版'富春山居图'",谈五个问题:

一、打造各具特色现代版"富春山居图"的要求

首先,我们来看打造各具特色的现代版"富春山居图"是怎么提出来的,它的内涵是什么,又提出了什么样的要求,我们能不能对它做一些简单的描述。具体谈三个要点:

(一)现代版"富春山居图":中国美丽乡村建设的新样本

2017年12月28日,中央召开农村工作会议,习近平总书记到会发表重要

---

① 本文是2021年12月9日在第七届"一带一路"国际文化艺术周线上论坛的报告。主要观点源于应中央党校教授张孝德之约撰写的《探索乡村艺术化之路打造现代版"富春山居图"》,编入《乡村振兴专家深度解读》(东方出版社2021年10月出版)第六章。

讲话,提出打造各具特色的现代版"富春山居图"。

我们知道,那次中央农村工作会议,对乡村振兴作出了全面的动员部署,确定"到2050年,乡村全面振兴,农业强、农村美、农民富全面实现"。可见,打造各具特色的现代版"富春山居图"是对实施乡村振兴战略、建设美丽乡村的新要求。

这一要求的内涵是什么,怎么把握它的基本精神呢? 要理解这一要求,必须了解"富春山居图"。"富春山居图"是元代大画家黄公望晚年的代表作。从相关文献中得知,这幅画以"山居"为主题,描绘了富春江两岸初秋的景色,包括依山傍水的村落、漫步小桥的文人、砍柴归来的樵夫、面向江水的书生……用今天的话来说,那就是黄公望画出了他心中的"美丽乡村"。

据此,我理解,打造各具特色的现代版"富春山居图"是要我们把艺术融入乡村,建设诗情画意、各美其美的美丽乡村。这正是乡村艺术化。

这样理解对不对呢? 记得总书记早就对新农村、美丽乡村做过非常富有诗意的描绘。他指出,新农村建设一定要体现农村特点,注意乡土味道,保留乡村风貌,留得住青山绿水,记得住乡愁。他还强调,要让美丽乡村成为现代化国家的标志、成为美丽中国的底色。

如果把农村特点、乡土味道、乡村风貌、青山绿水、乡愁、现代化国家的标志、美丽中国的底色这些关键词具象化,那么,我们看到的正是诗一般的美丽乡村。

(二)乡村艺术化的本质特征:把乡村建成艺术,把生活过成艺术

乡村艺术化是近年来出现的新概念,从实践角度看,其基本内涵是:

在全面振兴乡村中,唤醒农民的主体意识、调动农民的内在情感、激发农民的创造性,让他们作为主体,同艺术家、企业家、市民一起,重新审视乡村的内在之美,广泛开展形式多样、丰富多彩、雅俗共赏的艺术实践,建设充满诗情画意、各美其美的美丽乡村。它涵盖农业农村各个方面,包括人居环境艺术化、产业体系艺术化、劳动过程艺术化、生活方式艺术化和乡村治理艺术化。

简单说,就是把乡村建成艺术,把乡村生活过成艺术,让广阔的乡村有品位、有韵味、有魅力,成为人们的诗意栖居之地。

把握乡村艺术化的内涵,至少需要弄清楚四个问题:一是乡村艺术化可不可以不考虑乡村经济社会发展? 二是乡村艺术化是乡村内生的还是从外面植入的? 三是乡村艺术化的主体是艺术家还是当地村民? 四是乡村艺术化的出发点是为了市民还是了农民?

这里只强调两点:

第一,展示乡村的内在之美。我们倡导的艺术化,在于发掘和发展自然之美、生活之美和心灵之美。

那么,乡村有没有美学价值呢? 当然有。可以说,美丽中国最美在乡村,乡村之美美在山水、美在田园、美在乡愁。这种美是质朴的、厚重的,甚至是奢侈的。乡村艺术化就是要发掘和发展乡村的内在的山水、田园和乡愁之美。也就是说,乡村艺术化正是从乡村自身"长出来的"。

当然,也不排除有节制的"植入",但是,过了便适得其反,有的村子正是被钱、被"艺术"毁掉的。

第二,注重农民的切实感受。乡村艺术化最重要的目的,是增加农民的获得感和幸福感。这需要重新认识艺术。

在理论上,艺术或许是一个"永恒的难题"。但是,如果回到生活,我们就会发现,艺术是多样的、开放的、包容的,并且不能与日常经验截然分开。只要人们带着情感、用心做事,就会从中获得乐趣,把每一件事都做成艺术。所以,日本艺术家北川富朗说:生活中包含了艺术的一切,艺术掩埋在生活中。

也就是说,艺术并不是"艺术家"的专利。乡村艺术化正是要营造一种艺术氛围,让人们重新体验生活,进而丰富乡村生活,提高村民的生活品位。

(三)乡村艺术化的描述:自然山水,艺术田园,农耕体验,诗意栖居

第一句,自然山水。法国雕塑大师罗丹说:"在自然中,一切都是美的。"的确,天蓝地绿、山清水碧、风清气爽、鸢飞鱼跃、蛙鸣鸟叫,表现出山水林田湖草内在的和谐,是城里人羡慕和向往的自然之美。这是乡村艺术化的天然底色。

浙江省安吉县余村,坚持践行"两山"理论,关闭矿山,调整产业结构,修复了生态环境,让人回归自然,成为首批世界"最佳旅游乡村"。走进余村,你会

陶醉于青山绿水和鸟语花香间。

第二句,艺术田园。北京大学教授俞孔坚说:田是一种艺术,美妙无穷而富有意味。的确,波光粼粼、麦浪滚滚……田园景色随区域、季节而变幻,并且在日月照耀下,与山川、村落交相辉映,成为乡村独特的风景线。这是乡村艺术化的鲜明特色。

在云南省红河谷,哈尼人经过成百上千年的辛勤耕耘,开垦出了漫山遍野的层层梯田。鸟瞰红河谷,哈尼梯田既精美又壮观,法国人类学家欧也纳博士认为,这才是"真正的大地艺术"。

第三句,农耕体验。农业与鲜活的生命打交道,且积淀了深厚的文化,可变农业劳动为农事体验。特别是随着二十四节气的循环,人们在田间春耕、夏耘、秋收、冬藏,能分享农耕之美,品味人生的乐趣。这是乡村艺术化的文化标识。

四川省雅安市蒙顶山是茶文化的重要发源地,当地传承千年茶文化,形成了完整茶产业链,游客可以体验、分享农耕之美。来到蒙顶山下,采茶、炒茶、品茗、听故事,其乐无穷。

第四句,诗意栖居。有了自然山水、艺术田园、农耕体验,再加上优美的环境、宁静的生活、新鲜的美食、代代相传的手艺和特色鲜明的民间文艺活动,乡村便成为古往今来人们梦想的桃花源。这是乡村艺术化的综合体现。

四川省丹巴县中路藏寨,经过历史的演变,形成今天独特的自然和人文景观,成为"中国景观村落"。置身中路藏寨,那里的碉楼、民居、歌舞、民族风情,还有满天的星星,让你流连忘返。

二、乡村艺术化发展的历史必然性和客观条件

讨论了什么是乡村艺术化,接下来的问题是,乡村为什么要艺术化? 换句话说,乡村艺术化有没有客观必然性? 这里从宏观到微观、由外而内,做六点粗略的分析:

(一)艺术化是经济社会发展的大趋势

艺术最早就混在生活中,后来从生活中分离出来,现在又开始回到生活、

融入生活。

比如,19 世纪 80 年代,英国掀起艺术与手工艺运动,把艺术引入日常家居生活。20 世纪 70 年代,审美成为社会发展的重要动因;80 年代,日常生活呈现审美化趋势。

如今,发达国家进入"审美资本主义"阶段,体验经济兴起,"品味的问题涉及整个工业文明的前途和命运",设计改变着未来。

(二)中国千年乡村史就是一部艺术史

艺术源于乡村,与乡村有着天然的联系,我国传统村落就有丰富而独特的艺术表现。

走进黟县西递村、婺源篁岭村、南靖土楼村落、理县桃坪羌寨,从村落布局、建筑风格到民族风情,都体现着著名美学家高建平教授讲的田园生态之美,传统故事之美,有机生长之美,家园情感之美。所以,中央党校教授张孝德说,中国几千年的乡村史就是一部艺术史。

未来呢? 华中师范大学资深教授徐勇说,未来乡村的最高境界是艺术化。

(三)新时代艺术化乡村将成为奢侈品

进入新时代,随着我国社会主要矛盾的转化,人们向往着田园风光、诗意山水、乡土文化,追求与自然和谐相处的乡村慢生活成为时尚。同时,城市化发展到今天,山水、田园、乡愁等乡村内在之美逐步彰显,与城市的高科技、高楼大厦交相辉映。

在这样的背景下,各地兴起了美丽乡村建设热潮,乡村艺术化应运而生。画家孙君几年前就断定,"未来三十年中国的乡村将成为奢侈品"。不出所料,今天城里人已经做起了乡村梦,梦想拥有属于自己的乡村生活。

(四)美丽乡村建设走上了艺术化之路

发达国家的艺术乡村建设,早在六七十年前就开始了,国内的艺术乡建也有了十多年的探索。

如今,德国施雷勃田园、荷兰羊角村、日本合掌村成为"童话世界"。北京怀柔区北沟村、浙江松阳县古堰画乡、河北馆陶县粮画小镇、海南三亚市中廖村、河南修武县郝堂村、四川宣汉县毕城村、山西和顺县许村、云南腾冲市帕连村、贵州桐梓县羊磴艺术合作社,都呈现出独特的艺术韵味。

可以说,乡村艺术化已经在路上。

(五)艺术化乡村能满足人的精神需要

按照马斯洛需求层次论,当生理、安全、归属、尊重等基本需要满足后,就会产生自我实现需要,包括审美和认知。

实际上,人的审美需要并不等到基本需要满足以后才出现。达尔文在一个荒岛上发现,土著宁愿没有衣服,也不能没有舞蹈。《美国艺术教育国家标准》指出:"正如没有空气便没有呼吸,没有艺术的社会和民族无法生存。"

其实,德国 18 世纪著名诗人、哲学家席勒早就说过,"只有当人是完整意义上的人时,他才游戏;而只有当人在游戏时,他才是完整的人"。

(六)怎么看待乡村空心化现象

这些年人们都关注着乡村"空心化"现象。如果乡村真的越来越凋敝,乡村艺术化就无从谈起。但是,从世界各国看,在现代化进程中,乡村必然要经历一场痛苦的蜕变和重生,由衰落走向复兴。也就是说,"空心化"是一种阶段性现象,不会影响乡村艺术化的历史进程。

事实上,乡村复兴的过程,在西方发达国家已经得到了证实。如今,许多发达国家的乡村呈现出一派兴旺的景象。有资料显示,欧洲国家居住在乡村的人口,占到总人口的 56% 左右。我国城市化水平已经达到 63.89%,种种迹象表明,乡村已经走上复兴之路。

三、未来乡村艺术化发展的新趋势和新格局

乡村艺术化是历史的必然,更是乡村的未来。那么,顺理成章的问题便是未来乡村的艺术化怎么展开,可能出现哪些趋势,会呈现出什么样的景象? 我感觉,至少有五个方面值得关注:

(一)乡村艺术化将成为人们共同的追求

请看以下四件事:一是 2018 年 7 月,一群艺术家走进松阳县,启动百名艺术家入驻松阳乡村计划。二是 2019 年 11 月,华侨城集团联合中国艺术人类学会,在深圳市举办中国艺术乡村建设展。三是 2020 年 9 月,《人民日报》开

辟"乡村振兴,艺术何为"专栏。四是 2020 年 10 月,四川文旅厅在武胜县举办第一届四川乡村艺术节。

事实说明,政府、艺术家、企业、媒体正在以不同方式支持、参与艺术乡村建设。应当说,这仅仅是个开始。

(二)乡村艺术化将形成世界性的新潮流

乡村艺术化发展离不开艺术乡村建设,艺术乡村建设的兴起必然会推动乡村艺术化发展,乡村艺术化完全有可能因此形成乡村发展的浪潮。

有研究表明,自 20 世纪 50 年代以来,艺术介入乡村逐渐成为一个全球性的文化现象,涌现出一批成功个案,如意大利的阿库梅贾村、芬兰的菲斯卡村、波兰的萨利派村、日本越后妻有大地艺术节、韩国的甘川洞村。近十年来,国内艺术乡建也蔚然成风。

这从一个侧面预示着,乡村艺术化浪潮可能在未来不远的某一天来临。

(三)未来的乡村将因艺术化而各美其美

近年来四川各地的艺术乡村建设,不管是政府打造的、艺术家启动的、资本介入的,还是农民自己搞起来的,与过去新农村建设千村一面不同,都在挖掘文化底蕴,打造各自的特色。成都市郫都区的战旗乡村十八坊,是手工艺之美。汉源县的花海果乡,则展示了田园生态之美。

四川是这样,放眼全国,无论东部还是西部、南方还是北方,都是这样,陕西省礼泉县的袁家村就与海南省三亚市的中廖村大不一样。由此可见,未来各美其美的乡村,将在艺术化的进程中形成一幅幅各具特色的现代版"富春山居图"。

(四)乡村将因内在美而与城市交相辉映

以前新村建设的又一个问题,是模仿城市。如今有了艺术的自觉,各地都注重农村特色、乡土味道、乡村风貌、农家情趣、乡愁记忆。

"微田园"的普及便是一例。它命名于绵竹市清平镇,特点是方便百姓生活、优化土地利用、让乡村更有生机和活力。2013 年就开始在全国推广,2020 年又以"一米菜园"的形式在浙江省火爆起来。

可以想象,在今后乡村艺术化演变进程中,像"微田园"这样的元素将越来越多、越来越丰富、越来越有乡味。

（五）艺术不会因乡村艺术化终结于乡村

这涉及一个很有争议的问题：艺术终结。中国社会科学院研究员刘悦笛认为，艺术会终结，但艺术终结并不等于艺术的死亡，艺术终结之日正是生活美学兴起之时。

由此看来，乡村艺术化不可能意味着艺术在乡村的死亡，而是乡村本身已经成为艺术。会不会带来审美疲劳呢？不会的。因为，乡村艺术丰富多彩，乡村艺术化各美其美，乡村艺术化有源源不断的创造。

也就是说，未来乡村的艺术化是多样化的、个性化的、变化着的。乡村艺术化永远在路上。

以上五个方面的趋势汇到一起，必然会成为新时代农业农村高质量发展的新动能，推动形成城乡融合发展的新格局，可能催生出城市发展的新理念。2021 年 11 月 26—28 日，上海美术学院、上海市宝山区文旅局等单位联合举办了"2021 创享未来—上海科创·艺术与城市学术节"。有报道称：艺术与科学融合迸发出惊人创造力，这个学术节给城市发展开配方。

把握乡村艺术化发展趋势及艺术融入社会生活的相关动态，能够打开我们的眼界，更好地推进乡村全面振兴，建设美丽乡村。

四、推进乡村艺术化发展的若干对策建议

我国历史悠久、地域辽阔、民族众多、文化深厚、村庄千差万别，乡村艺术化可以绘出多姿多彩的最美图画来。必须分类指导，因村制宜，精准施策，各美其美，打造各具特色的现代版"富春山居图"。以成渝地区双城经济圈为例，可根据其打造"高品质生活宜居地"的独特定位，结合区域内自然、经济、历史、文化、社会等方面的资源和特点，建设"巴蜀水墨乡村"。

水，山水，代表自然。以大熊猫、中国鸽子树为代表的生物多样性，平原、丘陵、高山、峡谷、高原的交错，大江、大河、溪流的千河交织，造就了多样的、极致的自然之美。

墨，书写，代表文化。巴蜀农耕文化、地域文化、民俗文化，丰富多彩、底蕴

深厚,如两千多年前李冰父子修建的都江堰。

"水""墨"融合便是诗、便是画。平原、丘陵、山区、民族地区如诗如画的水墨乡村,将构成一幅巴蜀特色鲜明的现代版"富春山居图"。

打造各具特色的现代版"富春山居图",包括建设"巴蜀水墨乡村",是一个长期的过程。应当找准突破口和着力点,精准发力,有序推进。这里,提六条工作建议:

(一)提上议事日程,加强组织领导

打造各具特色的现代版"富春山居图"离不开各级党委、政府的组织引导。关键是把它纳入乡村振兴规划。规划是行动的指南,是资源配置的依据。纳入了规划,才有项目支撑,才有政策配套,才有部门关心,才有人、财、物的保证,才不会因某些人事变动而半途而废。也可以选一些有代表性的村组织试点示范,有序推进,防止一哄而上,盲目跟风。

(二)重塑绿水青山,打好生态底色

良好生态是生存发展的前提,必须打好乡村艺术化的生态底色。要树立生态文明理念,慎砍树、禁挖山、不填湖、少拆房,保持天蓝、地绿、水净。可以通过音乐、绘画、诗词、雕塑、建筑等艺术形式,营造艺术氛围,展示大自然之美。同时,应当注重把绿水青山转化为资本,发展"美丽经济",促进当地农民持续稳定增收,防止中看不中用。

(三)融入现代农业,助推产业提升

产业发展是乡村振兴的重中之重,应成为乡村艺术化的切入点。可以把农耕文化和各种艺术元素同农业生产全过程结合起来,使之融入农田建设、品种培育、田间管理、品牌打造、产品营销等各个环节,发展现代创意农业,让田园变公园、农房变客房、劳作变体验。当然,必须以粮食安全为前提,反对在稻田里大兴"造型艺术"或建游道、绿道、观景台。

(四)结合乡村建设,营造美丽家园

乡村建设是乡村振兴的重要任务,应当重视展示乡村建筑艺术。实施乡村建设行动,包括基础设施建设、公共服务配套和农房改造,都应当在安全、实用、经济的基础上,注重农村特点、乡土味道、农家情趣、乡愁记忆,讲究自然、宁静、质朴、和谐,让乡村建筑传承历史文化,留下时代足迹,展示乡村之美。要防止简单粗暴的"穿靴戴帽""涂脂抹粉"。

(五)传承优秀文化,形成持久活力

文化是乡村艺术化的活的灵魂,艺术是文化的形象表达,应当在农耕文化上大做文章,特别是保护传统村落,用好二十四节气,讲好家风家训故事。比如,传承非遗,复兴传统手艺,把小手艺做成大产业。开发传统特色美食,把诗意留在人们的舌尖上。以农民丰收节等节会为平台,组织开展群众性文艺活动,让乡村活跃起来。

(六)培养艺术人才,铸造中坚力量

乡村艺术化人才是关键,应抓紧培养乡村的各类实用艺术人才。一方面,充分发挥高校,特别是职业技术院校的作用,培养懂艺术的农业人才和爱乡村的艺术人才。另一方面,重视发挥乡土人才,特别是各种非遗传人和手工艺大师的作用。同时,搭建好艺术学习、交流平台,让各类艺术人才在实践中成长。

五、介绍几个国内外艺术乡村建设的典型案例

从前面的讨论中,我们看到乡村艺术化已经有了许多探索。看一看那些不同类型的艺术乡村建设,可以从中得到一些有益的启示。这里,简要介绍九个案例:

(一)明月村,创意激活了沉睡的资源

明月村曾经是成都市的市级贫困村,如今成为名副其实的"网红村"和旅游打卡地。

这一切,源于2013年。从那时起,他们保护始建于清康熙年间的"明月窑",提出打造"明月国际陶艺村",激活了沉睡的文化资源。先后吸引陶艺家李清等130多位新村民,催生了陶艺、染等40多个文创项目,培育了明月之花歌舞队等村民文艺组织,举办了"月是故乡明"中秋诗歌音乐会等特色文化品牌活动。建成了中国乡村旅游创客示范基地,成为中国传统村落活化最佳案例。

明月村的嬗变,正是在于它走上了乡村艺术化发展的路子,是艺术"点亮"

了明月村。

（二）花海果乡，田园变公园劳作变体验

花海果乡原本是汉源县的一个水果基地，有梨、苹果等果园 13 万亩。

在此基础上，汉源县以"农情四季、百里画廊"为主题，规划乡村之画、历史之画、自然之画、田园之画、家园之画"五幅画卷"，引导千家万户参与，形成"春天是花园、夏天是林园、秋天是果园、冬天是庄园"的四季农业景观，成为国家4A 级旅游景区。

随之而来的是，观光、休闲、体验、美食、民宿随之蓬勃兴起。

（三）乡村十八坊，展示乡村手工艺之美

成都市战旗村乡村十八坊创建于 2018 年，它告诉我们，小手艺有大作为。

走进乡村十八坊，琳琅满目的手工艺品便会呈现在您眼前：国家级非遗蜀绣、省级非遗唐昌布鞋、川菜之魂郫县豆瓣等等。蜀绣在三国时已经驰名天下，清朝中叶以后形成产业，成为与苏绣、湘绣、粤绣齐名的中国四大名绣之一，被誉为"蜀中瑰宝"。走南闯北的青年歌手也返乡办起了石磨辣椒坊。

乡村十八坊之美是"用即美"，它美在传承优秀文化、提高生活品质、增加乡村就业、富裕一方百姓和绿色环保。

（四）七里诗乡，一个被诗歌点燃的地方

七里诗乡位于都江堰市原柳街镇，柳街是中国农民诗歌之乡。

八百年前，陆游来这里写下《夜宿布金寺》。三百年前，这里又兴起现编现唱的薅秧歌。进入 21 世纪，他们先后成立中国第一个农民诗社柳风农民诗社，创办田园诗歌节。2018 年，都江堰市政府在这里打造七里诗乡，包括保护林盘，整治院落，创办民宿，举办薅秧节……当年就被选为第一个中国农民丰收节的四川分会场。

现在，七里诗乡呈现的是一片生机和活力，曾经衰落的川西林盘李家院子也成了游客驿站。

（五）葛家村，让艺术回归生活

葛家村离宁海县城 30 多公里，是"没特色、没优势、没潜力"的"三无"村。

2019 年 4 月，中国人民大学丛志强教授来到葛家村，激发村民的创造力和审美力,就地取材,变废为宝,美化家园。把沟里的石头、山上的毛竹、废弃的瓦片设计加工成躺椅、树桩、围墙、风铃……创造出 40 多个共享空间、300 多件艺术品,把葛家村变成了远近闻名"网红"艺术村。

如今的葛家村,人人都是艺术家,每一条村巷、每一个拐角、每一户农家小院都充满着艺术的气息。

(六)青田计划,艺术介入复兴家园

青田是佛山市龙潭村的一个传统村落。2016 年,艺术家渠岩带着敬畏之心来到青田,启动艺术乡建,探索中国乡村文明的复兴路径。

渠岩参与到村民的日常生产生活中,启动青田老宅修复计划、创办青田学院、举办青田论坛、组织民艺讲座、实施艺术龙舟行动、举行成人礼仪,"让每位农民有尊严地生活在自己的家园里",激发了村庄的内在活力。

渠岩认为,当代艺术具有时代引导性和文化辐射性,可以为乡村注入精神和灵魂,使传统文化中富有生命力的部分得以激活。

(七)合掌村,传统村落就是一部艺术史

白川乡合掌村是日本岐阜县的传统村落,1995 年被列为世界文化遗产。

合掌造建于 300 年前,是一种古朴的乡土建筑,具有独特的艺术价值,被称为"现实世界中的童话屋"。1965 年,一场大火烧毁了一大半。村民在重建家园时,兴起茅草屋保护运动。他们成立村落自然保护协会,建立合掌民家园博物馆,创办点灯节、浊酒节,焕发出新的生机。每年年初七天的亮灯仪式,把全村都笼罩在橙黄色的温馨光芒之中。

如今的合掌村,独具魅力,美不胜收,成为传统村落保护的典范。

(八)越后妻有大地艺术节,山川梯田都是艺术符号

越后妻有大地艺术节,2000 年创办于日本新潟县,覆盖 200 多个村庄、760 平方公里。

创办人日本艺术家北川富朗,联合日本国内外艺术家,把梯田、农舍、雪景、山川、生活用具作为艺术的元素和符号,和村民一起创作了《梯田》《鲜花盛开的妻有》等一大批艺术作品,让乡村焕发出新的活力。原本只是为了让当地留下来的老人们开心的,却打造成国际上最大的户外大地艺术节。

越后妻有大地艺术节告诉我们,艺术原本就蕴藏在日常生活中。

(九)后山听风到桐岸读水,民宿带您去诗和远方

后山朴院坐落在汉源县九襄镇后山村。利用已经废弃多年的凉山小学,精心设计、匠心改造而成,每一间房都有一个富有诗意的名称,如"听风""吟诗"。获国家甲级民宿、首批天府旅游民宿等殊誉。

"桐岸·读水"位于遂宁市船山区河沙镇凤凰村,属于永和家园现代农业园区的新业态。注重农业本底、乡村本味、山水本色,因地制宜、就地取材、变废为宝,让游客体验不一样的田园美景和乡村诗意。

这九个案例有许多共同点,都成为旅游打卡地。同时也告诉我们:乡村艺术化源于乡村,展示出乡村的内在之美。这提醒我们,在城市化进程中,乡村既要融入现代文明,又要留住山水,留住田园,留住乡愁。

因此,乡村艺术化必须旗帜鲜明反对追求奢华、过度包装、炫富摆阔,反对搜奇猎艳、一味媚俗、低级趣味,反对为艺术而艺术。要防止以艺术名义把破铜烂铁搬到乡下,为乡村"植入艺术"。弄不好,会把乡村变成城市的垃圾场。

最后,让我们借一段歌词来结束今天的专题:"我们的家乡在希望的田野上,炊烟在新建的住房上飘荡,小河在美丽的村庄旁流淌,一片冬麦一片高粱,十里荷塘十里果香……"

《在希望的田野上》,这首20世纪80年代非常流行的经典歌曲,正是一幅歌曲版的"富春山居图"。

发展乡村特色产业的思考与建议[①]

党的二十大提出加快建设农业强国,既强调全方位夯实粮食安全根基,确保中国人的饭碗牢牢端在自己手中,又要求发展乡村特色产业,拓宽农民增收致富渠道。这就为乡村产业振兴指明了方向。据此,四川在着力打造更高水平的天府粮仓的同时,应当因地制宜、分类指导,积极发展乡村特色产业,加快构建四川特色鲜明的现代农业产业体系、生产体系和经营体系,扎实推动农业大省向农业强省跨越。

一、把握乡村特色产业的特点

提起乡村特色产业,人们自然会联想到蒙顶山茶、雷波脐橙、会理石榴、红原牦牛、旧院黑鸡、汶川甜樱桃等等,这说明特色产业已深入人心。仔细观察全省各地的乡村特色产业,我们不难发现它们有着诸多共同的特征。主要表现在五个方面。

一是独特性。乡村特色产业与当地的土壤、气候、文化等自然和人文资源紧密相关,具有独特的内在品质和文化气息,难以复制,生产条件变了品质就得不到保证。

二是地域性。土壤、气候、农耕文化等是由特定的地形地貌等地理环境决定的,因而乡村特色产业发展具有较强的地域性,这正是"橘生淮北则为枳"的根本原因。

三是稀缺性。乡村特色产业因独特性、地域性而具有明显的稀缺性,其生

---

① 本文是 2022 年 11 月 22 日在四川长征干部学院阿坝雪山草地分院的讲课要点的补充稿,原题为《学习贯彻党的二十大精神加快发展生态农牧业和特色产业》,主要观点发表在《四川农村日报》2022 年 12 月 22 日第 3 版。

产规模、产品产量,受到特定的地理条件的严格限制,贵在求精不求多。

四是高效性。乡村特色产业因其品质的独特性和产品的稀缺性,往往供不应求,市场竞争能力较强,经济效益一般比水稻、小麦等大宗农产品高。

五是体验性。乡村特色产业因独特的色香味形、独特的自然环境和独特的文化氛围,有较强的认识、观光、休闲、体验价值,与农村二三产业的融合性比较强。

二、认识乡村特色产业的作用

进入新世纪以来,许多地方发挥当地资源优势,发展乡村特色产业,逐步形成了一村一品、一乡一业、一县一色的发展格局,成为农村经济社会发展的产业支撑。从中可以看到,发展乡村特色产业的作用和意义越来越凸显。至少表现在五个方面。

一是有利于优化乡村各种资源的配置。汉源县"花海果乡",家家种水果,户户有产业,没有撂荒地、闲置房和剩余劳动力,废弃多年的小学也变成特色民宿。

二是有利于形成乡村多元化的产业体系。蒲江县明月村把传统的雷竹、柑橘、陶瓷产业同文创结合起来,促进了一二三产业融合发展,土坯也变成了时装设计室。

三是有利于巩固拓展脱贫攻坚成果。昭觉县三河村发展冬桃、青花椒、云木香、高山蔬菜等特色产业,同时培育彝家乐等乡村旅游,夯实了产业振兴的基础。

四是有利于满足人们的食物多样化需求。丹巴县的藏香猪、红原县的牦牛奶粉,富含优质蛋白质、氨基酸等营养元素,口味也独特,受到消费者青睐。

五是有利于增加农民收入实现共同富裕。丹陵县的不知火、会理县的石榴,让村民有活干有钱赚,家家户户每年收入几万元到几十万元,高的一两百万元。

三、厘清乡村特色产业的关系

发展乡村特色产业,需要处理好多重关系,特别是与粮食安全、规模经营、绿色发展、农民主体的关系,切实做到"四个不得"。

一是不得与粮食生产争耕地。这事关国家粮食安全,不只是经济问题,也是政治问题。关键在于守好耕地红线,把好一般耕地、永久基本农田和高标准农田的用途管理这一关,确保把良田用于种粮,同时合理组织粮经饲轮作。

二是不得盲目扩大生产规模。越是独特的特色产业,越有严格的地域性限制,超出了一定的生产地域,其品质就会逐渐衰退。走得越远,品质越差。所以必须以"土"为本,在"精、美"两个字上下功夫,拿"特、优"去取胜。

三是不得违背绿色发展理念。绿色是生命线,生死悠关。生命线之上是发展、繁荣,之下则是衰败、没落。因此必须坚持以绿色发展理念引领乡村特色产业的发展,打好特色、绿色"双色"牌,实现产业生态化、生态产业化。

四是不得排挤当地农民群众。农民群众是乡村振兴的主体。发展乡村特色产业要充分尊重农民群众的意愿,充分调动广大农民的积极性、主动性、创造性,让他们在乡村特色产业发展中充分参与和受益,促进农民共同富裕。

四、发展乡村特色产业的建议

基于前面的分析,这里对全省发展乡村特色产业提七条工作建议。

一是制定乡村特色产业规划。按照推动农业大省向农业强省跨越的要求,弄清"四荒"资源及其分布、获原产地域保护的农产品及适宜区和特色农产品品牌及市场美誉度,明确今后若干年发展乡村特色产业的基本思路、目标任务、发展步骤、重点工作和保障措施。

二是坚持走一村一品的路子。这是发展乡村特色产业的成功之路。要发挥当地自然资源、历史文化、乡土人才等各种优势,注重市场开拓国内和国际两个市场,突出特色农产品不可复制的个性品质,拓展观光、休闲、体验等多种功能,着力打造响当当的特色农产品品牌。

三是实施特色农业新三品战略。就是优化农产品品种、提升农产品品质、打响农产品品牌,提高农业发展的质量和竞争力。从特色农业入手,逐步扩大到农业内部的各个产业。当前特别应当重视种质资源的保护和品种改良,培育有地方特色和优势的优良品种。

四是培育新型农业经营主体。培育新型农业经营主体是推动乡村特色产业高质量发展的需要。应当重点培育家庭农场,壮大农民合作经济组织,带动千家万户的小农户一起发展。同时不断完善利益连接机制,发挥农业产业化龙头企业对千家万户带的动作用。

五是注重艺术赋能乡村特色产业。艺术正在同科技一起成为经济社会发展的动力。围绕乡村特色产业发展创意农业,组织农事体验,开发农家美食,复兴传统手工艺,创办特色民宿,举办民俗节庆,是未来乡村产业发展的新空间,潜力巨大,应当顺势而为。

六是有效解决人才奇缺问题。人才兴,产业才能兴。应当抓紧把乡土能人特别是能工巧匠用起来,把职业农民培育起来,把涉农专业的大学毕业生引回来,把乡村干部的素质和能力强起来,把新乡贤们招回来,还要善于把农业专家大脑借过来。

七是着力培育特色产业强县。农业强省、强国的基本单元是农业强县。农业强县既可以是"全能冠军",也可以是"单打冠军",某个产业、品牌强了也是强,各强其强。从这个意义上讲,山区、丘陵地区的传统农业小县,同样可以建成特色农业强县。

后记：原本是个人的一个秘密

好不容易，终于到划句号的时候了。

回头一看，这个本子前前后后已编了近 20 年。起初不到 5 万字，后来一篇一篇地增加到了 53.6 万字，电脑屏幕曾经显示 892 页。大约从去年五六月份起，主要做减法。先是一篇一篇地砍，然后是一段一段地删，多数文稿都做了必要的文字删改，留下 20 万字，让阅读成为一种体验。

这些文稿大约占我个人文字的四分之一，相比我起草的公文数量，可能连十分之一都不到。这是机关文字工作者的职业特点决定的。毕竟我们是为他人作嫁衣的，个人文章多了有点犯忌。不过我保证，凡是已经"充公"的文字，没有一段话在我名下。

因为本人后来一直从事"三农"工作，也因为我个人的文稿主要是在 2012年之后写的，所以书中多数文字涉及农业、农村和农民问题。不管是哪个方面的稿子，包括在各类研修班、培训班上的课件，如《未来乡村是啥样》，我都习惯于独立思考，每一句话都经过自己的大脑，每一个字都是自己一笔一划写出来的。应该说，我对一些问题的思考既有一些前瞻性，也有一些系统性。比如乡村艺术化，初步形成了一套自己的"理论"，引起了多方面的关注。有专家说这是"国内首创"，也有专家说"填补了乡村建设理论空白"。

细心的朋友会发现，本书从前言到后记，无论《感触"笔杆子"》《带着感情做事就不会患得患失》，还是《梦想，心中的太阳》《大拆大建的问题与反思》，都用一个机关工作人员近 40 年职业生涯的人生经历、文字碎片和切身体会，回答了公文写作或机关文字工作做什么、怎么做、功夫在哪以及意义何在的问题。如果您是同行，我相信会引起您的共鸣；如果您刚启航，我相信至少会让您少走一些弯路；如果您还在苦读，我相信可以作为您未来人生选择的参考；

即使您搏击商场,我想,您也将从中获得一些启迪。

当然,想从这里找到怎么提炼主题、谋篇布局、起承转合的具体答案,是不现实的,那些基础知识是语文老师教的,我只是运用,从每一篇稿子中都看得出来。还有,要从里面发现什么一用就灵、一通百通、包打天下的写作秘诀,则会让您失望。我年轻时也寻求过,确实也有一些书,比如夏丏尊和叶圣陶的《文心》、唐弢的《文章修养》、张寿康的《文章丛谈》,让我终身受益;但是,文无定法,公文也一样,要写好,最终靠自己多读、多写、多悟。正如美国作家斯蒂芬·金所说,"多读多写"是写作的"第一戒律"。

我编这些稿子,起初只是个人的一个秘密,七八年前才开始拿来与朋友交流。近几年则每调整一次,都要用邮件或微信发给朋友。多的时候,一次就发给了上百人。每一次发出之后,都得到了朋友的关心和鼓励。德高望重的老前辈顾益康主任在微信中回复我:"一辈子的体会,难能可贵","咱们都是一辈子的笔杆子,你写出了笔杆子们的心声!"中央党校徐平教授说:"内容非常好,尤其对年轻人成长有用。"年轻的朋友则希望早日出版。

也有朋友提出了一些意见和建议,我都一条一条消化吸收了。只有一点例外。有朋友说,太散了,最好是先梳理一个框架,再一章一节地写。非常中肯。不过,那样的书已经不少了。反过来,呈现一个带点"原生态"的本子,或许有点难得。再说,真要系统写的话,我肯定缺少那样的功力。

本来一直在出与不出间犹豫,而且,更多的想法是给自己留个记忆。经不住朋友们一再的鼓动,才咬咬牙,下定这个决心。不管结果如何,都要由衷地向所有关心这个稿子的老前辈、老朋友、老同学、老同事说一声谢谢:谢谢你们!

不用说,没有我爱人胡艾萍的支持,这个本子是怎么也出不来的。但她什么也不让说。她说,拿到本子就满足了。至于父母,双眼都老花了,身体也出了毛病,可一见到我的文字,仍然连饭都顾不上吃。这种心情,我非常理解。

最重要的是,能给您留下一点印象,我的努力就值了。

2023 年 2 月 10 日